全国高职高专"十二五"规划教材

基础会计及实训教程
（第二版）

主编 杨群

中国水利水电出版社
www.waterpub.com.cn

内 容 提 要

本书是根据最新《企业会计准则》，立足于培养学生从事会计工作应具备的基本理论、基本方法和操作技能，以典型工作任务为驱动来组织编写的。全书从"认识会计→原始凭证的识别、填写、审核→记账凭证的填写与审核→建账、登账及错账的更改→期末处理→编制报表→账务处理程序→会计资料的整理与归档"八个方面对会计的基本理论、基本方法和操作技能做了详细的阐述。

本书实用性强，叙述详细，配有习题和实训，可作为高职高专经济管理类专业教材用书，也可作为欲从事财务工作人员的参考用书。

图书在版编目（CIP）数据

基础会计及实训教程 / 杨群主编. -- 2版. -- 北京：中国水利水电出版社，2013.8（2016.10重印）
全国高职高专"十二五"规划教材
ISBN 978-7-5170-1026-5

Ⅰ. ①基… Ⅱ. ①杨… Ⅲ. ①会计学－高等职业教育－教材 Ⅳ. ①F230

中国版本图书馆CIP数据核字(2013)第156859号

策划编辑：石永峰　　责任编辑：陈 洁　　封面设计：李 佳

书　名	全国高职高专"十二五"规划教材 基础会计及实训教程（第二版）
作　者	主编 杨 群
出版发行	中国水利水电出版社 （北京市海淀区玉渊潭南路1号D座　100038） 网址：www.waterpub.com.cn E-mail：mchannel@263.net（万水） 　　　　sales@waterpub.com.cn 电话：（010）68367658（发行部）、82562819（万水）
经　售	北京科水图书销售中心（零售） 电话：（010）88383994、63202643、68545874 全国各地新华书店和相关出版物销售网点
排　版	北京万水电子信息有限公司
印　刷	北京泽宇印刷有限公司
规　格	184mm×260mm　16开本　12.75印张　320千字
版　次	2010年7月第1版　2010年7月第1次印刷 2013年8月第2版　2016年10月第4次印刷
印　数	5001—6500册
定　价	26.00元

凡购买我社图书，如有缺页、倒页、脱页的，本社发行部负责调换

版权所有·侵权必究

第二版前言

为适应高等职业教育迅猛发展的需要，为当今社会培养各层次的会计专门人才，以满足当前经济发展的需要，同时针对高职财会等专业学生的特点，我们特地组织编写了这本《基础会计及实训教程》（第二版）教材，并对第一版进行了修订。

本教材的编写完全打破了传统教材的编写顺序，而是基于实际会计核算工作过程为主线，本着"实用"、"够用"的原则，立足于培养学生从事会计工作应具备的基本理论、基本方法和操作技能来组织编写的。因此，与其他教材相比，本书具有以下特点：

（1）以会计实际工作过程为主线、以典型工作任务为驱动组织教材内容。

这也是本教材最大的特点。本教材完全打破了传统基础会计教材的编写顺序，而是基于会计核算工作过程为主线，从"认识会计→原始凭证的识别、填写、审核→记账凭证的填写与审核→建账、登账及错账的更改→期末处理→编制报表→账务处理程序→会计资料的整理与归档"八个方面入手，通过本教材的学习，使学生能够掌握实际会计岗位在何时该完成何种工作，以及如何完成这些工作。

（2）注重职业素养的培养，追求形式生动活泼。

为培养学生将来成为合格的会计人，本教材对各典型任务提出了明确的知识目标、能力目标和职业素养目标；同时为带给学生轻松的阅读感受，本教材设计了每个任务的导入语、相关知识、相关链接、小提示、思考等模块，以扩大视野，增强对相关知识的认识。

（3）以实用为原则，融入会计从业资格考试内容。

在以会计工作过程为主线组织教材中，仍然将会计从业资格考试内容融合在各个教学项目中，并针对从业资格证的考试题型、会计人员应具备的基本操作技能配备了课后习题与实训；部分内容还设置了现场操作模块，以增强教学过程中的师生互动，培养学生的动手能力。

（4）以新会计准则为依据，体现会计国际趋同的新要求。

根据最新企业会计准则的要求，采用了新的会计科目表和会计报表，增加了常用账户，新会计准则中做了调整的会计业务，本教材也进行了相应的调整。

本教材由杨群主编，负责本教程的初稿设计、修改、补充和总撰；吴晓燕、陈治敏、杨军任副主编，负责书稿的修改、校对和电子教案的制作，冯珊、阚思思参加了本教材的编写。具体编写分工如下：任务一、任务二、任务三由杨群编写；任务四由吴晓燕编写、任务五由杨军编写，任务六、任务八由冯珊编写，任务七由阚思思编写；任务一、任务二、任务三习题与实训由杨群和陈治敏共同编写完成、任务四、任务六、任务八的习题与实训由吴晓燕、冯珊共同编写完成；任务五、任务七习题与实训由杨军、阚思思共同编写完成。

本教材在编写过程中参考了《企业会计准则》、《新编基础会计》（大连理工出版社）、《会计基础》（经济科学出版社）、襄樊职业技术学院《基础会计》国家级精品课程。

本次编写虽然编者做了很大努力，但由于作者的编写水平有限，书中的疏漏和错误在所难免，恳请各位专家、同行、读者指正。

编 者
2013 年 4 月

第一版前言

为适应高等职业教育迅猛发展的需要，为当今社会培养各层次的会计专门人才，以满足当前经济发展的需要，同时针对高职财会等专业学生的特点，我们组织编写了这本《基础会计及实训教程》教材。

本教材的编写完全打破了传统教材的编写顺序，而是基于实际会计核算工作过程为主线，本着"实用"、"够用"的原则，立足于培养学生从事会计工作应具备的基本理论、基本方法和操作技能组织编写，因此，与其他教材相比，本书具有以下特点：

（1）以会计实际工作过程为主线、以典型工作项目为驱动组织教材内容。这也是本教材最大的特点。本教材完全打破了传统《基础会计》教材的编写顺序，而是基于会计核算工作过程为主线，从"认识会计→原始凭证的识别、填写、审核→记账凭证的填写与审核→建账、登账及错账的更改→期末处理→编制报表→账务处理程序→会计资料的整理与归档"八个方面作了详细阐述。通过本教材的学习，使学生能够掌握实际会计岗位在何时该完成何种工作，以及如何完成这些工作。

（2）注重职业素质的培养，追求形式生动活泼。为培养学生将来成为合格的会计人，本教材对各典型项目提出了明确的知识目标、能力目标和职业素养目标；同时为带给学生轻松的阅读感受，本教材设计了每个项目的导入语、相关知识、相关链接、小提示、思考等模块，以扩大视野，增强对相关知识的认识。

（3）以实用为原则，融入会计从业资格考试内容。在以会计工作过程为主线组织教材中，仍然将会计从业资格考试内容融合在各个教学任务中，并针对从业资格证的考试题型、会计人员应具备的基本操作技能配备了课后习题与实训；部分内容还设置了现场操作模块，以增强教学过程中的师生互动，培养学生的动手能力。

（4）以新会计准则为依据，体现会计国际趋同的新要求。根据最新企业会计准则的要求，采用了新的会计科目表和会计报表，增加了常用账户，新会计准则中做了调整的会计业务，本教材也进行了相应的调整。

本教材由杨群任主编，负责本教程的初稿设计、修改、补充和总撰；吴晓燕、陈治敏、杨军任副主编，负责书稿的修改、校对和电子教案的制作。具体编写分工如下：项目一、项目二、项目三、项目六、项目七、项目八由杨群编写；项目四由吴晓燕编写；项目五由杨军编写。阚思思、杨庆华、冯珊、潘晓晴、王远湘也对本书的出版提出了宝贵的修改意见。

本教材在编写过程中参考了《企业会计准则》、《新编基础会计》（大连理工出版社）、《会计基础》（贵州人民出版社）、襄樊职业技术学院《基础会计》国家级精品课程。

虽然编者在编写过程中做了很大努力，但由于作者的编写水平有限，书中的疏漏和错误在所难免，恳请各位专家、同行、读者指正。

编 者
2010 年 5 月

目　录

第二版前言
第一版前言

项目一　认识会计 ················ 1
　项目目标 ······················ 1
　任务一　会计概述 ·············· 1
　　一、会计的产生和发展 ········ 1
　　二、会计的性质和目标 ········ 2
　　三、会计的职能 ·············· 3
　　四、会计的含义及对象 ········ 4
　　五、会计核算的具体内容 ······ 5
　任务二　会计核算基本前提和会计信息
　　　　　质量要求 ·············· 7
　　一、会计核算基本前提 ········ 7
　　二、会计信息质量要求 ········ 8
　　三、会计基础 ················ 9
　任务三　会计核算方法和核算形式 ·· 10
　　一、会计核算方法 ············ 10
　　二、会计核算形式 ············ 11
　小结 ·························· 12
　习题与实训 ···················· 13
项目二　原始凭证的识别、填写、审核 ·· 18
　项目目标 ······················ 18
　任务一　认识原始凭证 ·········· 18
　　一、原始凭证的含义及种类 ···· 19
　　二、原始凭证的构成要素 ······ 22
　任务二　填制原始凭证 ·········· 23
　　一、填制原始凭证的基本要求 ·· 23
　　二、自制原始凭证的填制要求 ·· 24
　　三、外来原始凭证的填制要求 ·· 26
　　四、填制原始凭证的其他要求 ·· 26
　　五、票据的填写规范 ·········· 27
　任务三　审核原始凭证 ·········· 28
　　一、原始凭证审核的内容 ······ 28
　　二、原始凭证审核后的处理 ···· 29
　小结 ·························· 29

　习题与实训 ···················· 29
项目三　记账凭证的填制与审核 ···· 35
　项目目标 ······················ 35
　任务一　会计要素和会计等式 ···· 35
　　一、会计要素 ················ 35
　　二、会计要素的计量 ·········· 39
　　三、会计等式 ················ 41
　任务二　会计科目和账户 ········ 45
　　一、会计科目的设置 ·········· 45
　　二、会计科目的分类 ·········· 46
　　三、账户及其基本结构 ········ 48
　　四、会计科目和账户之间关系 ·· 49
　任务三　复式记账原理 ·········· 50
　　一、理论基础 ················ 50
　　二、基本内容 ················ 51
　任务四　借贷记账法的应用 ······ 52
　　一、记账符号 ················ 52
　　二、借贷记账法下账户的结构 ·· 52
　　三、记账规则 ················ 54
　　四、试算平衡 ················ 58
　　五、借贷记账法的优点 ········ 60
　任务五　填制记账凭证 ·········· 60
　　一、记账凭证的概念及种类 ···· 60
　　二、记账凭证的基本内容 ······ 62
　　三、填制记账凭证的要求 ······ 63
　　四、记账凭证的填制方法 ······ 64
　　五、记账凭证的审核 ·········· 64
　任务六　企业基本会计事项账务处理 ·· 66
　　一、资金筹集业务的核算 ······ 66
　　二、供应过程业务的核算 ······ 68
　　三、生产过程业务的核算 ······ 71
　　四、销售过程业务的核算 ······ 79
　　五、财务成果业务的核算 ······ 84

小结 ······ 89
习题及实训 ······ 90
项目四 建账、登账及错账的更改 ······ 105
  项目目标 ······ 105
  任务一 账簿概述 ······ 105
    一、会计账簿的概念及作用 ······ 105
    二、会计账簿的种类 ······ 106
  任务二 账簿的设置及登记 ······ 110
    一、会计账簿设置的原则及基本内容 ······ 110
    二、登记账簿 ······ 111
    三、库存现金、银行存款日记账的设置与登记 ······ 112
    四、总分类的设置和登记方法 ······ 114
    五、明细分类记账的设置和登记方法 ······ 115
    六、总分类账和明细账的平行登记 ······ 116
  任务三 错账的更正 ······ 120
    一、划线更正法 ······ 120
    二、红字更正法 ······ 121
    三、补充登记法 ······ 122
  小结 ······ 123
  习题与实训 ······ 123
项目五 期末处理 ······ 129
  项目目标 ······ 129
  任务一 对账 ······ 129
    一、账证核对 ······ 130
    二、账账核对 ······ 130
    三、账实核对 ······ 130
  任务二 财产清查 ······ 131
    一、财产清查的意义和种类 ······ 131
    二、财产清查的方法 ······ 133
    三、财产清查结果的处理 ······ 136
  任务三 结账 ······ 139
    一、结账的内容和程序 ······ 139
    二、结账的方法 ······ 139
  小结 ······ 141
  习题与实训 ······ 141
项目六 编制会计报表 ······ 147
  项目目标 ······ 147
  任务一 财务会计报告概述 ······ 147

    一、财务会计报告的概念 ······ 147
    二、财务会计报告的构成 ······ 148
    三、财务报告的表编制要求 ······ 148
    四、财务报表的分类 ······ 149
    五、手续完备 ······ 149
  任务二 资产负债表 ······ 150
    一、资产负债表的性质和作用 ······ 150
    二、资产负债表的内容和结构 ······ 150
    三、资产负债表的编制方法 ······ 152
    四、资产负责表编制举例 ······ 153
  任务三 利润表 ······ 156
    一、利润表的性质和作用 ······ 156
    二、利润表的内容和架构 ······ 157
    三、利润表的编制方法 ······ 158
    四、利润表编制举例 ······ 158
  任务四 现金流量表 ······ 160
    一、现金流量表的内容和结构 ······ 160
    二、现金流量表的作用 ······ 162
  小结 ······ 163
  习题与实训 ······ 163
项目七 账务处理程序 ······ 167
  项目目标 ······ 167
  任务一 账务处理程序的概述 ······ 167
    一、账务处理程序的意义和作用 ······ 167
    二、选用账务处理程序的基本要求 ······ 168
    三、账务程序的种类 ······ 168
  任务二 记账凭证账务处理程序 ······ 168
    一、记账凭证账务处理程序的概念 ······ 168
    二、记账凭证账务处理程序的特点及凭证、账簿的设置 ······ 169
    三、记账凭证账务处理程序的工作步骤 ······ 169
    四、记账凭证账务处理程序的优缺点及适用范围 ······ 169
  任务三 科目汇总表账务处理程序 ······ 169
    一、科目汇总表账务处理程序的概念 ······ 169
    二、科目汇总表账务处理程序的特点及凭证、账簿的设置 ······ 170
    三、科目汇总表账务处理程序的工作步骤 ······ 170

四、科目汇总表账务处理程序的优缺点
　　　　及适用范围 …………………………… 171
任务四　汇总记账凭证账务处理程序 ……… 171
　　一、汇总记账凭证账务处理程序的概念 …… 171
　　二、汇总记账凭证账务处理程序的特点、
　　　　凭证及账簿的设置 …………………… 171
　　三、汇总记账凭证账务处理程序的
　　　　工作步骤 ……………………………… 171
　　四、汇总记账凭证账务处理程序的优缺点
　　　　和适用范围 …………………………… 172
　小结 ………………………………………… 172
　习题与实训 ………………………………… 173
项目八　会计资料的整理与归档 …………… 176
　项目目标 …………………………………… 176
　任务一　会计档案的分类与归档 ………… 176

　　一、会计档案的分类 ……………………… 176
　　二、会计档案的立卷与归档 ……………… 177
任务二　会计档案的保管与销毁 …………… 177
　　一、会计档案的保管期限 ………………… 177
　　二、会计档案的查阅和复制 ……………… 178
　　三、会计档案的销毁 ……………………… 178
任务三　会计档案的装订 …………………… 179
　　一、会计凭证的装订 ……………………… 179
　　二、会计账簿的装订 ……………………… 180
　　三、会计报表的装订 ……………………… 180
　小结 ………………………………………… 181
　习题与实训 ………………………………… 181
无纸化模拟测试卷 1 ………………………… 184
无纸化模拟测试卷 2 ………………………… 190
参考文献 …………………………………… 196

项目一　认识会计

项目目标

知识目标

学习本项目后，你应该能够：
1. 了解会计的产生及发展
2. 理解会计的含义和基本职能
3. 描述会计核算的基本前提和会计信息质量要求
4. 明了会计核算基础及会计核算的方法

能力目标

学习本项目后，你应该能够：
1. 运用权责发生制计算收入、费用、利润
2. 运用收付实现制计算收入、费用、利润

素质目标

学习本项目后，你应该养成：
1. 诚实守信的做人原则
2. 认真负责的工作态度

导入语："会计"一词，在人们平常的生活中并不陌生。但会计是怎么产生的？它的职能是什么？它的研究对象是什么？采用什么方法进行会计核算？会计信息的使用者是谁？通过本任务的学习，能够使你对会计具有初步的认识。

任务一　会计概述

要想知道什么是会计，必须先了解会计的由来及其属性、目标等。

一、会计的产生和发展

会计产生于经济管理的需要，并随着经济管理的发展不断地发展和完善。人类要生存，社会要发展，就必须进行物质资料的生产。生产活动一方面创造出尽可能多的物质财富，为了达到节约劳动耗费，提高经济效益的目的，就必须要对劳动消耗和劳动成果进行记录和计算，并将消耗与成果加以比较和分析，以便掌握生产活动的过程和结果。因此会计是随着社会生产和经济管理的需要而产生并不断得到发展和完善。无论是在中国还是外国，会计都有着悠久的历史。会计的产生大致经历了以下三个阶段：

第一阶段——古代会计阶段。从时间上看，一般是从会计的产生到复式簿记的应用这样一段过程，在我国大约从旧时器时代的中、晚期到封建社会末期。早期的结绳记事、刻石记数是原始社会的会计时期的会计行为；单式簿记（也称单式记账法，即对经济活动过程的收入和支出只做单方面记录的简单会计方法）是同小生产方式下自然经济占主导地位的尚未完全固定为货币；需要会计的单位以官厅会计为主；会计是生产职能的附带部分；会计方法主要是单式记账法，核算方法也比较简单。

第二阶段——近代会计阶段。从时间上来看，可以从1494年意大利数学家卢卡·帕乔利（Loca Pacioli）的著作《算术、几何及其比例概要》的出版开始至20世纪40年代末。这一时期，资本主义生产方式已经初露端倪，商品经济有了相当发展，社会经济活动变得日益复杂而频繁，以往的简单记账方法已经适应不了经济发展的需要，于是同复杂的商品生产过程相适应的科学的会计核算方式——复式记账法变应运而生，大多数的会计单位开始以货币为主要计量单位，会计作为独立的管理职能从生产职能中分离了出来，需要会计的单位逐渐以企业会计为主，会计核算方法大多数采用复式记账法，开始形成一套完整的财务会计核算方法。

第三阶段——现代会计阶段。从20世纪50年代以后，商品经济获得了充分的发展，企业规模日益扩大，所有权与经营权的分离逐渐成为企业经营的主要产权制度方式，为满足内部管理者对会计的要求，管理会计逐渐与传统会计相分离，并形成了一个与财务管理会计相对独立的领域。现代管理会计的出现，是近代社会会计发展成为现代会计的重要标志，会计成为一门应用型学科，形成财务会计和管理会计两大分支，会计标准和会计规范逐渐形成并不断完善，且向国际化发展。会计作为一种商业语言其重要性为世人瞩目，这充分说明经济愈发展，会计愈重要。

二、会计的性质和目标

（一）会计的性质

会计的性质即会计的本质属性，亦即其所归属的范畴。

会计与社会生产经营的发展有着不可分割的联系，它计量经济过程中占用的财产物质及劳动消耗，通过价值量的变化来描述经济过程，评价经济上的得失，并且发展成为一种对生产经营活动进行核算与监督的，以价值管理为主要特征的经济管理活动，可以看出会计本质上是一种经济管理活动。

（二）会计的目标

会计的目标即通过会计核算后所达到的结果。会计作为经济管理的组成部分，其目的就是为管理部门提供真实可靠的信息，促使人们比较得失，权衡利弊，讲求经济效益。因此，提高经济效益是管理的目的，也是会计的目的。

在终极目标的前提下，还需要会计核算的目标。在国外会计准则中，会计目标一般被定位于"满足会计信息使用者的需要"。在我国的会计准则中，会计目标一般被解释为：向财务会计报告使用者提供与企业财务状况，经营成果和现金流量等有关的会计信息，反映企业管理层受托责任履行情况，有助于财务会计报告使用者做出经济决策。

（三）会计信息的使用者

会计信息的外部使用者——投资者、债权人、供应商、国家税务和工商部门以及其他相关部门、证券监管部门、社会公众。

会计信息的内部使用者——企业经营者。

三、会计的职能

（一）会计职能的概念

会计职能，是指会计在经济管理中所具有的功能或能够发挥的作用，即人们在经济管理中用会计干什么。它集中体现着会计的本质。

会计职能按其发展变化，可以分为基本职能和扩展职能。

（二）会计的基本职能

会计的基本职能是指会计本身所具有的最基本的功用和作用。《中华人民共和国会计法》确定的会计的基本职能是核算和监督。

1. 会计的核算职能

会计核算职能也称会计反映职能，是指会计以货币为主要计量单位，通过确认、计量、记录和报告，如实反映特定主体的财务状况、经营成果（或营运业绩）和现金流量等信息。会计确认解决的是定性问题，以判断发生的经济活动是否属于会计核算的内容、归属于那类性质的业务，是作为资产还是负债或其他会计要素等；会计计量解决的是定量问题，即在会计确认的基础上确定具体金额；会计记录是将经过确认、计量的经济事项通过一定方法记载下来的过程；会计报告是确认和计量的结果，即通过报告的形式提供给信息使用者。会计确认、计量、记录和报告是会计核算的重要环节，企业会计准则对此作了严格规定。会计的核算职能是会计的最基本职能，会计核算有如下特点：

（1）会计核算主要是利用货币计算，综合反映各单位的经济活动情况，为经济管理提供可靠的会计信息。

（2）会计核算不仅是记录已发生的经济业务，还面向未来为各单位的经济决策和管理控制提供依据。

（3）会计核算具有完整性、连续性、综合性和系统性。

（4）会计核算会随着物质条件的改善而进一步演化，逐步改变其表现方式。

2. 会计的监督职能

会计的监督职能也称为控制职能，是指会计在其核算的过程中，对经济活动的合法性和合理性所实施的审查。合法性审查是针对各项经济业务是否遵守国家有关法律制度、是否执行国家各项方针政策等情况的审查，以杜绝违反财经法规的行为；合理性审查是指对经济业务是否符合经济运行的客观规律和单位的内部管理要求、是否执行了单位的财务收支计划、是否有利于经营目标或预算目标的实现等进行的审查，为单位增收节支、提高经济效益把关。会计监督贯穿于会计管理活动的全过程，具有如下特点：

（1）会计监督主要是利用会计核算所提供的各种价值标进行货币监督。

（2）会计监督是在会计反映各项经济活动的同时进行的，包括事前、事中和事后监督。事前会计监督是会计在经济活动开始前进行的监督，如通过制定预算和定额，控制消耗和费用；通过对会计资料的分析和利用，找出差距，制定措施，从而做到在事前就有目的地控制经济活动的进程。事中会计监督是会计对正在发生的经济活动过程和取得的核算资料进行审查、分析，并据以纠错纠偏，控制经济活动按预定目的和要求进行。事后会计监督是会计对已经发生的经济活动以及相应的核算资料进行审查、分析。

《会计法》确立了单位内部监督、社会监督、政府监督三位一体的会计监督体系，为监督的具体内涵及其实现方式赋予了新的内容。本教材关于会计监督职能的内容，仅限于会计机构和会计人员为监督主体，对单位经济活动进行的内部监督。

会计的监督职能和核算职能是密切结合，相辅相成的。核算职能是最基本的，是监督职能的基础，没有核算，监督就没有客观依据，监督是在核算过程中进行的，就是按照法规，政策的要求来控制经济活动的过程，没有监督核算就失去了意义。可见，会计是通过核算为管理提供会计信息，又通过监督直接履行管理职能，两者必须结合起来发挥作用，才能正确、及时、完整地反映经济活动。

（三）会计的扩展职能

随着经济的不断发展，经济关系的复杂化和管理水平的不段提高，会计职能的内涵也不断得到扩充，并开拓了新的领域。会计的职能除了会计核算、会计监督这两个职能外，还包括会计预测、会计决策、会计控制和会计分析。这些职能从不同侧面进一步加强了会计在经济管理中的作用。

【随堂练习1·判断题】会计是以货币为主要计量单位，反映和核算一个单位经济活动的一种经济管理工作。（　　）

【随堂练习2·单选题】会计的基本职能包括（　　）。

　　A．核算与监督　　　　　　　B．参与经济决策
　　C．预测经济前景　　　　　　D．评价经营业绩

四、会计的含义及对象

（一）会计的含义

通过上面对会计的产生和发展、会计的本质及会计的特点等的分析，我们可以形成以下一些初步的认识：会计是社会发展到一定阶段后人们为了满足经济管理的需要而产生的；会计产生和发展的全过程都是与提供经济信息和追求好的经济效率相关；会计以货币为主要计量单位并具有其独特的专门方法和程序。据此，我们可以给出会计的定义如下：

会计是以货币为主要计量单位，采用专门的方法和程序，对会计主体的经济活动过程进行连续、系统、综合、全面的核算和监督，旨在提供经济信息和提高经济效率的一项管理活动，是经济管理的组成部分。

（二）会计对象

会计对象，是会计核算和监督的内容，有一般对象和具体对象之分。会计的一般对象是再生产过程中的资金运动。所谓资金运动就是指再生产过程中财产物资的货币表现。再生产过程是由生产、分配、交换和消费四个环节所构成的多种的经济活动过程，会计只能核算和监督其中能用货币表现的经济活动。由于各企业和行政、事业单位资金运动的具体内容和形式不同，其会计的具体对象也不同。

1. 制造业会计核算和监督的内容

制造业的资金活动表现为三种类型：资金进入企业、资金在企业内部循环周转、资金退出企业。

（1）资金进入企业。

制造业要进行生产经营活动，就必须拥有一定数量的资金，即必须拥有一定数量的财产物资（包括厂房、机器设备、工具等劳动资料；原材料、在产品、产成品等劳动对象）和一定数量的货币资金。这些资金的来源渠道主要是企业所有者投资和向银行等金融机构筹资。当企业取得货币资金或财产物资时，资金就进入了企业。

(2) 资金在企业内部循环周转。

制造业的生产经营过程分为供应、生产和销售三个阶段。

1）供应阶段是生产准备阶段，企业用货币采购各种材料物资并储存待用，企业的资金由货币资金转化为储备资金形态。

2）生产阶段是工人运用劳动资料对劳动对象进行加工，生产出产品的阶段。生产阶段既是产品制造阶段，又是物化劳动和活劳动的耗费阶段。生产阶段是制造业最主要的阶段。在生产过程中要发生各种耗费，包括材料耗费、支付工资、固定资产耗费和支付其他费用等。企业的资金先由储备资金形态转化为生产资金形态，进而再转化为成品资金形态。

3）销售阶段是产品价值的实现阶段。在销售阶段，企业要出售产品，收回货币。这时企业的资金又由成品资金形态转化为货币资金形态。

制造业的资金由货币资金开始，依次转化为储备资金、生产资金、成品资金，最后又回到货币资金的过程叫做资金循环。由于再生产过程不断地重复进行而引起的资金的不断循环叫做资金周转。在企业经营资金的周转过程中，作为资金循环起点与终点的货币资金是不相等的，其差额形成利润或亏损。

（3）资金退出企业。

当企业偿还借款、上缴税金、分配利润、抽减资本金后，资金将不再参加周转，而是退出了企业。

综上所述，制造业会计的具体对象可以归纳为：由于经营资金的取得、运用和退出企业等经济活动所引起的各种资金占用和资金来源的增减变化情况；生产经营过程中各项费用支出和产品成本形成的过程；以及其企业销售收入的取得和企业纯收入的实现、分配情况。

2. 商品流通企业会计核算和监督的内容

商品流通企业的主要职能是组织商品流通。与制造业相比，其资金运动较为简单，其经营过程仅有采购和销售两个阶段。在采购阶段，货币资金转换为商品资金；在销售阶段，商品资金转化为货币资金。这样周而复始的循环下去，就形成了商品流通企业的资金周转。因此商品流通企业会计的具体对象归纳为：经营资金的取得、周转和退出企业所组成的资金活动。

3. 行政、事业单位会计核算和监督内容

行政、事业单位并不从事商品的生产和流通，是非盈利性组织，其职责是完成国家赋予的各项任务。行政、事业单位的资金主要是由财政拨款，并按预先批准的预算来支用，所以称为预算资金。行政、事业单位会计的具体对象归纳为：预算资金的收入与支出。

资金运动是对会计核算和监督的内容的最高概括，是第一层，即会计对象。资金运动的第二层次——会计要素，第三层次——会计科目，我们将在后面内容加以介绍。

【随堂练习3·单选题】下列不属于企业的资金运动表现的是（　　）。
　　A. 资金投入　　　B. 资金运用　　　C. 资金转移　　　D. 资金退出

五、会计核算的具体内容

会计核算和监督的内容就是资金运动，通常我们将各单位在日常生产经营和业务活动中的资金运动称为经济业务事项。经济业务事项包括经济业务和经济事项两类。经济业务又称经济交易，是指单位与其他单位和个人之见发生的各种经济利益的交换，如商品销售、购买固定资产、上交税款等。经济事项是指在单位内部发生的具有经济影响的各类事项，如支付职工工资、报销差旅费、计提折旧等。这些经济业务事项内容，就是会计核算的具体内容。

根据《会计法》第十条规定，下列经济业务事项，应当办理会计手续，进行会计核算。需要说明的是，企业、行政单位、事业单位、非营利组织等经济业务事项各具特色，会计核算业也有所不同，现以企业为例加以说明。

（一）款项和有价证券的收付

款项是作为支付手段的货币资金，主要包括现金、银行存款以及其他视同现金和银行存款的银行汇票存款、银行本票存款、信用卡存款、信用证存款等。有价证券是指表示一定财产拥有权或支配权的证券，如国库券、股票、企业债券等。款项和有价证券是流动性最强的资产，其收付直接影响单位资金的变化，因此，企业必须按照国家统一的会计制度的规定，加强监督管理，必须及时办理会计手续，进行会计核算。

（二）财物的收发、增减和使用

财物是财产、物资的简称，企业的财物是企业进行生产经营活动且具有实物形态的经济资源，一般包括原材料、燃料、包装物、低值易耗品、在产品、库存商品等流动资产，以及房屋、建筑物、机器、设备、设施、运输工具等固定资产。财物的收发、增减和使用是单位资金运动的重要形态，因而是会计核算的经常性业务。加强对财物的管理，有利于控制和降低成本，保证财物的安全、完整，防止资产流失。

（三）债权、债务的发生和结算

债权是企业收取款项的权利，一般包括各种应收和预付款项等，如应收账款、应收票据、其他应收款、预付账款等。债务则是指由于过去的交易、事项形成的企业需要以资产或劳务等偿付的现时义务，一般包括各项借款、应付和预收款项，以及应交款项等，如短期借款、应付账款、预收账款、应付职工薪酬、应交税金、应付利润、其他应付款、长期借款、应付债券、长期应付款等。债权债务的发生和结算，反映了单位的资金周转情况，必须进行会计核算。

（四）资本的增减

资本是投资者为开展生产经营活动而投入的资金。会计上的资本专指所有者权益中的投入资本，包括实收资本（股本）和资本公积。资本是企业进行生产经营活动的必要条件，是现代明晰产权关系的重要标志。

办理资本增减业务的政策性强，一般都应以具有法律效力的合同、协议、董事会决议等为依据。资本的增减，直接影响企业的经营规模和收益分配，因此会计上要求对资本的增减必须及时进行会计核算。

（五）收入、支出、费用、成本的计算

收入是指企业在销售商品、提供劳务及让渡资产使用权等日常活动中所形成的，会导致所有者权益增加的、与所有者投入资本无关的经济利益的总流入。如销售商品收入、提供劳务收入和让渡资产使用权收入等。

支出是指企业所实际发生的各项开支，以及在正常生产经营活动以外的支出和损失。如企业购买原材料、固定资产、无形资产、对外投资、职工薪酬的支出以及在正常生产经营活动以外发生的对外捐赠、罚款及自然灾害造成的损失等形成的支出。

费用是指企业日常活动所发生的、会导致所有者权益减少的、与向所有者分配利润无关的经济利益的总流出。

成本是指企业为生产产品、提供劳务而发生的各种耗费，是按一定的产品或劳务对象所归集的费用，是对象化了的费用。

收入、支出、费用、成本是相互联系、密不可分的，都是计算和判断企业经营成果及盘亏状况的主要依据。取得收入，必然要发生一定的成本、费用和支出，企业应当重视收入、支出、成本、费用的管理，按照国家统一会计制度的规定进行会计核算。

（六）财务成果的计算和处理

财务成果主要是指企业在一定时期内通过从事生产经营活动而在财务上所取得的结果，具体表现为盈利或亏损。财务成果的计算和处理一般包括利润的计算、所得税的计算、利润分配或亏损弥补等。

（七）需要办理会计手续、进行会计核算的其他事项

需要办理会计手续、进行会计核算的其他事项，是指除了以上所列举得六类经济业务事项以外的、按照国家统一的会计制度规定应办会计手续和进行会计核算的其他业务事项。

任务二　会计核算基本前提和会计信息质量要求

一、会计核算基本前提

会计核算的基本前提条件是指对某些未被确认的会计现象，如会计核算和监督的范围究竟有多大、会计为谁记账等，根据客观情况或者发展趋势所做的合乎事理的推断和假定，又称会计假设。它是日常会计处理应该具备的前提条件，其最终目的是为了保证会计资料的有用性、可靠性和合理性。会计概念、原则和程序方法都以会计假设为出发点。

我国《企业会计准则——基本准则》中提出的会计核算的基本前提有四项：会计主体、持续经营、会计分期和货币计量。

1. 会计主体

会计主体，是指会计所核算和监督的特定单位或者组织，是会计确认、计量和报告的空间范围。典型的会计主体是企业。

明确会计主体是组织会计核算工作的首要前提。这是因为会计处理数据和提供的信息必须有一定的空间界限，而会计主体假设正是明确了会计活动的空间范围和会计人员的责权范围，将会计工作的空间界定为有自主经营所必需的财产，并产生相应的债务和所有者权益，有独立的收入和费用，并据之确定盈亏，评价业绩。

一般情况下，会计主体就是一个单位，如一个企业、一个机关、一个学校、一个医院、一个社会团体等，这些个体单位都是独立法人，应当独立反映其财务状况、经营成果和现金流量。法人必然是会计主体，但会计主体不一定是法人。基于内部管理需要，企业内部的部门（分公司、营业部、生产车间等）也可以单独进行核算，并编制出内部会计报表，企业内部划出的核算单位也可以视为一个会计主体，但不是法人。在特定情况下，一个基金，如社会保险基金、企业年金基金也是会计主体。

【提示】会计主体不一定是法律主体，但所有的法律主体应当是会计主体。

2. 持续经营

持续经营是指在正常情况下，会计主体的生产经营活动按既定的经营方针和预定的经营目标会无限地经营下去，在可遇见的未来，不会停产倒闭。

这一假设把会计核算建立在正常状态下，也就是会计主体所持有的资产将按取得时的目的在正常的经济活动中被耗用；会计主体所承担也将在正常的经济活动中按原来承诺的条件予以清偿。由此，会计主体才可能采用历史成本确认、计量其资产等要素，使会计核算与报告系

统处于稳定状态。如果没有持续经营假设，即企业将要破产清算，则资产和负债只能按当时的清算价值估价，而不能按取得时实际成本确定。

持续经营假设可以与会计主体假设结合为：会计要为特定的会计主体再不会面临破产清算的情况下进行会计核算。

3. 会计分期

由于企业的经营活动是持续进行的，在时间上具有不间段性，为满足企业内外会计信息使用者经营管理和投资决策的需要，企业需要把持续不断的生产经营过程划分为若干相等的会计期间，定期进行汇总和编程财务报表，从而及时提供有关企业财务状况和经营成果的会计信息，这就产生了会计分期假设。

会计分期假设是对会计工作时间范围的具体划分，主要是确定会计年度。我国以日历年度作为会计年度，即从每年的1月1日至12月31日为一个会计年度。会计年度确定后，一般按日历确定会计半年度、会计季度和会计月度。

会计分期假设可以与前两条假设结合为：会计要为特定的会计主体在不会面临破产清算的情况下分期进行会计核算。

4. 货币计量

货币计量是指会计主体核算过程中采用货币作为主要计量单位，进行计量、记录和报告会计主体的生产经营活动。货币计量假设是对会计计量手段和方法的规定。

企业的经营活动是多种多样，错综复杂的。为了实现会计的目的，企业必须综合地反映其各种经营活动，这就要求有一个统一的计量尺度。在商品经营条件下，货币作为一种特殊的商品，最适合充当这种统一的计量尺度。当然，这也包括币值稳定这一层含义。

我国会计准则规定，会计核算以人民币为记账本位币。业务收支以外币为主的企业，也可以选定某种外币作为记账本位币，但编制的会计报表应当折算为人民币来反映。我国在境外设立的企业，通常用当地币种进行日常会计核算，但向国内编报会计报表时，应当折算为人民币。

货币计量假设可以与前三条假设结合为：会计以货币为主要计量单位——为特定的会计主体——在不面临破产清算的情况下——分期进行会计核算。

上述会计核算的四项基本前提，具有相互依存、相互补充的关系。没有会计主体，就不会有持续经营，没有持续经营，就不会有会计分期，没有货币计量就不会有现代会计。

【随堂训练1·判断题】在我国，会计年度一般采用日历年度，即从每年的1月1日至12月31日为一个会计年度。　　　　　　　　　　　　　　　　　　（　）

二、会计信息质量要求

会计的基本工作任务就是为包括所有者在内的各方面提供经济决策所需要的信息。会计信息的高低是评价会计工作成败的标准，为了规范企业会计确认。计量和报告行为，保证会计信息质量，我国最新颁布的《企业会计准则——基本准则》，对会计信息的质量要求有以下八项：可靠性、相关性、可理解性、可比性、实质重于形式、重要性、谨慎性和及时性。

（1）可靠性，又称真实性。是指会计核算提供的信息应当以实际发生的经济业务（交易或者事项）及表明这些经济业务发生的合法凭证为依据，如实反映财务状况和经营成果，保证会计信息真实可靠，内容完整。这是对会计信息最重要的质量要求。

（2）相关性。是指企业提供的会计信息应当与财务会计报告使用者的经济决策需要相关，有助于财务会计报告使用者对企业的过去，现在或者未来的情况作出评价或者预测。

（3）可理解性，也称清晰性。是指企业提供的会计信息应当清晰明了，便于财务会计报告使用者理解和使用。提供会计信息的目的在于使用，要使用就必须了解会计信息的内涵，明确会计信息的内容，如果做不到这一点，就谈不上对决策者有用。

（4）可比性。是指企业提供的会计信息应该具有可比性。可比性包括两方面：

1）纵向可比，即同一企业不同时期的相同或相似的交易或者事项，应当采用一致的会计政策，不得随意改变。确需变更的，应当在附注中说明。

2）横向可比，即不同企业发生的相同或者相似的交易或者事项，应当采用规定的会计政策，确保会计信息口径一致，相互可比。

（5）实质重于形式。是指企业应当按照交易或者事项的经济实质进行会计确认、计量和报告，不应仅以交易或事项的法律形式为依据。这是因为，有时候交易或事项的法律形式并不能真实反映其实质内容，因此为了真实反映企业的财务状况和经营成果，就必须根据它们的实质和经济现实，而不是仅仅根据它们的法律方式进行核算和反映。例如，企业以融资租债方式租入的固定财产，从法律形式来看，其所有权尚不属于承租企业，但从经济实质来看，该项资产受承租企业实际控制，因此应当将其作为承租企业的资产进行核算，否则就不能真实的反映该项资产对企业的影响。

（6）重要性。是指企业提供的会计信息应当反映与财务状况，经营成果和现金流量有关的所有重要交易和事项。在反映企业财务状况，经营成果的同时，可以根据会计信息对于使用者和决策者的影响程度来决定会计核算的精确程度及会计报表内容的详略程度，进而决定核算的工作量。强调会计信息的重要性，主要是出于对会计信息的效用与加工会计信息的成本这两方面的考虑。

（7）谨慎性。是指企业对交易或事项进行会计确认，计量和报告应当保持应有的谨慎，不应高估资产或者收益，低估负责或者费用。谨慎性原则又称稳健性原则、审慎性原则，也就是说凡是可以预见的可能发生的损失和费用都应合理的予以估计、确认并记录，而没有确定把握的收入，则不能予以确认和入账，以不抬高资产和收益也不压低负债和费用，进而有效地规避不确定因素带来的风险。如果某一项经济业务有多种处理方法可供选择，则应采取不导致夸大资产，虚增利润的方法。

（8）及时性。是指企业对于已经发生的交易和事项，应当及时进行会计确认、计量和报告，不得提前或延后。

三、会计基础

会计基础是指会计确认、计量和报告的基础，它包括权责发生制和收付实现制两种。

（一）权责发生制

权责发生制亦称应收应付制，是按照权利和义务是否发生来确定收益和费用的归属期。在权责发生制下，凡属于本期实现的收益和发生的费用，不论款项是否收付，都应作为本期的收益和费用入账；凡不属于本期的收益和费用，即使款项已经在本期收付，也不应作为本期的收益和费用处理。权责发生制强调经营成果的计算。

【随堂训练1·思考题】某企业2011年10月，销售商品一批货款100万元，当月货款没有收到，11月份收到该批货款50万，12月收到该批货款50万元。请思考：在权责发生制下，计入10月份的销售收入是多少？

【随堂训练2·思考题】某企业2011年11月预收了一笔货款10万元，收到上月销售商品的货款5万元，当月销售商品50万元，当月收到货款40万元，10万元尚未收到。请思考：

在权责发生制下,该企业 11 月份的销售收入是多少?

（二）收付实现制

收付实现制亦称收现付制或现金制,是按照款项实际收到或付出的日期来确定收益和费用的归属期。采用这一原则,凡是本期实际收到款项的收入和付出款项的费用,不论其是否属于本期,都作为本期的收入和费用处理;凡是本期没有实际收到的收入和付出款项的费用,均不作为本期的收入和费用处理。收付实现制强调财务状况的切实性。

《企业会计准则——基本准则》规定,企业应当以权责发生制作为基础进行会计确认、计量和报告。

目前,我国的行政单位会计一般采用收付实现制,事业单位除经营业务采用权责发生制外,其他业务也采用收付实现制。

【随堂训练 3·思考题】某企业 2011 年 11 月预收了一笔货款 10 万元,收到 11 月销售商品的货款 5 万元,当月销售商品 50 万元,当月收到货款 40 万元,10 万元 12 月收到。请思考:在收付实现制下,该企业 10 月、11 月、12 月的销售收入是多少?

任务三 会计核算方法和核算形式

一、会计核算方法

会计是由会计核算、会计分析和会计检查三部分组成的。因此,会计的方法也分为会计核算方法、会计分析方法和会计检查方法,这里主要介绍会计核算方法。

会计核算的专门方法主要有以下几种：设置账户、复式记账、填制和审核凭证、登记账簿、成本计算、财产清查和编制财务报表。以下只简要说明各种方法的特点和它们之间的相互联系（以后各任务将陆续说明各种方法的运用）。

1. 设置账户

设置账户是对会计核算和监督的具体内容进行科学分类,记录不同会计信息资料的一种专门方法。会计所核算和监督的内容往往是包罗万象的,如财产物资就有各种存在形态：厂房及建筑物、机器设备、各种材料、半成品等。它们在生产中的作用不同,管理的要求也不同。又如,取得这些财产物资所需要的经营资金可能来自不同的渠道,有的来自银行贷款,有的来自投资者投入,等等。为了对各种不同的内容分别进行反映和记录,会计上必须分别设置账户,以便取得经营管理所需要的各种不同性质的核算指标。

2. 复式记账

复式记账是对每项经济业务,都要以相等的金额在两个或两个以上的相关联的账户中进行记录的一种专门方法。在企业的资金运动过程中,任何一项经济业务都会引起资金的双重变化。例如,以银行存款购买材料这项经济业务一方面会引起银行存款的减少,另一方面会引起库存材料的增加。为了反映每一项经济业务所引起的这种双重变化,就必须在两个或两个以上的账户中同时加以记录。采用这种复式记账方法,可以如实、完整的记录资金运动的来龙去脉,全面反映和监督企业的活动过程。

3. 填制和审核凭证

记账必须要有根有据,这种根据就是凭证。例如职工报销差旅费,就必须填制报销单,并附有车船票等单据,证明经济业务已经完成。报销单和所附的车船票无误。报销手续完成后,这张报销单就成为记账的依据。所以，填制和审核凭证是会计核算工作的第一步。只有填制并审核无误的凭证，才会使记账有真实可靠的依据。通过审核凭证还可以监督和检查各项财经纪律的执行情况。

4. 登记账簿

登记账簿是将记账凭证中所反映的经济业务分别记入有关账户并在账簿上进行全面、连续、系统记录的方法。登记账簿要以记账凭据为依据，按照规定的会计科目开设账户，并将记账凭证中所反映的经济业务分别记入有关账户。登记账簿是会计核算的主要方法。

5. 成本计算

成本计算是一种会计计量活动，解决会计核对象的货币计量问题，即对应记入一定对象的全部费用进行归集、计算，并确定各对象的总成本和单位成本的会计方法。通过成本计算可以正确地对会计核算对象进行计价。可以考核经济活动过程中物化劳动和活劳动耗费程度，为在经营管理中正确计算盈亏提供数据资料。

6. 财产清查

财产清查是通过盘点、往来款项的核对来检查财产和资金实有数额的方法。在财产清查中发现财产，资金账面数额与实存数额不符时，应及时调整账簿记录，使账面数额与实存数额保持一致，并查明账实不符的原因，明确责任；发现积压或残损物资以及往来账款中的呆账、坏账时，要积极清理和加强财产管理。财产清查保证了会计核算资料的真实性和正确性。

7. 编制财务报表

编制财务报表是在账簿记录基础上对会计资料的进一步加工和整理，即在日常账簿记录的基础上，采用一定的表格形式，概括地、综合地反映各单位在一定时期内经济活动过程和结果。财务报表提供的资料是进行会计分析、会计检查的重要依据。

会计信息使用者的需要归结起来有两个方面：在某一特定时期内，企业的经营成果和盈利能力；在某一特定日期，企业的财务状况。为此，企业的会计人员要对大量的经济业务进行确认、计量、记录、报告等，向会计信息使用者提供利润表和资产负责表等来满足其需要。

从填制会计凭证到登记账簿，再根据账簿记录编制出财务报表，一个会计期间的会计工作即告结束，然后按照上述程序进入新的会计期间，如此循环往复，直至企业停业结算。

会计核算的上述七种方法相互配合、互相为依存条件，构成了互相联系、相互配合、缺一不可但又各具特色的方法体系。在上述七种方法中，主要是填制和审核凭证、登记账簿、编制财务报表。这三种方法周而复始、循环往复，构成了一般所称的会计循环。会计核算专门方法之间的关系如图1-2所示。

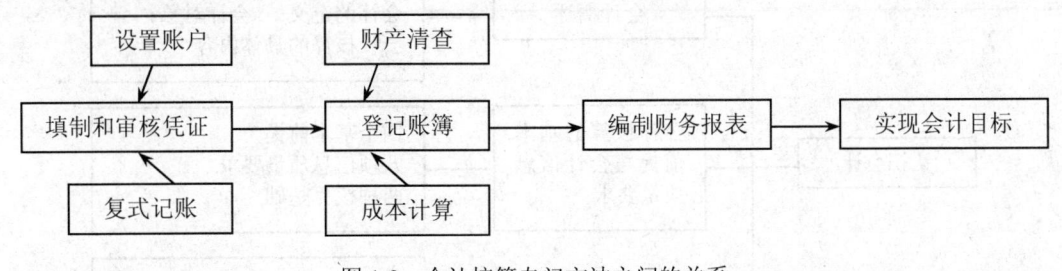

图 1-2 会计核算专门方法之间的关系

二、会计核算形式

会计核算形式也称账务处理程序，它是指会计凭证、会计账簿、会计报表和会计记账程序之间相互结合的方式。记账程序是指从填制和审核会计凭证到登记账簿以及根据账簿记录编制会计报表的顺序和过程。不同的记账程序规定了不同的填制会计凭证、登记账簿、编制会计报表的方法和步骤。

我国各经济单位通常采用的账务处理程序主要有：记账凭证账务处理程序；科目汇总表账务处理程序；汇总记账凭证账务处理程序。其中，记账凭证账务处理程序是最基本的会计核算形式，其他各种会计核算形式都是在此基础上，根据经济管理的需要发展而成的。

记账凭证账务处理程序如图 1-3 所示。

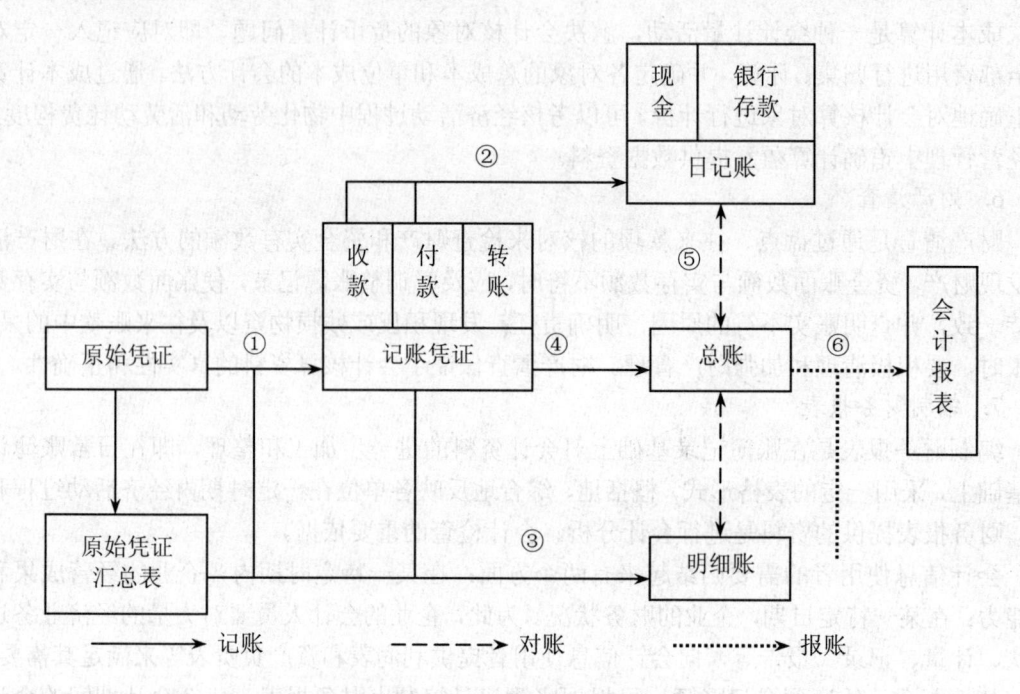

图 1-3 记账凭证账务处理程序

小结

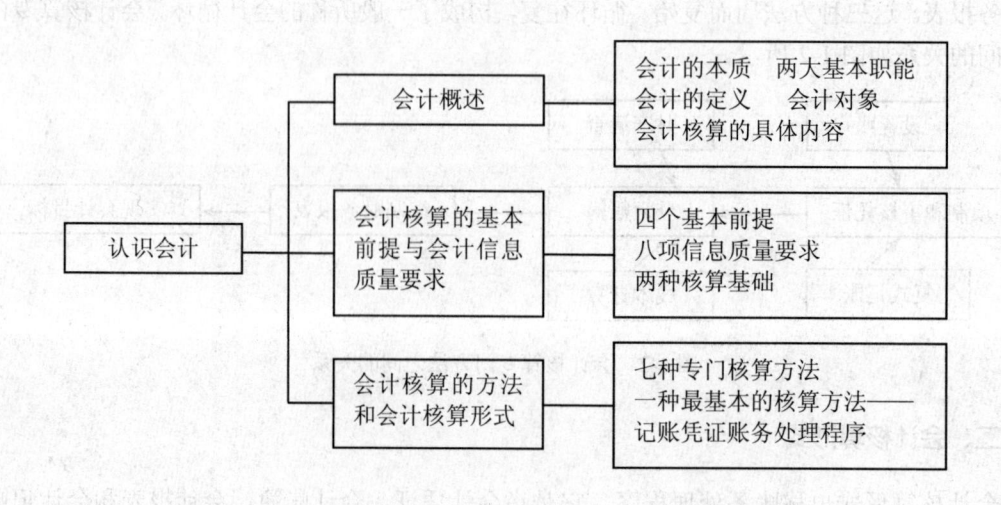

习题与实训

一、习题

（一）单项选择

1. 会计是一种（　　）。
   A．经济监督的工具　　　　　　B．经济管理活动
   C．生财、聚财、用财的方法　　D．管理生产与耗费的工具
2. 会计的一般对象可概括（　　）。
   A．生产领域的资金运动　　　　B．预算资金的收支过程
   C．流通领域的资金运动　　　　D．社会再生产过程中的资金运动
3. 会计的基本职能是（　　）。
   A．分析与考核　　　　　　　　B．核算与监督
   C．预算与决策　　　　　　　　D．以上全部都对
4. 会计主体是指会计所服务的（　　）。
   A．企业法人主体　　　　　　　B．投资人
   C．债权人和债务人　　　　　　D．一个特定单位或组织
5. 在我国会计年度自（　　）。
   A．公历1月1日起至12月31日止
   B．公历每年4月1日起至次年3月31日止
   C．公历每年9月1日起至次年8月31日止
   D．公历每年7月1日起至次年6月30日止
6. 对会计对象进行连续、系统、全面、综合地记录、计算、反映和日常监督所应用的方法是（　　）。
   A．会计检查方法　　　　　　　B．会计核算方法
   C．会计分析方法　　　　　　　D．会计控制方法
7. 会计监督主要通过（　　）来进行。
   A．价值指标　　　　　　　　　B．财务指标
   C．劳动指标　　　　　　　　　D．实物指标
8. 下列项目中，不属于会计核算方法的是（　　）。
   A．复式记账　　　　　　　　　B．成本计算
   C．财产清查　　　　　　　　　D．编制财务预算
9. 我国实行公历制会计年度是基于（　　）的基本会计假设。
   A．会计主体　　　　　　　　　B．货币计量
   C．会计分期　　　　　　　　　D．持续经营
10. 形成权责发生制和收付实现制不同的记账基础，进而出现应收、应付、预收、预付、折旧、摊销等会计处理方法所依据的会计基本假设是（　　）。
    A．货币计量　　　　　　　　　B．会计年度
    C．持续经营　　　　　　　　　D．会计分期

11. 下列有关会计主体的表述中，不正确的是（　　）。
    A. 会计主体是指会计所核算和监督的特定单位和组织
    B. 会计主体就是法律主体
    C. 由若干具有法人资格的企业组成的企业集团也是会计主体
    D. 会计主体界定了从事会计工作和提供会计信息的空间范围
12. 下列关于会计职能的描述不正确的是（　　）。
    A. 会计监督职能是指会计人员在进行会计核算的同时，对特定主体经济业务的合法性、合理性进行审查
    B. 会计核算是会计最基本的职能，也称控制职能
    C. 会计核算是会计监督的基础，而会计监督又是会计核算质量的保证
    D. 会计具有预测经济前景、参与经济决策、评价经营业绩等功能
13. 以下应作为债权处理的项目是（　　）。
    A. 应付账款　　　　　　　　B. 应交税费
    C. 预收款项　　　　　　　　D. 预付款项
14. 以货币为主要计量单位，通过确认、计量、报告等环节，对特定主体的经济活动进行记账、算账、报账，为各有关方面提供会计信息的功能是（　　）。
    A. 会计核算职能　　　　　　B. 会计监督职能
    C. 会计计划职能　　　　　　D. 会计预测职能
15. 会计主要的计量单位是（　　）。
    A. 货币　　B. 劳动量　　C. 实物　　D. 价格
16. 根据权责发生制原则，以下属于本期的收入和费用的是（　　）。
    A. 支付明年的房屋租金
    B. 本期已经收款，但商品尚未制造完成
    C. 当期按照税法规定预缴的税费
    D. 商品在本期销售，但货款尚未收到
17. 界定从事会计工作和提供会计信息的空间范围的会计基本前提是（　　）。
    A. 会计职能　　B. 会计主体　　C. 会计内容　　D. 会计对象

（二）**多项选择**
1. 会计核算的基本前提包括（　　）。
    A. 会计主体　　B. 持续经营　　C. 会计分期　　D. 货币计量
    E. 充分揭示
2. 会计的基本职能有（　　）。
    A. 反映职能　　B. 分析职能　　C. 监督职能　　D. 决策职能
    E. 预测职能
3. 下列属于会计核算的方法有（　　）。
    A. 设置账户　　B. 成本计算　　C. 复式记账　　D. 登记账簿
    E. 财产清查
4. 财务会计报告分为（　　）。
    A. 年度　　B. 半年度　　C. 季度　　D. 月度
    E. 旬

5. 会计信息的使用者有（　　）。
   A．投资者 B．债权人
   C．供应商 D．国家税务、工商
   E．企业经营者
6. 会计核算所产生的会计信息的特点包括（　　）。
   A．准确性 B．完整性
   C．连续性 D．系统性
7. 下列关于会计监督的说法正确的有（　　）。
   A．对特定主体的经济活动的真实性、合法性和合理性进行审查
   B．主要通过价值指标来进行
   C．包括事前监督和事中监督，不包括事后监督
   D．会计监督是会计核算质量的保障
8. 下列项目中，可以作为一个会计主体进行核算的有（　　）。
   A．销售部门 B．分公司
   C．母公司 D．企业集团
9. 债权是企业收取款项的权利，一般包括（　　）等。
   A．预付款项 B．预收款项
   C．应付款项 D．应收款项
10. 以下关于事中监督描述正确的是（　　）。
    A．事中监督是指在日常会计工作中，对已发生的问题提出建议，促使有关部门和人员采取改进措施
    B．事中监督是对经济活动的日常监督和管理
    C．事中监督是指以事先制定的目标，利用会计核算提供的资料，对已发生的经济活动进行的考核和评价
    D．事中监督是对未来经济活动的指导
11. 根据权责发生制原则，应计入本期的收入和费用的有（　　）。
    A．前期提供劳务未收款，本期收款
    B．本期销售商品一批，尚未收款
    C．本期耗用的水电费，尚未支付
    D．预付下一年的报刊费
12. 下列属于会计核算具体内容的有（　　）。
    A．款项和有价证券的收付、资本的增减
    B．财物的收发、增减和使用
    C．债权债务的发生和结算、财务成果的计算和处理
    D．收入、支出、费用、成本的计算
13. 关于核算和监督的关系，以下说法正确的有（　　）。
    A．核算和监督两项基本会计职能是相辅相成、辩证统一的关系
    B．会计核算是会计监督的保障，只有监督、没有核算，就难以保证核算所提供信息的真实性、可靠性
    C．会计监督是会计核算的基础，没有监督所提供的各种信息，核算就失去了依据

D．会计核算是会计监督的基础，没有核算所提供的各种信息，监督就失去了依据

14．财物是财产、物资的简称，下列属于财物的有（　　）。
　　A．库存商品　　　　　　　　B．固定资产
　　C．无形资产　　　　　　　　D．应收及预付款项

15．财务成果的计算和处理一般包括（　　）。
　　A．收入的确认　　　　　　　B．费用的计算和分配
　　C．所得税的计算和交纳　　　D．利润分配或亏损弥补

（三）判断题

1．会计主体是指企业法人。（　　）
2．会计主体假定的意义，在于规定了会计核算工作的空间范围。（　　）
3．会计只能用货币量度进行核算和监督。（　　）
4．会计核算和会计监督是会计的两大基本职能，参与经济预测职能是在两大职能的基础上发展而来的。（　　）
5．会计监督有监督经济活动的合法性和合理性两个方面，它是进行会计核算的基础。（　　）
6．随着经济的发展和会计活动范围及内容的不断扩大，会计的职能也在不断改变。（　　）
7．会计的监督职能是会计人员在进行会计核算的之前，对特定会计主体经济活动的合法性、合理性、完整性等进行审查。（　　）
8．由于有了持续经营这个会计核算的基本假设，才产生了当期与其他期间的区别，从而出现了权责发生制与收付实现制的区别。（　　）
9．法律主体不一定是会计主体，但会计主体一定是法律主体。（　　）
10．持续经营假设是假设企业可以长生不老，即使进入破产清算，也不应该改变会计核算方法。（　　）
11．财务成果具体表现为盈利或亏损。（　　）
12．会计是以货币为主要计量单位，反映和监督一个单位经济活动的一种经济管理工作。（　　）
13．会计的基本职能是会计核算和会计监督，会计监督是首要职能。（　　）
14．资金的退出指的是资金离开本企业，退出资金的循环与周转，主要包括提取盈余公积、偿还各项债务，上交各项税金以及向所有者分配利润等。（　　）

二、实训

训练目标：掌握权责发生制与收付实现制损益的计算。

训练资料：甲公司20××年6月份发生如下经济业务：

1．以银行存款支付上月水电费8 000元。
2．以银行存款预付下半年报刊杂志费1 200元。
3．预提本月份借款利息1 000元。
4．计算本月计提折旧费4 200元。
5．预收下月份货款20 000元。
6．收回上月销货款80 000元。

7. 本月销售产品货款 65 000 元，已通过银行收回。
8. 本月销货款 16 000 元尚未收回。

要求：根据以上资料分别按权责发生制与收付实现制计算本月的收入、费用和利润。

权责发生制下	收付实现制下
收入=	收入=
费用=	费用=
利润=	利润=

项目二　原始凭证的识别、填写、审核

项目目标

知识目标

学习本项目后，你应该能够：
1. 明了原始凭证的含义
2. 描述原始凭证的作用和种类

能力目标

学习本项目后，你应该能够：
1. 正确的识别、填写、分析各种原始凭证
2. 审核原始凭证，并能对不符要求的原始凭证提出正确的处理意见

素质目标

学习本项目后，你应该养成：
1. 认真负责的工作态度
2. 干净、整洁的行为习惯

导入语：作为一名会计人员，首先必须学会识别会计主体经济业务事项发生或完成时应当取得或填制哪些原始凭证，这是进行会计核算的基础和关键。取得或填制原始凭证是会计核算工作的起点，它是用以记录和证明经济业务事项的发生或完成情况的原始凭证，是会计核算的原始依据，是进行会计核算的首要环节。因此，学习本任务的相关知识，是会计人员必须掌握的一项基本技能。

任务一　认识原始凭证

在认识原始凭证之前，我们先了解会计凭证。所谓会计凭证是记录经济业务发生和完成情况的书面证明，也是登记账簿的依据。任何单位，每发生一项经济业务，如现金的收付、物资的收发、往来款项的结算等，经办人员必须按照规定的程序和要求认真填写会计凭证，记录经济业务的发生和完成的日期、内容，并在会计凭证上签名或盖章，有的凭证还需要加盖公章，以对会计凭证的真实性和正确性负责。只有经过审核无误的会计凭证才能作为登记账簿的依据。

为了认识、掌握和运用会计凭证，首先要对会计凭证加以分类。会计凭证按照编制程序和用途一般可分为原始凭证和记账凭证。

一、原始凭证的含义及种类

（一）原始凭证含义

原始凭证是在经济业务发生或完成时取得或填制的，用来证明经济业务的发生或完成情况的最初的书面证明，是在经济业务发生的过程中直接产生的，是记账的原始依据。因此，也叫原始单据或单据。

按照《会计法》的要求，一切经济业务发生时都必须如实填制原始凭证，以证实经济业务的发生或完成情况。企事业单位中应用的原始凭证有很多，如购销业务活动中的"发货票"，财产物资收发业务中的"出库单"、"入库单"，现金收付业务中的"收据"、"借据"，银行结算业务中的各种转账结算凭证等。凡是不能证明经济业务发生和完成情况的各种书面证明，如"购料申请单"、"购销合同"、"银行对账单"等，均不能作为原始凭证据以记账。

（二）原始凭证的种类

（1）原始凭证按其来源不同，分为外来原始凭证和自制原始凭证两种。

1）外来原始凭证：是指在经济业务发生或完成时，从外单位或个人处取得的单据。如供应单位开出的增值税专用发票，银行结算凭证，收款单位或个人开给的收据，出差人员取得的车票、船票、机票、宿费单、铁路托运单、运杂费收据等。其格式见表 1-1、表 1-2 所示。

凡外来原始凭证必须盖有单位的公章或财税机关的统一检章方为有效。

表 1-1　增值税专用发票

开票日期：2009 年 8 月 20 日　　　　　　　　　　　　　　　　　　　　　　NO 0102007

购货单位	名称	苗岭机械制造厂	纳税人登记号	522690688446413
	地址、电话	8068348	开户银行账号	100200882890010000

货物或劳务名称	单位	数量	单价	金额 万 千 百 十 元 角 分	税率%	税额 千 百 十 元 角 分
Φ10mm 圆钢	吨	5	3800	1 9 0 0 0 0 0	17	3 2 3 0 0
合计				1 9 0 0 0 0 0		3 2 3 0 0 0

价税合计（大写）	×佰 ×拾 贰万 贰仟 贰佰 叁拾 零元 零角 零分	￥：2 2230.00
销货单位	名称	红新钢铁厂	纳税人登记号	522690631635128
	地址、电话	7529858	开户行及账号	100200883820010012

收款人：张红　　　　　开票单位（未盖章无效）　　　　　结算方式：转账

表 1-2　收款收据

2009 年 9 月 15 日　　　　　　　　　　　　　　　　　　NO　2576876

今收到　苗岭机械制造厂李彬
交来　库房租用押金
人民币（大写）：伍佰元整　　　　　　　　￥：500.00
收款单位（公章）　　　　　　　　　　收款人（签章）

表 1-3　贵州省行政事业性收费通用票据

票据专用章

收款日期　　　2009 年 11 月 15 日　　　　　　NO 5355044

付款单位或个人	丁磊	收费许可证字号								备注
收款项目名称	收费标准	金　　额								
^	^	百	十	万	千	百	十	元	角	分	^
会计培训	300 元/人				3	0	0	0	0		
合计金额	（大写）叁佰元整	￥	3	0	0	0	0		
	开票单位（未盖章无效）　　　　　　收款人（章）李梅

2）自制原始凭证：是指在经济业务发生或完成时，由本单位业务经办部门的有关人员填制的单据。如"收料单"、"产品入库单"、"领料单"、借款单、"工资结算单"、"制造费用分配表"、"固定资产折旧计算表"等。其格式见表 1-4、表 1-5 所示。

凡自制原始凭证需提供给外单位的一联也应加盖本单位的公章。

表 1-4　苗岭机械制造厂

领　料　单

2009 年 12 月 9 日

材料类别	材料名称	规格	计量单位	数　量		成　本	
^	^	^	^	请领	实发	单位成本	金额
主要材料	圆钢	Φ10mm	公斤	1 000	1 000		
用途	扩建库房用料		领料单位	发料人		领料人
			州建一公司	杨平		张光凯

领料部门主管：方超　　　　　　仓库负责人：杨平

表 1-5 固定资产折旧计算表

2007 年 12 月 31 日

资产类别	资产名称	使用部门	入账日期	原值（元）	使用年限	残值率%	预计净残值（元）	折旧方法	本月折旧
房屋建筑物	办公楼	总部	2005-10-1	16 987 650.00	30 年	3%	509 629.50	平均年限法	45 772.28
电子设备	电子计算机	总部	2007-10-16	14 500.00	5 年	3%	435.00	双倍余额递减法	483.33
电子设备	中央空调	总部	2005-10-1	285 600.00	8 年	4%	11 424.00	平均年限法	2 856.00
电子设备	数码复印机	办公室	2007-6-20	43 000.00	6 年	3%	1 290.00	平均年限法	579.31
合计				17 330 750			522 778.5		49 690.92

审核：　　　　　　　　　　制表人：黄河

表 1-6 差旅费报销单

2009 年 5 月 15 日

出差人：杨美美					事由：洽谈业务			随行人：1			
起止时间及地点					交通费			出差补贴			其他
月	日	起点	月	日	终点	交通工具	票据张数	金额	项目	人数	天数	补贴标准	金额	项目	金额
5	10	凯城	5	11	广州	火车	2	660.00	补贴	2	5	100	1 000	住宿费	1 050
5	13	广州	5	14	凯城	火车	2	660.00							
						出租车	4	180							
小计							8	1 500		2	5	100	1 000		1 050
合计（大写）		叁仟伍佰伍拾元整						￥3 550.00	预支			4 000.00	退回	450.00

审核：吴凯　　　　　　　　　　填报人：杨美美

自制原始凭证按其填制手续不同，分为一次凭证、累计凭证和汇总凭证三种。

①一次凭证是指一次只记录一项经济业务或同时记录若干项同类经济业务的原始凭证。所有的外来原始凭证都是一次凭证，自制的原始凭证中大部分也是一次凭证，如"收料单"、"领料单"、"制造费用分配表"、"报销凭单"等。

②累计凭证是指在一定时期内连续记录若干项同类经济业务的原始凭证。如自制原始凭证中的"限额领料单"。

③汇总凭证是指根据一定时期若干份记录同类经济业务的原始凭证加以汇总编制而成的一种原始凭证。如将全月领料业务的"领料单"加以汇总后编制的"发料凭证汇总表"、"现金收入汇总表"等。

（2）原始凭证按其格式不同，分为通用凭证和专用凭证。

1）通用凭证：是指由有关部门统一印制、在一定范围内使用的具有统一格式和使用方法的原始凭证。如火车票、银行转账结算凭证、增值税专用发票等。

2）专用凭证：是指由单位自行印制、仅在本单位内部使用的原始凭证。如领料单、差旅费报销单、折旧计算表、工资费用分配表等。

二、原始凭证的构成要素

由于原始凭证记录经济业务的内容多种多样，取得的来源渠道也是多方面的，因此原始凭证的格式和内容也不尽相同。但无论哪一种原始凭证，都必须具备以下基本内容，这些基本内容称之为原始凭证要素。

（1）原始凭证的名称，如"销售发货票"、"发料单"等。

（2）原始凭证的日期和编号。

（3）接受凭证单位或个人的名称（抬头人）。

（4）经济业务内容摘要（含数量、单价、金额等）。

（5）填制单位的签章、有关人员（部门负责人、经办人员）签章。

（6）填制单位名称或填制人姓名、凭证附件。

原始凭证除必须具备上述基本内容外，还应该符合一定的附加条件。从外单位取得的原始凭证，必须盖有填制单位的公章，比如业务公章、财务专用章、发票专用章、结算专用章等。自制原始凭证必须有经办单位负责人或指定人员的签名或盖章；对外开出的原始凭证，必须加盖本单位公章；购买实物的原始凭证，必须有验收证明；支付款项的原始凭证，必须有收款单位或收款人的收款证明；发生销货退回的，除填制退货发票外，必须有退货验收证明，退款时必须取得对方的收据或汇款银行的凭证；职工因公出差借款凭证，必须附在记账凭证之后；经上级有关部门批准的经济业务，应当将批准文件作为原始凭证的附件。如果批准文件需要单独归档的，应当在凭证上注明文件的批准机关名称、日期和文号，以便确认经济业务的审批情况和查阅。

有的原始凭证为了满足计划、业务、统计等职能部门经济管理的需要，还需要列入计划、定额、合同号码等项目。这样可以更加充分地发挥原始凭证的作用。对于在国民经济一定范围经常发生的同类经济业务，应由主管部门制定统一的凭证格式。例如，由国家税务总局统一监制设计印制的增值税专用发票；由各专业银行统一制定的各种结算凭证；由航空、铁路、公路及航运等部门同意印制的运单、客票等。印制统一的原始凭证，既可以加强对凭证和企业、事业单位经济活动的管理，又可以节约印制费用。

【随堂训练1·判断题】原始凭证对于发生和完成的经济业务具有证明效力。（   ）

【随堂训练2·单选题】单据是（   ）。

    A. 记账凭证   B. 发票   C. 记账凭单   D. 原始凭证

【随堂训练3·单选题】在会计实务中，自制原始凭证按照填制手续及内容不同，可以分为（　　）。

  A. 通用凭证和专用凭证　　　　B. 收款凭证、付款凭证和转账凭证
  C. 外来原始凭证和自制原始凭证　D. 一次凭证、累计凭证和汇总凭证

【随堂训练4·单选题】下列原始凭证中，属于累计凭证的是（　　）。

  A. 收料单　　B. 发货票　　C. 领料单　　D. 限额领料单

【随堂训练5·多选题】下列会计凭证中，属于自制原始凭证的有（　　）。

  A. 材料领料单　　　　　　　　B. 盘点盈亏表
  C. 购货发票　　　　　　　　　D. 印花税票

任务二　填制原始凭证

  原始凭证是编制记账凭证的依据，是会计核算最基础的原始资料。原始凭证绝大部分不是由财会人员填制的，而是由有关单位或本单位有关业务人员填制的。但是全部原始凭证都必须经过财会人员审核，才能登记入账。因此，财会人员不仅要掌握原始凭证的内容和填制方法，而且还要向有关业务人员说明原始凭证的重要作用，帮助他们掌握正确的填制原始凭证的方法。

一、填制原始凭证的基本要求

  要保证会计核算工作的质量，必须从保证原始凭证的质量做起，正确填制原始凭证。具体来说，原始凭证填制必须符合以下基本要求：

  （1）遵纪守法。经济业务的内容必须符合国家有关政策、法令、规章、制度的要求，凡不符合以上要求的，不得列入原始凭证。

  （2）记录真实。原始凭证上记录的日期、经济业务内容和数字金额必须与经济业务发生的实际情况完全相符，不得歪曲经济业务真相、弄虚作假。

  （3）内容完整。原始凭证中规定的各项目，必须填写齐全，不能遗漏和简略，业务经办人员必须在原始凭证上签名或盖章，对凭证的真实性和正确性负责。

  （4）手续要完备。单位自制的原始凭证必须有经办单位领导人或者其他指定人员的签名或盖章；对外开出的原始凭证必须加盖本单位的公章；从外部取得的原始凭证，必须加盖有填制单位的公章；从个人取得的原始凭证，必须有填制人员的签名盖章。总之，取得的原始凭证必须符合手续完备的要求，以明确经济责任，确保凭证的合法性和真实性。

  （5）书写清楚、规范。原始凭证填写要认真，文字和数字要清楚，字迹必须工整、清晰，易于辨认，不得使用未经国务院公布的汉字简化字，不串格不串行。大小写金额必须相符且填写规范，小写金额用阿拉伯数字逐个书写，不得写连笔字，在金额前要填写人民币符号"￥"，人民币符号"￥"与阿拉伯数字之间不得留空白，金额数字一律填写到角分，无角、分的，写"00"或符号"-"，有角无分的，分位写"0"，不得用符号"-"；大写金额用汉字壹、贰、叁、肆、伍、陆、柒、捌、玖、拾、佰、仟、万、亿、元、角、分、零、整等，一律用正楷或行书字书写，大写金额前未印有"人民币"字样的，应加写"人民币"三个字，"人民币"字样与大写金额之间不得留空白，大写金额到元或角为止的，后面要写"整"或"正"字，有分的，不写"整"或"正"字。如小写金额为￥1 005.00元，大写应写成"人民币壹仟零伍元整"；如￥1 680.32，大写应写成"人民币壹仟陆佰捌拾元零叁角贰分"；如18 890.50，大写应写成"壹

万捌仟捌佰玖拾元零伍角整"。

（6）填写及时。各种原始凭证一定要在经济业务发生或完成时及时填写，做到不积压、不误时、不事后补制，并按规定的程序及时送交会计机构、会计人员进行审核。

（7）编号连续。各种凭证要连续编号，以便查考，如果凭证已预先印定编号，如发票、支票等重要凭证，在写坏作废时，应加盖"作废"，妥善保管，不得撕毁。

（8）不得涂改、挖补、刮擦。原始凭证有错误的，应当由出具单位重开或更正，更正处应加盖出具单位印章。但是原始凭证金额有错误的，应当由出具单位重开，不得在原始凭证上更改，更不得在原始凭证上进行涂改、挖补、刮擦。

二、自制原始凭证的填制要求

1. 一次凭证的填制

一次凭证的填制手续是在经济业务发生或完成时，由经办人员填制，一般只反映一项经济业务，或者同时反映若干项同类性质的经济业务。下面以"收料单"和"领料单"的填制为例，介绍一次凭证的填制方法。

（1）"收料单"是企业购进材料验收入库时，由仓库保管人员根据购入材料的实际验收情况，填制的一次性原始凭证收料单一式三联：一联留仓库，据以登记材料物资明细账和材料卡片；一联随发票账单到会计处报账；一联交采购人员存查。

【例1】 北京城建第八分公司2010年5月4日从首都钢铁厂购入20mm圆钢1 000公斤（类型：型钢，凭证编号0343，发票编号0025，收料仓库5号），每公斤单价3元，另付购入材料运杂费200元。仓库保管人员验收后填制"收料单"，其格式与内容见下表。"收料单"通常是一料一单（其他资料：会计主管：齐某某，会计：王某某，审核：张某某，记账：田某，收料：李某某）。

北京城建第八分公司
收料单

供货单位：首钢　　　　　　　　2010年5月4日　　　　　　　　凭证编号：0343
库发票编号：0025　　　　　　　　　　　　　　　　　　　　　　收料仓库：5号

材料类别	材料编号	材料名称及规格	计量单位	数量应收	数量实收	单价	买价	运杂费	合计
型钢	022	圆钢20mm	公斤	1 000	1 000	3.00	3 000	200	3 200
备注							合计		3 200

主管　　　会计　　　审核　　　记账　　　收料

（2）"领料单"的填制手续是在经济业务发生或完成时，由经办人员填制的，一般只反映一项经济业务，或者同时反映若干项同类性质的经济业务。仓库保管员根据领料单，审核其用途，认真计量发放材料，并在领料单上签章。"领料单"一式三联：一联留领料部门备查；一联留仓库，据以登记材料物资明细账和材料卡片；一联转会计部门或月末经汇总后转会计部门据以进行总分类核算。

【例2】 某企业第一生产车间生产A产品需领用材料，由经办人填制"领料单"，其格式和内容见下表。此"领料单"经车间有关领导批准后到仓库领料，仓管员据以发料。

领 料 单

2010 年 10 月 20 日

领料单位：第一车间　　　　　　　　　　　　　　　　　　　　　凭证编号：0012
用途：生产 A 产品　　　　　　　　　　　　　　　　　　　　　　　发料仓库：1 号

材料类别	材料编号	材料名称	规格	计量单位	数量 请领	数量 实领	单价	金额
型钢	0234	圆钢	25mm	公斤	1 500	1 500	6.00	9 000
型钢	0235	圆钢	10mm	公斤	1 000	1 000	5.00	5 000
合计					2 500	2 500		11 000

发料：　　　　　　领料：　　　　　　　　领料单位负责人：　　　　记账：

2. 累计凭证的填制

要点 1：累计凭证是多次有效的原始凭证。

要点 2：工业企业用的限额领料单就是一种典型的累计凭证。

要点 3：特点是在一张凭证内可以连续登记相同性质的业务，随时结出累计数及结余数，并按照费用限额进行费用控制，期末按实际发生额记账。

现以"限额领料单"为例说明累计凭证的填制方法。

"限额领料单"是多次使用的累计领发料凭证。在有效期间内（一般为一个月），只要领用数量不超过限额就可以连续使用。"限额领料单"不仅起到事先控制领料的作用，而且可以减少原始凭证的数量和简化填制凭证的手续。

【例3】　某企业第二车间生产 B 产品，该月生产计划部门下达"限额领料单"，该车间该月的领用情况如下：

限 额 领 料 单

2010 年 10 月

领料单位：第二车间　　　　　　　　　　　　　　　　　　　　　凭证编号：008
用途：生产 B 产品　　　　　　　　　　　　　　　　　　　　　　　发料仓库：2 号

材料类别	材料编号	材料名称	规格	计量单位	领用限额	实际领用	单价	金额
型钢	0289	圆钢	10mm	公斤	1 000	980	5.00	4 900

日期	请领 数量	请领 签章	实发 数量	实发 发料人	实发 领料人	限额结余	退库 数量	退库 退库单
10.3	400		400	李冰	杨明	600		
10.13	300		300	李冰	杨明	300		
10.21	280		280	李冰	杨明	20		
合计	980		980			20		

供应部门负责人：　　　　生产计划部门负责人：　　　　　仓库负责人签章：

3. 汇总凭证的填制

汇总原始凭证是指在会计的实际工作日，为了简化记账凭证的填制工作，将一定时期若干份记录同类经济业务的原始凭证汇总编制一张汇总凭证，用以集中反映某项经济业务的完成情况。汇总凭证是有关责任者根据经济管理的需要定期编制的。

汇总凭证只能将同类内容的经济业务汇总在一起、填列在一张汇总凭证上，不能将两类或两类以上的经济业务汇总在一起、填列在一张汇总原始凭证上。

【例4】 某企业2010年10月发出材料所编制的"发料凭证汇总表"如下：

发出材料汇总表

2010年10月30日

会计科目（用途）	领料部门	原材料	燃料	合计
生产成本	A产品生产车间	11 000		11 000
	B产品生产车间	4 900		4 900
	小计	15 900		15 900
制造费用	车间一般耗用	550		550
管理费用	管理部门耗用	300		300
合计		16 750		16 750

会计主管： 复核： 制表：

三、外来原始凭证的填制要求

外来原始凭证一般由税务局等部门统一印制，或经税务部门批准由经营单位印制，在填制时加盖出具凭证单位公章方有效，对于一式多联的原始凭证必须用复写纸套写。现以购货发票为例说明外来原始凭证的填制方法。

【例5】 东方公司2011年1月15日从中兴电器商店购入三台电脑，共支付价款18 000元。东方公司收到中兴电器商店填制的普通发票，如下所示：

贵阳市商业企业专用发票

发票代码：123456789

付款单位：东方公司　　　　　　　　　　　　　　　　发票号码：342165

编号	商品名称	规格	单位	数量	单价	金额							
						十	万	千	百	十	元	角	分
	电脑	LX200	台	3	6 000.00	¥	1	8	0	0	0	0	0
		小写金额合计				¥	1	8	0	0	0	0	0
大写金额			人民币壹万捌仟元整										

收款单位：中兴电器商店（盖章）　　开票人：杨梅　　2011年1月15日

四、填制原始凭证的其他要求

（1）从外单位取得的原始凭证，必须盖有填制单位的公章（或财务专用章）；从个人取得的原始凭证，必须有填制人员的签章；自制原始凭证必须有经办单位负责人或指定人员的签名或盖章；对外开出的原始凭证，必须加盖本单位公章（或财务专用章）。

（2）发生销售退回的，除填制退货发票外，还必须有退货验收证明；退款时，必须取得对方的收款收据或汇款银行的凭证，不得以退货发票代替收据。

（3）一式几联的原始凭证，应当注明各联的用途，只能以一联作为报销凭证。一式几联的发票或收据，必须用双面复写纸套写，并连续编号。作废时，应加盖"作废"连同存根一起保管，不得撕毁。

（4）职工外出借款凭据必须附在记账凭证后，收回借款时，应当另开具收据或退还借款副本，不得退还原借款收据。

五、票据的填写规范

票据是指由出票人签发的，约定自己或者委托付款人在见票时或指定的日期向收款人或持票人无条件支付一定金额的有价证券。我国的票据包括银行汇票、支票、商业汇票和银行本票。由于各种票据是办理支付结算和现金收付的重要依据，直接关系到支付结算的准确、及时和安全，因此填写票据必须做到标准化、规范化，其金额的填写要做到规范、清晰以外，还要注意以下规范：

（1）票据的出票日期必须使用中文大写。为防止变造票据的出票日期，在填写月、日时，月为壹、贰和壹拾的，日为壹至玖和壹拾、贰拾和叁拾的，应在其前加"零"；日为拾壹至拾玖的，应在其前加"壹"。如1月15日，应写成零壹月壹拾伍日；如10月20日，应写成零壹拾月零贰拾日。

（2）票据出票日期使用小写填写的，银行不予受理。大写日期未按要求规范填写的，银行可予受理，但由此造成损失的，由出票人自行承担。

（3）只能用黑色的签字笔（钢笔）填写。

（4）盖的章不能缺边、角、不能重影，要清晰。

【现场操作】填写现金支票。

中国建设银行 现金支票存根（黔） EX04618705	中国工商银行　现金支票　（黔）　EX04618705									
科目_____ 对方科目_____ 出票日期 年 月 日	出票日期（大写）　　年　　月　　日			付款行名称：						
	收款人：			出票人账号：						
	人民币（大写）	十	万	千	百	十	元	角	分	
收款人										
金额	用途_____									
用途	上列款项请从			科目（借）						
	我账户内支付			对方科目（贷）						
单位主管　　会计	出票人签章			转账日期　年　月　日 复核　　　记账						

【随堂训练1·多选题】原始凭证应具备的基本内容是（　　）。

　　A．填制日期　　　　　　　　B．经济业务涉及的会计科目

　　C．经济业务的内容　　　　　D．所附原始凭证的张数

【随堂训练2·判断题】从外单位取得的原始凭证，可以没公章，但必须有经办人员的签名或盖章。　　　　　　　　　　　　　　　　　　　　　　　　　　　（　　）

【随堂训练3·多选题】填制原始凭证时，符合书写要求的是（　　）。

　　A．阿拉伯金额数字前面应当填写货币币种符号

B. 币种符号与阿拉伯金额之间不得留有空白
C. 大写金额有分的，分字后面要写"整"或"正"字
D. 大写金额要以用阿拉伯字代替

【随堂训练4·多选题】在原始凭证上书写阿拉伯数字，正确的是（　　）。
A. 所有以元为单位的，一律填写到角分
B. 无角分的，角位和分位可写"00"，或者符号"—"
C. 有角无分的，分位应当写"0"
D. 有角无分的，分位也可以用符号"—"代替

任务三　审核原始凭证

一、原始凭证审核的内容

为了保证会计资料的真实、准确、完整及符合会计制度的规定，充分发挥会计监督的作用，必须指派专人对原始凭证进行严格审核，只有审核无误的原始凭证，才能作为记账的依据。原始凭证审核的具体内容包括以下几个方面：

（一）审核原始凭证的真实性

原始凭证作为会计信息的基本信息源，其真实性对会计信息的质量具有至关重要的影响。其真实性的审核包括对凭证日期、业务内容、数据是否真实等内容的审查。对外来凭证，必须盖有填制单位的公章和填制人的签章；对自制原始凭证必经有关部门和经办人的签名或盖章。此外，对于通用原始凭证，还应审核凭证本身的真实性，以防假冒。

（二）审核原始凭证的合法性

审核原始凭证所记录的经济业务是否违反国家法律法规的情况，是否履行了规定的凭证传递和审核程序，是否有贪污腐化等行为。

（三）审核原始凭证的合理性

审核原始凭证所记录的经济业务是否符合企业生产经营活动的需要，是否符合有关计划和预算等。

（四）审核原始凭证的完整性

审核原始凭证的各项基本要素是否齐全，是否有遗漏情况，日期是否完整，数字是否清晰，文字是否工整，有关人员的签章是否齐全，凭证联次是否正确。

（五）审核原始凭证的正确性

审核原始凭证的各项金额的计算及填写是否正确。包括：阿拉伯数字分位填写，不得连写；小写金额前要标明"￥"字样，中间不能留有空位；大写金额前要加写"人民币"字样，大写金额与小写金额要相等；凭证中有书写错误的，应采用正确的方法更正，不得采用涂改、挖补、刮擦等不正确的方法。

（六）审核原始凭证的及时性

原始凭证的及时性是保证会计信息及时性的基础。因此，要求在经济业务发生或完成时及时填制有关原始凭证，及时进行凭证的传递。审核时应注意审查凭证的填制日期，尤其是支票、银行汇票、银行本票等时效性较强的原始凭证，更应该仔细验证其签发日期。

二、原始凭证审核后的处理

原始凭证的审核是一项非常重要又严肃的工作,经审核的原始凭证应根据不同的情况进行处理:

(1)对于完全符合要求的原始凭证,应及时据以编制记账凭证入账。

(2)对于真实、合法、合理但内容不够完善、填写有错误的原始凭证,应退回给有关经办人员。由其负责将有关凭证补充完整、更正错误或重开后,再补办会计手续。

(3)对于不真实、不合法的原始凭证,会计机构、会计人员有权不予受理,并向单位负责人报告。

【相关链接】原始凭证遗失的处理。

从外单位取得的原始凭证如有遗失,应当取得原开出单位盖有公章的证明,并注明经济业务的内容、原来凭证的号码、金额和内容等,由经办单位会计机构负责人、会计主管人员和单位领导人批准后,才能代作原始凭证。

有些原始凭证遗失无法取得证明,如飞机票、火车票等,或确实无法取得证明的,可以由当事人写出详细情况说明,然后由接受凭证单位的会计机构负责人、会计主管人员和单位领导人办理批准手续,手续齐全后,才能代作原始凭证。

小结

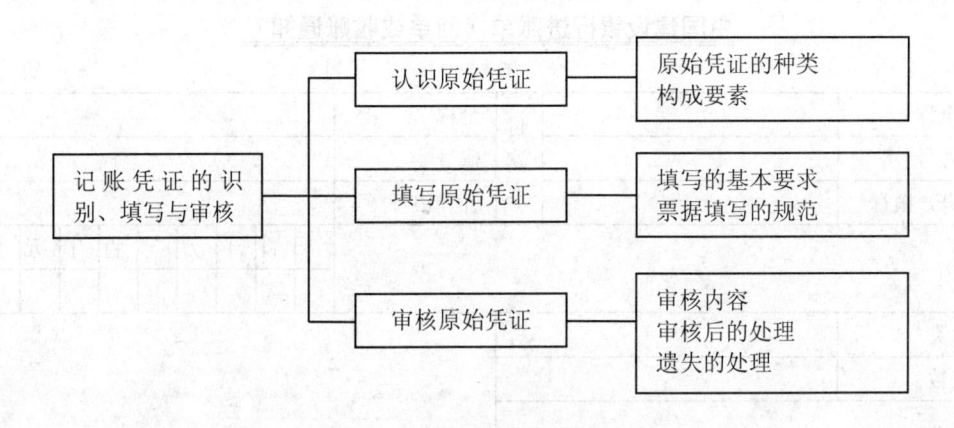

记账凭证的识别、填写与审核	认识原始凭证	原始凭证的种类 构成要素
	填写原始凭证	填写的基本要求 票据填写的规范
	审核原始凭证	审核内容 审核后的处理 遗失的处理

习题与实训

一、操作训练

(一)取得原始凭证

任务描述:指出下列业务应取得哪些原始凭证。

业务事项:1. 王芳借差旅费 4 000 元

2. 购买钢材 10 吨,支付货款并验收入库

3. 用现金 300 元购买办公用品

4. 支付购买电脑款项 12 000 元

5. 收到甲单位交来租库房的押金 800 元

（二）填写票据

任务描述 1．2009 年 2 月 1 日，凯城市凯辉商贸有限公司出纳员李红填制现金支票，提取 2000 元备用金。（开户银行：建设银行城西办事处，账号：050004208）

中国建设银行 现金支票存根（黔） EX03618500	中国建设银行　现金支票　（黔）　EX03618500
科目_____ 对方科目_____ 出票日期　年　月　日 收款人 金额 用途 单位主管　　会计	出票日期（大写）　　年　　月　　日　　付款行名称： 收款人：　　　　　　　　　　　　　出票人账号： 人民币（大写）　｜十万｜千｜百｜十｜元｜角｜分｜ 用途_____ 上列款项请从 我账户内支付　　　　　　　　　　科目（借） 出票人签章　　　　　　　　　　　　对方科目（贷） 　　　　　　　　　　　　　　　　　转账日期　年　月　日 　　　　　　　　　　　　　　　　　复核　　　记账

任务描述 2．2009 年 2 月 8 日，凯城市凯辉商贸有限公司将销售商品所得转账支票一张，金额 20000 元存入银行。出纳员李红填制进账单。（购货方：凯城市中心商场，账号：526623542，开户行：天一办事处）

中国建设银行进账单（回单或收账通知）

年　　月　　日　　　　　　　　　　　　　第　　号

收款人	全称 账号 开户银行		付款人	全称 账号 开户银行	
人民币（大写）				千｜百｜十｜万｜千｜百｜十｜元｜角｜分	
票据种类 票据张数					
			收款人开户行盖章		
单位主管　　会计　　复核　　记账					

（三）填写收料单

任务描述：2009 年 4 月 9 日，保管员杨平填制收料单（商品名称及内容自行确定），张红登记相关账目。

凯城机械制造厂
收 料 单

供货单位：　　　　　　　　　　年　月　日　　　　　　　　　凭证编号：

发票编号　　　　　　　　　　　　　　　　　　　　　　　　　收料仓库：

材料类别	材料名称	规格	计量单位	数量		金额			
				应收	实收	单价	买价	运费	合计
用途			合计						

仓库保管员：　　　　　记账：　　　　　　收料：

（四）审核原始凭证

任务描述1. 以下是财务人员审核的一张原始凭证，请提出处理意见。

增值税专用发票

开票日期：2009年4月15日　　　　　　　　NO.0056262827

购货单位	名　称	凯城机械制造厂	纳税人登记号	522690688446578
	地址、电话	8068348	开户银行账号	1002008828900010000

货物或劳务名称	单位	数量	单价	金额 万千百十元角分	税率%	税额 千百十元角分
Φ6mm 圆钢	吨	5	3 200	1 5 0 0 0 0 0	17	2 5 5 0 0
合计				1 5 0 0 0 0 0		2 5 5 0 0

价税合计（大写）	×佰 ×拾 壹万 柒仟 伍佰 伍拾 零元 零角 零分　　￥：17 650.00		
销货单位	名称	红新钢铁厂	纳税人登记号　522690631635128
	地址、电话		开户行及账号　1002008838200010012

收款人：张红　　　　开票单位（已加盖公章）

任务描述2. 供销科采购员张伟3月赴上海参加商品交易会，2009年3月15日填写借款单一份，预借差旅费5 000元。

借　　据

2009 年 3 月 5 日

借款部门	厂部	借款人姓名	张伟
人民币（大写）　伍仟元整		￥5 000.00	
付款方式	现金		
借款事由：参加上海商品交易会			
领导批示	财务负责人		借款部门负责人
李军			

单位（已盖章）：　　　　　　　　　　　　　　经办人：潘洁

二、习题

（一）单项选择题

1. 下列凭证属于自制原始凭证的是（　　）。
   A．购入的材料发票　　　　　B．发料单
   C．火车票　　　　　　　　　D．运输部门开出的运费收据
2. 下列凭证属于累计原始凭证的是（　　）。
   A．领料单　　　　　　　　　B．借款单
   C．报销单　　　　　　　　　D．限额领料单
3. 500 505.60 元的汉字大写金额为（　　）。
   A．伍拾万零伍佰零伍元陆角　　　B．伍拾万零零伍佰零伍元陆角整
   C．伍拾万伍佰零伍元陆角整　　　D．伍拾万零伍佰零伍元陆角零分
4. 票据月份填写时前面不用加零的为（　　）。
   A．壹月　　　　　　　　　　B．贰月
   C．壹拾月　　　　　　　　　D．叁月
5. 下列凭证中不能作为原始凭证的是（　　）。
   A．购销合同　　　　　　　　B．发票
   C．收料单　　　　　　　　　D．发货单
6. （　　）属于外来原始凭证。
   A．入库单　　　　　　　　　B．出库单
   C．银行收账通知单　　　　　D．发出材料汇总表
7. 收到支票一张偿还前欠销货款，其原始凭证应为（　　）。
   A．支票　　　　　　　　　　B．支票存根
   C．银行进账单回单　　　　　D．发票
8. 一次凭证和累计凭证的主要区别是（　　）。
   A．一次凭证是记载二笔经济业务，累计凭证是记载多笔经济业务
   B．累计凭证是自制原始凭证，一次凭证是外来原始凭证
   C．累计凭证填制的手续是多次完成的，一次凭证填制的手续是一次完成的
   D．累计凭证是汇总凭证，一次凭证是单式凭证
9. 原始凭证按其取得来源的不同，可以分为（　　）。

A．外来原始凭证和自制原始凭证　　B．单式记账凭证和复式记账凭证
　　C．一次凭证和累计凭证　　D．收款凭证、付款凭证和转账凭证
10．会计人员对真实合法但小写金额错误的原始凭证应（　　）。
　　A．直接据以编制记账凭证　　B．将金额更正后据以编制记账凭证
　　C．退回出具单位重新开具　　D．不予受理，并向单位负责人报告
11．下列属于通用凭证的是（　　）。
　　A．领料单　　B．工资计算表
　　C．增值税专用发票　　D．借款单

（二）多项选择
1．限额领料单同时属于（　　）。
　　A．原始凭证　　B．记账凭证　　C．累计凭证　　D．一次凭证
　　E．自制凭证
2．自制原始凭证按其反映经济业务的次数，可分为（　　）。
　　A．一次凭证　　B．累计凭证　　C．收、付款凭证　　D．转账凭证
　　E．汇总原始凭证
3．原始凭证的主要作用在于（　　）。
　　A．记录经济业务　　B．监督经济业务
　　C．明确经济责任　　D．作为登账依据
4．原始凭证按其填制的方法不同，可分为（　　）。
　　A．外来原始凭证　　B．一次凭证
　　C．原始凭证汇总表　　D．累计凭证
5．甲公司从乙公司购买原材料，可能取得的外来原始凭证有（　　）。
　　A．购买原材料发票　　B．购买原材料的运输费发票
　　C．原材料入库单　　D．原材料购销合同
6．下列各项中，属于原始凭证汇总表的有（　　）。
　　A．差旅费报销单　　B．工资结算汇总表
　　C．限额领料单　　D．发料凭证汇总表
7．"借款单"属于（　　）。
　　A．外来原始凭证　　B．自制原始凭证
　　C．一次凭证　　D．累计凭证

（三）判断题
1．原始凭证是由会计人员在经济业务发生或完成时填制或取得的，用于证明经济业务的发生、明确经济责任、作为记账依据的书面证明。（　　）
2．外来原始凭证是由外单位填制的，而自制原始凭证则是由本单位财会人员填制的。
　　　　　　　　　　　　　　　　　　　　　　　　　　　　　　　　（　　）
3．原始凭证是在经济在发生或完成时取得或编制的。它载明经济业务的具体内容，明确经济责任，是具有法律效力的书面证明。（　　）
4．原始凭证金额有错误的，应当由出具单位重开，不得在原始凭证上更改。（　　）
5．审核原始凭证的正确性，就是要审核原始凭证所记录的经济业务是否符合企业生产经营活动的需要、是否符合有关的计划和预算。（　　）

6. 为了简化工作手续，可以将不同内容和类别的原始凭证汇总，填制在一张记账凭证上。（　　）

7. 一张原始凭证所列的支出需要由几个单位共同负担时，应当由保存该原始凭证的单位将该原始的复印件交给其他应负担的单位。（　　）

三、项目实训

实训目的：掌握经济业务事项发生应取得的原始凭证。

资料：苗岭公司（增值税一般纳税人）20××年12月发生如下经济业务事项。

1. 3日向洋洋公司购入设备一台，买价150 000元，增值税进项税额25 500元，设备已达投入使用，开出转账支票一张支付货款。
2. 8日支付黔元会计师事务所咨询费2 000元。
3. 9日以转账支票支付产品广告费2 000元。
4. 11日从银行提取现金5 000元，备用。
5. 11日以库存现金300元购买办公用A4纸张7包，公司管理部门直接领用。
6. 15日接到银行收账通知，清江公司电汇原欠货款30 000元，已转入公司账户。
7. 22日向凯凯公司购进甲材料1 000kg，单价15元，计价款15 000元，增值税进项税额2 550元，汽车运费800元，材料已验收入库，价税款及运费已于上月25日支付。
8. 23日以转账支票上缴增值税50 000元，城建税3 500元，教育费附加1 500元。
9. 24日公司总经理报销招待费2 000元。
10. 29日开出转账支票一张向平安保险公司支付下年度的保险费60 000元。
11. 31日接到银行付款通知，本月耗用供水公司工业用水10 000吨，每吨2元，支付水费20 000元，增值税进项税额1 200元，款项从已公司账户中划出。

附：外来原始凭证名称：A. 银行收账通知　B. 普通发票　C. 增值税专用发票　D. 税收通用缴款书　E. 公路、内河货物运输业统一发票　F. 收款收据　G. 饮食娱乐业服务业定额统一发票　H. 保险费收据　I. 托收凭证（付款通知）　J. 支票存根

要求：指出苗岭公司发生的上述经济业务事项应当取得的外来原始凭证。

经济业务事项	取得的原始凭证
1	
2	
3	
4	
5	
6	
7	
8	
9	
10	
11	

项目三　记账凭证的填制与审核

项目目标

知识目标

学习本项目后，你应该能够：
1. 理解、掌握会计要素及分类
2. 正确理解会计恒等式
3. 掌握会计科目、账户的结构及内涵
4. 理解复式记账的基本原理
5. 掌握借贷记账法的基本内容、主要特点
6. 了解科目与账户之间的关系
7. 明了记账凭证的种类、格式及填制要求

能力目标

学习本项目后，你应该能够：
1. 识别会计要素
2. 正确使用各种常用账户
3. 编写会计分录、利用原始凭证填制记账凭证
4. 编制试算平衡表

素质目标

学习本项目后，你应该养成：
1. 勤奋好学的学习、工作态度
2. 干净整洁的行为习惯

导入语：在能够正确的填写、审核、分析原始凭证后，我们将进入会计核算的第二步——填写记账凭证。本任务是会计核算的关键，它是保证会计核算正确与否的关键；是会计人员知识、能力的重要构成内容。由于记账凭证的填写涉及会计账户的设置、复式记账等会计核算的专门方法，因此，在本任务的学习中，我们将详细介绍填写记账凭证应掌握的相关会计基本知识和技能。

任务一　会计要素和会计等式

一、会计要素

会计要素，是会计对象的具体构成因素，是对会计对象所做的最基本的分类，是构成会

计报表的基本因素。根据《企业会计准则——基本准则》的规定，会计要素包括资产、负债、所有者权益、收入、费用和利润六项。

由于企业财务报表的内容主要分为反映财务状况和反映经营成果两个方面，因此，企业会计要素也相应地分为反映财务状况的会计要素和反映经营成果的会计要素。前者包括资产、负债、所有者权益；后者包括收入、费用和利润。

（一）反映财务状况的会计要素

资产、负债和所有者权益这三项要素，是资金运动的静态表现，是资产负债表的构成要素。

1. 资产

资产是指企业过去的交易或者事项形成的，由企业拥有或者控制的，预期会给企业带来经济利益的资源。

（1）资产的特征。必须同时满足以下四条标准才能构成资产：

①资产从本质上来说是一种经济资源，即可以作为要素投入到生产经营中去。如人力资源、专利权、存货和固定资产等。

②资产是由过去的交易或者事项所形成的。预期在未来发生的交易或者事项可能产生的结果不能作为资产确认。

例如：企业6月份与销售方签订了购销合同，计划在10月份购买一批机器设备，则企业不能在6月份将该批设备确认为资产，而应在10月购买之后将这些设备确认为企业的资产，因为相关的交易或事项是在10月份发生，而不是6月份。

③资产是由企业拥有或控制的。所谓拥有是指该项资产的法定所有权属于本企业；而所谓控制是指虽然本企业并不拥有该项资产的法定所有权，但是该项资产上的报酬和风险均已由本企业所承担，如融资租入固定资产等。可见，资产必须由企业拥有或者控制，临时租用其他企业的物品，不能算作本企业的资产；而租给别人的物品，虽已不在本企业，但本企业能够控制，仍作为本企业的资产。

④资产应该预期会给企业带来经济利益。资产能够直接或间接地给企业带来经济利益，如商品、机器设备，是企业的资产。如果是不能继续使用的变质或毁损材料，已经无法用于生产经营过程，在市场上也不能卖出价钱，不能给企业带来经济利益，就不能作为企业资产。就是说资产应该具有可以直接或间接导致现金和现金等价物流入企业的潜力。企业的一些已经不能带来未来经济利益流入的项目，如陈旧毁损的实物资产、已经无望收回的债权等都不能再作为资产来核算和呈报。

（2）资产的分类。企业的资产按其流动性分为流动资产和非流动资产（或长期资产）。

①流动资产，是指可以在1年内（包括1年）或者超过1年的一个营业周期内变现或耗用的资产，主要包括库存现金、银行存款、交易性金融资产、应收及预付款项、存货等。

所谓变现，就是转化为现金（货币资金），例如，收回应收账款及预付账款、销售商品收回货款等；所谓耗用，指的是在生产经营过程中的消耗使用，例如，原材料被生产领用、固定资产在生产经营中消耗、磨损等。

②非流动资产，是指企业持有期限在1年或者超过1年的一个营业周期以上才能变现或耗用的资产。如长期股权投资、固定资产和长期待摊费用等。其中：

固定资产，是指企业为生产产品、提供劳务、出售商品或经营管理而持有的，且使用期限超过1个会计年度的房屋、建筑物、机器设备、运输工具和其他与生产、经营有关的设备、器具、工具等，以及企业购置计算机硬件所附带的、未单独计价的软件。

无形资产，是指企业持有的、没有实物形态的非货币性长期资产，包括专利权、非专利技术、商标权、著作权、土地使用权等。

长期待摊费用，是指企业已经发生但应由本期和以后各期负担的分摊期限在 1 年以上的各项费用，如以经营租赁方式租入的固定资产发生的改良支出等。

2. 负债

负债指企业过去的交易或者事项形成的，预期会导致经济利益流出企业的现时义务。

（1）负债的特征。

①负债是一项经济责任，或者说是一项义务，它需要企业进行偿还。

②清偿负债会导致企业未来经济利益流出企业。

③未来流出企业的经济利益的金额能够可靠地计量。

（2）负债的分类。负债按其流动性分为流动负债和长期负债。

①流动负债，是指将在 1 年（含 1 年）或者超过 1 年的一个营业周期内偿还的债务，包括短期借款、应付票据、应付账款、预收账款、应付职工薪酬、应付利息、应交税费、其他应付款项等。

②长期负债，是指偿还期在 1 年或者超过 1 年的一个营业周期以上的债务，包括长期借款、应付债券、长期应付款等。

3. 所有者权益

所有者权益是指企业资产扣除负债后由所有者享有的剩余权益，包括实收资本（或者股本）、资本公积、盈余公积和未分配利润。

（1）所有者权益与负债的区别。所有者权益和负债都是对企业的要求权，但又存在着明显的区别。

①对象不同。负债是对债权人负担的经济责任；所有者权益是对投资人负担的经济责任。

②性质不同。负债是在经营或其他事项中发生的债务，是债权对其债务的权利；所有者权益是对投入的资本及其运用所产生的盈余（或亏损）的权利。

③偿还期限不同。负债必须于一定时期（特定日期或确定的时期）偿还；所有者权益一般只有在企业解散清算时（除按法律程序减资外），其破产财产在偿付了破产费用、债权人的债务等以后，如有剩余财产，才可能还给投资者。在企业持续经营的情况下，一般不能收回投资。

④享受的权利不同。债权人只享有收回债务本金和利息的权利，而无权参与企业收益分配；所有者在某些情况下，除了可以获得利益外，还可以参与企业的经营管理。

从会计核算角度看，不同组织形式的企业，在对资产、负债、收入、费用和利润的会计核算中一般并无区别，但在所有者权益的核算上却差别很大。尤其是公司制企业中的股份有限公司对其所有者权益的核算，由于涉及每个股东、债权人以及其他利益相关人的利益，往往在法律上规定得比较详细，如我国公司法对公司制企业的股票发行、转让、利润的分配、减资等均作了比较详细的规定。

（2）所有者权益的分类。

①投入资本，是投资者以现金、实物、无形资产以及其他方式实际投入企业经营活动的各种财产物资。可以分为国家资本金、法人资本金、个人资本金和外商资本金，在会计上又称为实收资本。

②资本公积，是企业由投入资本本身所引起的各种增值，如资本溢价、法定财产重估增值等。由于它与企业生产经营活动本身无关，因此，只能用它转增资本，而不能用于弥补亏损。

③盈余公积，是指企业按照规定从净利润中提取的各种积累资金，分为法定盈余公积与任意盈余公积。盈余公积既可以用于弥补亏损，也可以用于转增资本，但不得用于向出资人分配利润。

④未分配利润，是指税后利润经提取公积金、向所有者分配利润后的余额，可以留待以后年度进行分配。

【随堂训练1·多选题】下列事项属于流动资产的是（　　）。
　　A．库存商品　　　　　　　　B．待摊费用
　　C．预付账款　　　　　　　　D．交易性金融资产

【随堂训练2·单选题】下列项目中，不属于资产要素的是（　　）。
　　A．应收账款　　　　　　　　B．资本公积
　　C．银行存款　　　　　　　　D．应收票据

【随堂训练3·多选题】下列属于流动负债的是（　　）。
　　A．长期借款　　　　　　　　B．应付票据
　　C．应付职工薪酬　　　　　　D．所得税费用

【随堂训练4·多选题】所有者权益包括（　　）。
　　A．实收资本　　　　　　　　B．未分配利润
　　C．资本公积　　　　　　　　D．盈余公积

【随堂训练5·单选题】资产、负债、所有者权益是资金运动的（　　）。
　　A．存在形态　　　　　　　　B．动态表现
　　C．静态表现　　　　　　　　D．来源渠道

（二）反映经营成果的会计要素

收入、费用和利润这三项要素，是资金运动的动态表现，是利润表的构成要素。

1. 收入

收入是指企业在日常活动中形成的、会导致所有者权益增加的、与所有者投入资本无关的经济利益的总流入。包括主营业务收入和其他业务收入。

收入具有以下特征：

（1）收入是企业在日常活动中形成的。

日常活动：是指企业为完成其经营目标所从事的经常性活动以及与之相关的活动。

（2）收入是与所有者投入资本无关的经济利益总流入。

（3）收入会导致所有者权益的增加。

（4）收入只包括本企业经济利益的流入。

企业为第三方或者客户代收的款项，例如增值税、代收利息等，不属于本企业的收入。

收入确认条件：

一是与收入相关的经济利益应当很可能流入企业；

二是经济利益流入企业的结果会导致资产的增加或者负债的减少；

三是经济利益的流入额能够可靠计量。

明确界定日常活动是为了将收入与利得相区分，因为企业非日常活动所形成的经济利益

的流入不能确认为收入，而应当计入利得。

企业的收入：销售商品、出租无形资产和固定资产、销售原材料、提供劳务收入；

企业的利得：接受捐赠、固定资产和无形资产等长期资产的处置净收益、罚金收益。

2. 费用

费用是指企业在日常活动中发生的、会导致所有者权益减少或者负债增加、与向所有者分配利润无关的经济利益的总流出。费用的特征是为取得收入而付出的代价，因此费用一定要与收入配比才能确定。

将费用界定为日常活动所形成的，是为了将其与损失相区分，因为企业非日常活动所形成的经济利益的流出不能确认为费用，而应当计入损失。

费用具有以下特征：

（1）费用是企业在日常活动中发生的。企业在非日常活动中所发生的经济利益流出不能确认为费用，而应当计入损失。例如：企业为进行产品宣传发生广告费用 10 万元，这 10 万元确认为企业的费用，计入销售费用；而企业对灾区的捐款 20 万元，就不能确认为企业的费用，而作为损失，计入营业外支出。

（2）费用是与向所有者分配利润无关的经济利益的总流出。例如企业决定分配给投资者利润 50 万元，这 50 万元就不能确认为费用。

（3）费用会导致所有者权益的减少。

费用确认条件：

一是与其相关的经济利益很可能流出企业，从而导致企业资产减少或者负债增加；

二是经济利益的流出额能够可靠计量。

费用的分类：

费用按照与收入的配比关系不同，可分为营业成本和期间费用。

营业成本包括主营业务成本、其他业务成本。

期间费用包括管理费用、销售费用和财务费用。

3. 利润

利润是指企业在一定会计期间的经营成果，分为营业利润、利润总额和净利润。

（1）营业利润=营业收入−营业成本−营业税金及附加−销售费用−管理管理−财务费用−资产减值损失+（−）公允价值变动损益（损失）+（−）投资收益（损失）

（2）利润总额=营业利润+营业外收入−营业外支出

（3）净利润=利润总额−所得税费用

会计要素的分类如图 3-1 所示。

【随堂训练 6·多选题】计算和判断企业经营成果及其盈亏状况的主要依据是（　　）。

  A. 收入   B. 支出

  C. 费用   D. 成本

二、会计要素的计量

会计计量是为了将符合确认条件的会计要素登记入账并列报于财务报表而确定其金额的过程。企业应按照规定的会计计量属性进行计量，确认相关金额。会计计量属性反映的是会计要素金额的确认基础，主要包括：历史成本、重置成本、可变现净值、现值和公允价值。

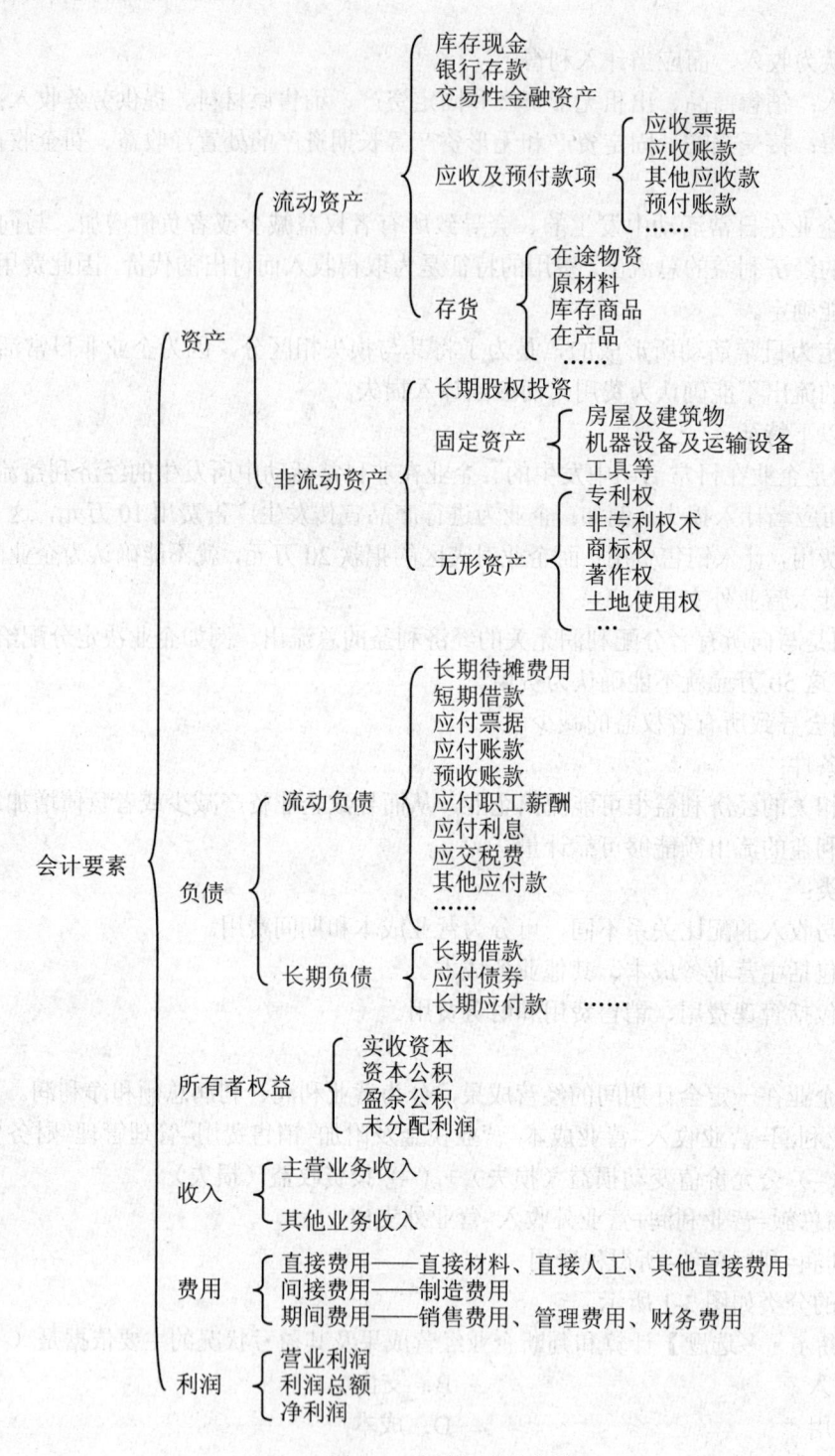

```
                              ┌ 库存现金
                              │ 银行存款
                              │ 交易性金融资产
                              │                ┌ 应收票据
                    ┌ 流动资产 ┤ 应收及预付款项 ┤ 应收账款
                    │         │                │ 其他应收款
                    │         │                │ 预付账款
                    │         │                └ ……
                    │         │      ┌ 在途物资
                    │         │      │ 原材料
              ┌ 资产┤         └ 存货 ┤ 库存商品
              │     │                │ 在产品
              │     │                └ ……
              │     │         ┌ 长期股权投资
              │     │         │          ┌ 房屋及建筑物
              │     │         │ 固定资产 ┤ 机器设备及运输设备
              │     └ 非流动资产┤        └ 工具等
              │               │          ┌ 专利权
              │               │          │ 非专利权术
              │               │ 无形资产 ┤ 商标权
              │               │          │ 著作权
              │               │          │ 土地使用权
              │               │          └ ……
              │               └ 长期待摊费用
              │              ┌ 短期借款
              │              │ 应付票据
              │              │ 应付账款
              │              │ 预收账款
              │     ┌ 流动负债┤ 应付职工薪酬
              │     │        │ 应付利息
  会计要素  ─┤ 负债┤         │ 应交税费
              │     │        │ 其他应付款
              │     │        └ ……
              │     │        ┌ 长期借款
              │     └ 长期负债┤ 应付债券
              │              └ 长期应付款 ……
              │              ┌ 实收资本
              │  所有者权益 ─┤ 资本公积
              │              │ 盈余公积
              │              └ 未分配利润
              │      ┌ 主营业务收入
              │ 收入─┤
              │      └ 其他业务收入
              │      ┌ 直接费用——直接材料、直接人工、其他直接费用
              │ 费用─┤ 间接费用——制造费用
              │      └ 期间费用——销售费用、管理费用、财务费用
              │      ┌ 营业利润
              └ 利润─┤ 利润总额
                     └ 净利润
```

图 3-1 会计要素的分类

（一）历史成本（基本计量属性）

历史成本，又称为实际成本，就是取得或制造某项财产物资时所实际支付的现金或其等价物。历史成本计量，要求对企业资产、负债和所有者权益等项目的计量，应当基于经济业务的实际交易成本，而不考虑随后市场价格变动的影响。

在历史成本计量下：

资产按照其购置时支付的现金或者现金等价物的金额，或者按照购置资产时所付出的对价的公允价值计量。例：企业购买不需要安装的设备一台，价款100万元，增值税17万元（按规定可以抵扣），另支付运输费0.25万元，包装费0.05万元。款项以银行存款支付，则该项固定资产应按历史成本计价，其金额为100.3万元（100.3=100+0.25+0.05）。

负债按照其因承担现时义务而实际收到的款项或者资产的金额，或者承担现时义务的合同金额，或者按照日常活动中为偿还负债预期需要支付的现金或者现金等价物的金额计量。

（二）重置成本

重置成本，又称现行成本，是指按照当前市场条件，重新取得同样一项资产所需支付的现金或现金等价物金额。

重置成本是现在时点的成本，它强调站在企业主体角度，在实务中，重置成本多应用于盘盈固定资产的计量等。例：企业在年末财产清查时，发现全新未入账的机器设备一台，其同类固定资产的市场价格40 000元，则这台设备按重置成本计价为40 000元。

（三）可变现净值

可变现净值，是指在正常生产经营过程中，以预计售价减去进一步加工成本和预计销售费用以及相关税费后的净值。可变现净值通常应用于存货资产减值情况下的后续计量。例：某企业期末A商品的账面价值为100万元，该批商品的市场销售价为85万元，（不含增值税）。估计销售A商品需要发生销售费用等相关税费10万元（不含增值税），则A商品按可变现净值计价为75万元（75=85-10）。

（四）现值

现值，是指对未来现金流量以恰当的折现率进行折现后的价值，是考虑资金时间价值的一种计量属性。常用于非流动资产可收回金额、摊余成本计量的金融资产价值的确定。

在会计计量中使用现值的目的是为了尽可能地捕捉和反映各种不同类型的未来现金流量之间的经济差异。例如：企业分期付款购买某项资产，总金额为300万元，在未来三年每年年末支付100万元。假定折现率为10%，那么按现值计算该资产总价值为248.69万元（248.69=100×2.4869，2.4869为年金现值系数）。

（五）公允价值

公允价值，是指在公平交易中，熟悉情况的交易双方自愿进行资产交换或者债务清偿的金额。公允价值主要应用于交易性金融资产、可供出售金融资产的计量等。例如：某公司持有B上市公司的流通股100万股，公司将其作为交易性金融资产处理。2010年12月31日，该股票在证券交易市场的成交价格是每股25元，则该交易性金融资产按公允价值入账的价值为2 500万元（2 500=100×25）。

企业在对会计要素进行计量时，一般应当采用历史成本；采用重置成本、可变现净值、现值、公允价值计量的，应当保证所确认的会计要素金额能够取得并可靠地计量。

三、会计等式

（一）会计等式的内容

会计等式，又称会计方程式或会计恒等式，是指会计要素之间的基本数量关系的表达式。会计等式是对会计要素的性质及相互之间的内在经济关系所做的概括和科学的表达，是正确地设置账户、复式记账、试算平衡和设计与编制会计报表的重要理论依据。

任何企业为了实现其经营目标，都必须拥有一定数量的资产。企业的资产有两个来源：一是所有者提供的，二是债权人提供的。所有者和债权人对企业资产的要求权称为权益，其中，债权人权益在会计中称为负债。

资产和权益存在着相互依存的关系，两者不能彼此脱离而独立存在。从任何一个时点来观察，一个企业的资产总额与权益总额必然相等。资产与权益之间的这种平衡关系可用公式表示为

$$资产=权益$$

或

$$资产=债权人权益+所有者权益$$

或

$$资产=负债+所有者权益 \qquad (1)$$

会计等式（1）为静态会计等式。人们提到会计等式时，一般仅指"资产=负债+所有者权益"这个反映企业财务状况的最基本的会计等式。

此外，反映企业经营成果的会计等式为

$$收入-费用=利润 \qquad (2)$$

会计等式（2）为动态会计等式。由于收入和费用的发生将使资产流入和流出，利润则是资产流入和流出的结果，最终带来净资产的增加。因此，可将上述会计等式（1）和（2）综合表示为

$$资产=负债+所有者权益+利润$$

或

$$资产=负债+所有者权益+收入-费用$$

即

$$资产+费用=负债+所用者权益+收入 \qquad (3)$$

会计等式（3）为动静结合的会计等式，是对六项会计要素之间的内在经济关系所做的全面综合表达，表示了企业在生产经营过程中的增值情况，所以，只在会计期间内而不在会计期末存在。这个等式表明，利润在分配前是归企业的。通过利润分配，一部分向投资者分配，另一部分则作为盈余公积或未分配利润留在企业（即留存收益），最后并入所有者权益。该会计等式在利润分配后又恢复到"资产=负债+所有者权益"。

（二）经济业务对会计等式的影响

会计事项，是指企业在生产经营过程中发生的，能够用货币计量的，并能引起和影响会计要素发生增减变动的经济业务。会计事项是会计处理的具体对象。因此，不是会计事项的经济业务，不必进行会计处理，例如，企业编制财务成本计划，与外单位签订供销合同等。而属于会计事项的经济业务，必须进行会计处理。但是，一般所说的经济业务习惯上指的就是会计事项。

任何一项经济业务的发生，必然会引起"资产=负债+所有者权益"等式中各项会计要素的增减变动，归纳起来，共有四种类型、九种业务。

1. 资产和权益同增，增加的金额相等。

（1）一项资产和一项负债同增；

（2）一项资产和一项所有者权益同增。

2. 资产和权益同减，减少的金额相等。

（1）一项资产和一项负债同减；

（2）一项资产和一项所有者权益同减。

3. 资产内部有增有减，增减的金额相等。

4. 权益内部有增有减，增减的金额相等。

（1）一项负债减少，另一项负债增加；
（2）一项所有权益减少，另一项所有者权益增加；
（3）一项负债减少，一项所有者权益增加；
（4）一项所有者权益减少，一项负债增加。

以上各种经济业务类型表明，经济业务的发生，不会破坏会计等式的平衡关系。举例说明如下。

【例1】前进工厂2009年1月末的资产负债表如表3-1所示。

表3-1　资产负债表（简式）

2009年1月31日　　　　　　　　　　　　　　　　　　　　　单位：元

资产	金额	负债及所有者权益	金额
固定资产	80 000	实收资本	90 000
原材料	20 000	应付票据	2 000
库存现金	500	短期借款	15 000
银行存款	10 000	应付账款	8 000
应收账款	4 500		
合计	115 000	合计	115 000

【业务1】资产和权益同增。

2月10日，前进工厂接受外单位投资的机器设备一台，价值5 000元。

该项经济业务使企业的资产项目——固定资产增加5 000元，同时也使所有者权益项目——实收资本增加5 000元。会计等式两边的合计数由原来的115 000元增加到120 000元，平衡关系仍然保持。如表3-2所示。

表3-2　资产负债表（简式）

2009年2月10日　　　　　　　　　　　　　　　　　　　　　单位：元

资产	金额	负债及所有者权益	金额
固定资产+5 000	85 000	实收资本+5 000	95 000
原材料	20 000	应付票据	2 000
库存现金	500	短期借款	15 000
银行存款	10 000	应付账款	8 000
应收账款	4 500		
合计	120 000	合计	120 000

【业务2】资产和权益同减。

2月15日，前进工厂以银行存款7 000元偿还应付账款。

该项经济业务使企业的资产项目——银行存款减少了7 000元,同时也使负债项目——应付账款减少了7 000元。会计等式两边同时由原来的120 000元减少到113 000元。平衡关系仍然保持。如表3-3所示。

表 3-3　资产负债表（简式）

2009 年 2 月 15 日　　　　　　　　　　　　　　　　　　　　　单位：元

资产	金额	负债及所有者权益	金额
固定资产	85 000	实收资本	95 000
原材料	20 000	应付票据	2 000
库存现金	500	短期借款	15 000
银行存款-7 000	3 000	应付账款-7 000	1 000
应收账款	4 500		
合计	113 000	合计	113 000

【业务 3】资产内部有增有减。

2 月 20 日，前进工厂收到外单位前欠货款 3 000 元，存入银行。

该项经济业务使企业的资产项目——银行存款增加 3 000 元，同时又使资产项目——应收账款减少 3 000 元，负债及所有者权益未发生变化。会计等式两边的合计数仍分别为 113 000 元，平衡关系仍然保持。如表 3-4 所示。

表 3-4　资产负债表（简式）

2009 年 2 月 20 日　　　　　　　　　　　　　　　　　　　　　单位：元

资产	金额	负债及所有者权益	金额
固定资产	85 000	实收资本	95 000
原材料	20 000	应付票据	2 000
库存现金	500	短期借款	15 000
银行存款+3 000	6 000	应付账款	1 000
应收账款-3 000	1 500		
合计	113 000	合计	113 000

【业务 4】权益内部有增有减。

2 月 21 日，前进工厂取得短期借款 2 000 元，直接支付到期的应付票据。

该项目经济业务是企业的负债项目——短期借款增加 2 000 元，同时又使负债项目——应付票据减少 2 000 元，资产项目未发生变化，会计等式两边的合计数仍分别为 113 000 元，平衡关系仍然保持。如表 3-5 所示。

表 3-5　资产负债表（简式）

2009 年 2 月 21 日　　　　　　　　　　　　　　　　　　　　　单位：元

资产	金额	负债及所有者权益	金额
固定资产	85 000	实收资本	95 000
原材料	20 000	应付票据-2 000	0
库存现金	500	短期借款+2 000	17 000
银行存款	6 000	应付账款	1 000
应收账款	1 500		
合计	113 000	合计	113 000

【随堂训练 7·多选题】经济业务的类型包括（　　）。
　　A. 引起资产与权益同时增加的业务
　　B. 引起资产内部有增有减、总额不变的业务
　　C. 引起资产与权益同时减少的业务
　　D. 引起权益内部有增有减、总额不变的业务
　　E. 引起资产增加、权益减少、总额不变的业务

【随堂训练 8·多选题】能够同时引起资产和所有者权益增加的业务是（　　）。
　　A. 销售商品一批，货款 80 万元，成本 30 万元，款未收
　　B. 投资者收回对企业的投资 3 万元，办妥手续后以银行存款返还给投资者
　　C. 企业接受其他组织捐赠的现金 2 万元
　　D. 经批准用资本公积 4 万元转增资本

【随堂训练 9·单选题】某企业某月月初资产总额为 300 万元，负债总额 120 万元，本月发生如下业务：①向银行借入 18 万元存入银行；②购买原材料一批，价税合计 20 万元，款已用银行存款支付，月末已入库。月末该企业的所有者权益总额应为（　　）万元。
　　A. 178　　　　B. 218　　　　C. 180　　　　D. 200

任务二　会计科目和账户

一、会计科目的设置

（一）设置会计科目的意义

会计科目，是对会计对象的具体内容（即会计要素）进行分类核算所规定的项目，企业在生产经营过程中，经常发生各种各样的会计事项。会计事项的发生，必然引起会计要素的增减变动。但是，由于同一会计要素内部的项目不同，其性质和内容也往往不同。例如，同属资产的"固定资产"和"原材料"，其经济内容、在生产中的作用和价值转移方式都不相同；同属负债的"应付账款"、"短期借款"、"长期借款"，其形成原因、债权人、偿还期限等也不相同。为了全面、系统、分类的核算和监督各项会计要素的增减变化，在实际工作中是通过设置会计科目的方法进行的。设置会计科目，是正确填制会计凭证，运用复式记账、登记账簿和编制会计报表的基础。

（二）设置会计科目的原则

会计科目作为反映会计要素的构成及其变化情况，为投资者、债权人、企业经营管理者等提供会计信息的重要手段，在其设置过程中应努力做到科学、合理、适用。因此，会计科目在设置过程中应遵循下列原则：

（1）合法性原则：在我国，总分类科目原则上由财政部统一制定，主要是为了保证会计信息可比性。企业可以根据自身的生产经营特点，在不影响会计核算要求，以及对外提供统一的财务会计报表的前提下，自行增设、减少或合并某些会计科目。

（2）相关性原则：是指所设置的会计科目应当为提供有关方面所需要的会计信息服务，满足对外报告与对内管理的要求。主要是为了会计核算所提供的会计信息相关性，满足相关各方面的信息需求。

（3）实用性原则：指所设置的会计科目应符合单位自身特点，满足单位实际需要。如：

对于制造业，由于主要经营活动是制造产品，因而要设置反映生产消耗的"生产成本"科目；还要设置反映生产成果的"库存商品"科目等。而对于商品流通企业，由于主要的经济活动是购进和销售，因而不需要设置"生产成本"科目。

为了便于不同时期会计资料的分析对比，会计科目的设置应保持相对稳定。此外，每个会计科目都有特定的核算内容，其名称要含义明确，通俗易懂，便于开设和运用账户，不能将不同特征的资料计入同一科目。

二、会计科目的分类

会计科目是对会计要素按其经济内容所做的进一步分类。每一个会计科目都明确反映特定的经济内容，但各个会计科目并非彼此孤立，而是互相联系、互相补充地组成一个完整的会计科目体系。为了正确地掌握和运用会计科目，可对会计科目进行适当的分类。

（一）按其归属的会计要素分类

会计科目按其归属的会计要素不同，通常可以划分为五大类：资产类、负债类、所有者权益类、成本类和损益类，其具体划分可参见会计科目表。

（1）资产类科目：按资产的流动性分为反映流动资产的科目和反映非流动资产的科目。反映流动资产的科目有"库存现金"、"银行存款"、"原材料"、"应收账款"、"预付账款"、"库存商品"等；反映非流动资产的科目有"长期股权投资"、"长期应收款"、"固定资产"、"无形资产"、"长期待摊费用"等。

（2）负债类科目：按负债的偿还期限分为反映流动负债的科目和反映长期负债的科目。反映流动负债的科目有"短期借款"、"应付账款"、"预收账款"、"应付职工薪酬"、"应交税费"等；反映长期负债的科目有"长期借款"、"应付债券"、"长期应付款"等。

（3）所有者权益类科目：按所有者权益的形成和性质可分为反映资本的科目和反映留存收益的科目。反映资本的科目有"实收资本"（或"股本"）、"资本公积"等；反映留存收益的科目有"盈余公积"、"本年利润"、"利润分配"等。所有者权益类的"本年利润"科目归属于利润会计要素，由于企业实现的利润会增加所有者权益，因而将其作为所有者权益科目。

（4）成本类科目：按成本的不同内容和性质可分为反映制造成本的科目和反映劳务成本的科目。反映制造成本的科目有"生产成本"、"制造费用"科目；反映劳务成本的科目有"劳务成本"等。成本类科目归属于资产要素，成本是企业生产产品、提供劳务所消耗的价值的体现，为了单独计算产品成本、劳务成本，因而设置了成本类科目。

（5）损益类科目：按损益的不同内容可以分为反映收入的科目和反映费用的科目。反映收入的科目"主营业务收入"、"其他业务收入"、"营业外收入"等；反映费用的科目有"主营业务成本"、"其他业务成本"、"管理费用"、"财务费用"、"销售费用"、"所得税费用"、"营业外支出"等。损益类科目分别归属于收入要素和费用要素。

（二）按提供信息的详细程度及统驭关系分类

会计科目按提供信息的详细程度及统驭关系分类，可以分为总分类科目和明细分类科目。

总分类科目（也称总账科目或一级科目），是对会计要素具体内容进行总括分类的科目，它提供总括核算指标，总分类科目由财政部统一制定颁布。

明细分类科目（也称明细科目、细目），是对总分类科目进一步分类的科目，它提供明细核算指标。明细分类科目的设置，除制度已有规定外，各单位可根据实际情况和经营管理的需要自行设置。在实际工作中，除"库存现金"、"累计折旧"等少数总分类科目不必设置明细分类科目外，大多数都要设置明细分类科目，例如，在"原材料"总分类科目下，按材料的品种、规格开设明细分类科目。

如果某一总分类科目下面设置的明细分类科目较多，可增设二级科目（也称子目）。二级科目是介于总分类科目与明细分类科目之间的科目，它提供的核算指标要比总分类科目详细，但又比明细分类科目概括。例如，在"原材料"总分类科目下，可按材料的类别设置二级科目。如表 3-6 所示。

表 3-6

总分类科目 （一级科目）	明细分类科目	
	二级科目（子目）	三级科目（细目）
原材料	原料及主要材料	圆钢 生铁 紫铜
	辅助材料	润滑油 防锈剂
	燃料 ⋮	汽油 原煤 ⋮

（三）常用会计科目

财政部于 2006 年 10 月颁布的《企业会计准则——应用指南》，对企业应用的会计科目及其核算内容作出了规定，企业应按规定设置和使用会计科目。同时，企业在不违反会计准则中确认、计量和报告规定的前提下，可以根据实际情况自行增设、分拆、合并某些会计科目。为满足基础会计教学需要，这里只提供部分与制造业生产经营活动有关的会计科目名称，其余的会计科目将在后续有关专业会计课程中介绍，如表 3-7 所示。

表 3-7 企业会计科目简表

会计科目名称	会计科目名称
一、资产类	应付利息
库存现金	应付股利
银行存款	其他应付款
其他货币资金	长期借款
交易性金融资产	应付债券
应收账款	长期应付款
预付账款	三、所有者权益
应收股利	实收资本
应收利息	资本公积
其他应收款	盈余公积
坏账准备	本年利润
材料采购	利润分配

续表

会计科目名称	会计科目名称
在途物资	四、成本类
原材料	生产成本
库存商品	制造费用
存货跌价准备	劳务成本
持有至到期投资	研发支出
长期股权投资	工程施工
长期应收款	五、损益类
固定资产	主营业务收入
累计折旧	其他业务收入
在建工程	投资收益
工程物资	公允价值变动损益
固定资产清理	营业外收入
无形资产	主营业务成本
累计摊销	其他业务成本
长期待摊费用	营业税金及附加
待处理财产损溢	销售费用
二、负债类	财务费用
短期借款	管理费用
应付账款	营业外支出
预收账款	所得税费用
应付职工薪酬	资产减值损失
应交税金	以前年度损益调整

　　为了便于填制会计凭证、登记账簿、查阅账目和实行会计电算化，会计科目表统一规定了会计科目的编号。总分类科目采取"四位数制"编号：千位数码代表会计科目按会计要素区分的类别；百位数码代表每大类会计科目下的较为详细的类别；十位和个位数码一般代表会计科目的顺序号。为了便于增加和建立某些会计科目，科目编号留有空号，企业不应随意打乱重编。企业在填制会计凭证、登记账簿时，应当填列会计科目的名称，或者同时填列会计科目的名称和编号，不应只填科目编号不填科目名称。

三、账户及其基本结构

　　账户，是指按照会计科目开设的，具有一定格式和结构，用来连续、系统、分类记录和反映会计要素增减变动情况的一种专门工具。设置账户是会计核算的一种专门方法。

　　由于经济业务所引起的各项会计要素的变动，从数量上看只有增加和减少两种情况，因此，用来分类记录经济业务的账户，在结构上也相应地分为两个基本部分，用以分类记录各项会计要素增加和减少的数额。所谓账户的结构，是指在账户中如何记录经济业务所引起的各项会计要素的增减变动情况及结果，即增加记何方，减少记何方，余额在何方（增减各记何方，将在以后内容讲述）。账户不但要有明确的核算内容，而且要有一定的结构。

在实际工作中，账户的具体结构可以根据不同的需要设计出多种多样的格式，但其基本内容包括：①账户名称；②日期和摘要；③凭证号；④增加额、减少额及余额。其中，反映各个会计要素的增加额、减少额和余额这三个部分就形成了账户的基本结构。为了便于说明，通常将账户的基本结构简化为T形账户。其格式如表3-8所示。

表3-8　账户的简化格式

借方	账户名称	贷方

在借贷记账法下，由于账户在左方固定为借方，右方固定为贷方，所以，T形账户不标"借方"和"贷方"，也能明确表示出借贷方。如表3-9所示。

表3-9

库存现金

账户中记录四种核算指标，即期初余额、本期增加发生额、本期减少发生额和期末余额。其关系式如下：

期末余额=期初余额+本期增加发生额-本期减少发生额

余额的关系式如下：

上期期末余额=本期期初余额

账户的结构及登记方法，只有在使用中才能了解和掌握，学生可在教师的指导下做一些最基本的简单练习，或参考本教材的习题与实训。

四、会计科目和账户之间关系

会计科目与账户之间既有共同点，又有区别。其共同点是：会计科目和账户都是按照相同的经济内容来设置的，账户是根据会计科目开设的。会计科目的名称就是账户的名称。会计科目规定的核算内容就是账户应记录和反映的经济内容。在实际工作中，会计人员往往把会计科目和账户不加区别地互相通用。

会计科目和账户的区别是：会计科目是按经济内容对会计要素所做的分类；账户则是在会计科目所做分类的基础上，对经济业务内容进行全面、连续、系统记录的工具。因此，会计科目只是个名称，只能表明某项经济内容，不存在结构问题。而账户必须具备一定的结构，以便记录和反映某项经济内容的增减变动及其结果。

会计对象、会计要素和会计科目三者密切相连，互为依存，连续划分，越分越细，从而满足了会计进行分类核算、提供详略不同的各种会计信息的需要。其层次关系如图 3-2 所示。

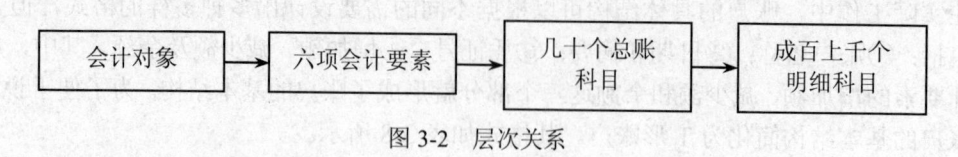

会计对象 → 六项会计要素 → 几十个总账科目 → 成百上千个明细科目

图 3-2 层次关系

【随堂训练 1·多选题】下列原则中，属于会计科目设置原则的有（　　）。
  A．合法性原则　　　　　　　　B．实用性原则
  C．权责发生制原则　　　　　　D．谨慎原则

【随堂训练 2·单选题】企业在不违背会计科目使用原则的基础上，根据企业实际情况，设置本企业特有的会计科目。这种做法符合会计科目设置的（　　）。
  A．合法性原则　　B．相关性原则　　C．实用性原则　　D．可靠性原则

【随堂训练 3·判断题】目前企业的总分类账户一般根据国家所制定的有关会计制度设置。
（　　）

【随堂训练 4·单选题】会计科目和账户之间的区别在于（　　）。
  A．记录资产和权益的增减变动情况不同
  B．记录资产和负债的结果不同
  C．反映的经济内容不同
  D．账户有结构而会计科目无结构

【随堂训练 5·单选题】下列账户属于成本类账户的有（　　）。
  A．主营业务成本　　　　　　　B．生产成本
  C．其他业务成本　　　　　　　D．管理费用

任务三　复式记账原理

一、理论基础

  记账是会计核算的基本工作，记账方法是会计核算方法的一个重要组成部分。所谓记账方法，是指在账户中登记经济业务的方法。从历史上看，记账方法有单式记账法和复式记账法之分，复式记账法是由单式记账法发展而来的。

  单式记账法是最早出现的一种记账方法。它是指对发生的每一项经济业务，一般只用一个账户作出单方面记录，而对与此相联系的另一方面不予反映的一种记账方法。采用这种方法，除了对有关人欠、欠人的现金收付业务要在两个或两个以上有关账户中登记外，对于其他经济业务，只在一个账户中登记或不予登记。由于单式记账法的账户设置不完整，没有形成完整的账户体系，也不便于检查账户是否正确，因此这种方法目前已经很少使用。在现代会计中，只在备查账簿的登记中采用单式记账法。

  复式记账法是在单式记账法的基础上发展而来的，其主要特点是：对每一项会计事项，都要以相等的金额，在相互联系的两个或两个以上的账户中进行全面登记。这种复式记账的要求是与资金运动规律密切相关的。每一项经济业务的发生都是资金运动的一个具体过程，这个过程有起点和终点两个方面，只有将这两个方面所表现的资金从何处来又到何处去进行双重记

录,才能完整地反映出每一具体的资金运动过程的来龙去脉。

复式记账法以会计等式"资产=负债+所有者权益"为理论依据。每一项经济业务的发生,都会引起会计要素各有关项目的增减变化,由于双重记录所登记的是同一资金运动的两个方面,其金额必然相等。会计平衡等式是复式记账的基础,复式记账是会计平衡等式不断实现新的平衡的保证。

【随堂训练1·判断题】复式记账法,是以资产与权益平衡关系作为记账基础,对于每一笔经济业务,都要在两个或两个以上的账户中相互联系地进行登记,系统地反映资金运动变化结果的一种记账方法。   (   )

二、基本内容

复式记账法一般由记账符号、账户设置、记账规则和试算平衡四个相互联系的基本内容所组成。各种复式记账法之间的区别,主要表现在这四个方面有所不同。

（一）记账符号

采用复式记账法,对所设立的账户都要规定记账方向。表示记账方向的记号,就是记账符号。记账符号是区分各种复式记账法的最重要的标志,如以"借"、"贷"作为记账符号的复式记账法称为借贷记账法;以"增"、"减"作为记账符号的复式记账法称为增减记账法;以"收"、"付"作为记账符号的复式记账法称为收付记账法。

（二）账户设置

要进行复式记账,首先必须设置会计科目,然后根据会计科目开立账户,以便把发生的每一项经济业务登记到相关的账户中去。然而,不同的复式记账法对账户设置的要求也不相同。

（三）记账规则

任何一种记账方法,都必须规定适用于登记各种类型经济业务的、科学的记账规则。严格按照记账规则记账,才能保证记账内容的一致。不同的复式记账法有不同的记账规则,如借贷记账法的记账规则是:"有借必有贷,借贷必相等"。

（四）试算平衡

采用复式记账法,要求每笔经济业务都要以相等的金额在两个或两个以上相互联系的账户中进行登记,这样就保证了会计记录的平衡关系。如果发生不平衡现象,就表明记账出现差错。试算平衡可以用公式表示,通过公式对会计记录的结果进行试算,以检查会计记录的正确性。不同的复式记账法,所采用的试算平衡公式也不一样。如借贷记账法采用"本期发生额平衡法"和"余额平衡法"进行试算。

在西方国家,历史上只有一种复式记账法,所以一般不特别强调"借贷记账法"。在我国,20世纪六七十年代曾先后出现过"增减记账法"和"收付记账法"。记账方法的分类如图3-3所示。

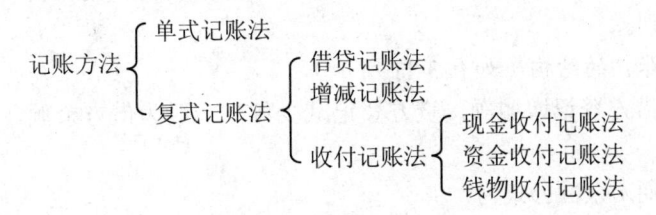

记账方法 { 单式记账法; 复式记账法 { 借贷记账法; 增减记账法; 收付记账法 { 现金收付记账法; 资金收付记账法; 钱物收付记账法 } }

图3-3 记账方法的分类

任务四 借贷记账法的应用

借贷记账法起源于 13 世纪的意大利,在清朝末期的光绪年间从日本传入中国。在各种复式记账法中,借贷记账法是产生最早,并在当今世界各国应用最广泛、最科学的记账方法。目前,我国的企业、事业单位会计记账都采用借贷记账法。

借贷记账法是以"借"和"贷"作为记账符号,在两个或两个以上相互联系的账户中,对每一项经济业务以相等的金额全面进行记录的一种复式记账方法。它的主要特点体现在以下几个方面:

一、记账符号

记账符号反映的是各种经济业务数量的增加和减少。

(一)"借"和"贷"是抽象的记账符号

借贷记账法是以"借"和"贷"作为记账符号,用以指明记账的增减方向、账户之间的对应关系和账户余额的性质等,而与这两个文字的字义及其在会计史上的最初含义无关,不可望文生义。"借"和"贷"是会计的专门术语,并已经成为通用的国际商业语言。

(二)"借"和"贷"所表示的增减含义

"借"和"贷"作为记账符号,都具有增加和减少的双重含义。"借"和"贷"何时为增加、何时为减少,必须结合账户的具体性质才能准确说明(见表 3-10)。

表 3-10 "借"和"贷"所表示的增减含义

借方	账户类别	贷方
+	资产	−
+	费用	−
−	负债	+
−	所有者权益	+
−	收入	+

根据会计等式"资产+费用=负债+所有者权益+收入"可知,"借"和"贷"这两个记账符号对会计等式两边的会计要素规定了增减相反的含义。

二、借贷记账法下账户的结构

在借贷记账法下,账户设置基本上可分为资产(包括费用)类和负债及所有者权益(包括收入)类两大类别。

(一)资产类账户的结构(如表 3-11 所示)

资产类账户的借方登记增加额,贷方登记减少额,一般为借方余额(账户余额一般在增加方,下同)。

资产类账户的期末余额公式为:

期末借方余额=期初借方余额+本期借方发生额−本期贷方发生额

表 3-11

借方	资产类账户	贷方
期初余额 本期增加额…		本期减少额…
本期借方发生额合计		本期贷方发生额合计
期末余额		

（二）负债及所有者权益类账户的结构（如表 3-12 所示）

表 3-12

借方	负债及所有者权益类账户	贷方
本期减少额…		期初余额 本期增加额…
本期借方发生额合计		本期贷方发生额合计
		期末余额

负债及所有者权益类账户的贷方登记增加额，借方登记减少额，一般为贷方余额。负债及所有者权益类账户的期末余额公式为

期末贷方余额=期初贷方余额+本期贷方发生额−本期借方发生额

（三）收入类和费用类账户的结构（如表 3-13、表 3-14 所示）

表 3-13

借方	收入类账户	贷方
本期结转额…		本期增加额…
本期借方发生额合计		本期贷方发生额合计

表 3-14

借方	费用类账户	贷方
本期增加额…		本期结转额…
本期借方发生额合计		本期贷方发生额合计

（四）双重性质账户的结构

由于"借"、"贷"记账符号对会计等式两边的会计要素规定了增减相反的含义，因此，可以设置既具有资产性质，又具有负债性质的双重性质的账户。比如，"应收账款"和"预收账款"可以合并为一个账户，"应付账款"和"预付账款"也可以合并为一个账户。

双重性质账户的性质不是固定的，应根据账户余额的方向来判断。如果余额在借方就是资产类账户，如果余额在贷方就是权益类账户。具有双重性质的账户只是少数，绝大多数账户的性质乃是固定的。图 3-4 所示为账户模式总图。

借方	账户模式总图	贷方
资产、费用 +		资产、费用 –
负债、所有者权益、收入、利润 –		负债、所有者权益、收入、利润 +
资产余额		负债、所有者权益余额

图 3-4　账户模式总图

三、记账规则

记账规则，是指运用记账方法正确记录会计事项时必须遵守的规律。记账规则是记账的依据，也是对账户的依据。

（一）记账规则的形成

虽然会计事项错综复杂、千差万别，但从会计等式所表达的关系来归纳，只有四种类型、九种业务（前已述及）。如果将其中的增减变动用"借"、"贷"符号表示，就可以找出资金运动数量变化的规律。如表 3-15 所示。

表 3-15

经济业务	会计等式借贷方向	资产		负债		所有者权益	
增加变动		借	贷	借	贷	借	贷
第一种类型	（1）	增加			增加		
	（2）	增加					增加
第二种类型	（3）		减少	减少			
	（4）		减少			减少	
第三种类型	（5）	增加	减少				
第四种类型	（6）			减少	增加		
	（7）					减少	增加
	（8）			减少			增加
	（9）				增加	减少	

由表 3-15 可知，对每一会计事项都要以相等的金额，在两个或两个以上相互关联账户中进行登记，而且，必须同时涉及有关账户的借方和贷方，其借方和贷方的金额一定相等。

（二）记账规则的内容

借贷记账法的记账规则是："有借必有贷，借贷必相等"。

（三）记账规则的应用

记账规则也称为借贷平衡原理，可以检验会计分录、过账、结账等一系列会计处理的正确性。下面以编制会计分录为例说明记账规则的应用。

1. 会计分录

简化的记账程序如图 3-5 所示。

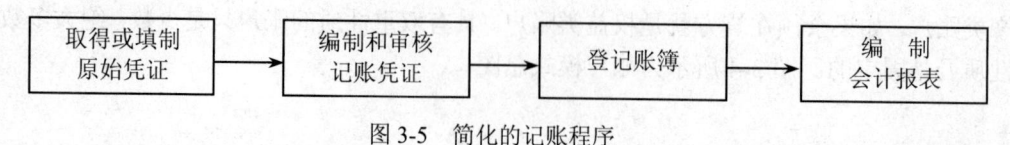

取得或填制原始凭证 → 编制和审核记账凭证 → 登记账簿 → 编制会计报表

图 3-5　简化的记账程序

以上程序中的记账凭证是会计人员根据原始凭证编制的，其一般格式如表 3-16 所示。

表 3-16
记 账 凭 证
年　月　日

出纳编号：_____
凭证编号：_____

摘要	会计科目		金　额		记账符号
	总账科目	明细科目	借　方	贷　方	
	合　计				

会计主管：　　　　记账：　　　　出纳：　　　　审核：　　　　制单：

记账凭证中最主要的内容是会计分录。所谓会计分录，会计分录是指对某项经济交易或事项标明其应借应贷会计科目及其金额的记录，简称分录。

为了保证账簿记录的正确性，在经济交易或事项登记入账前，

第一，分析经济交易或事项涉及的会计科目；

第二，确定涉及哪些会计科目，是增加，还是减少；

第三，确定哪个（或哪些）会计科目记借方，哪个（或哪些）会计科目记贷方；

第四，确定应借应贷会计科目是否正确，借贷方金额是否相等。

编制会计分录的格式，一般是先借后贷、上借下贷或左借右贷。一般"贷"字应对齐借方会计科目的第一个字，、金额也要错开写。会计分录是记账凭证的简化形式，有时也被称为"记账公式"。

会计分录的一般格式是：

借：×× （账户名）　　　　×× （金额）
　贷：×× （账户名）　　　　×× （金额）

【例2】　借：库存现金　　　　　　　　　　100
　　　　　　贷：银行存款　　　　　　　　　　100

2. 会计分录的分类

会计分录按所涉及账户的多少，可分为简单分录和复合分录两种。其划分方法如表 3-17 所示。

采用借贷记账法，根据记账规则登记每项经济业务时，在有关账户之间就发生了应借应贷的相互关系，账户之间的这种相互关系，叫做账户的对应关系。发生对应关系的账户，叫做对应账户。

表 3-17

类别	特点	举例
简单分类	一借一贷	借：库存现金　　1 000 　贷：银行存款　　1 000
复合分录	一借多贷	借：银行存款　　11 700 　贷：主营业务收入　10 000 　　　应交税费　　1 700
复合分录	多借一贷	借：制造费用　　400 　　管理费用　　300 　贷：库存现金　　700
复合分录	多借多贷	（略）

简单分录只涉及两个账户，复合分录涉及两个以上的账户。实际上，复合分录是由若干个简单分录合并组成的。例如：

借：制造费用　　　　　　　　　　　　　　　　　　400
　贷：库存现金　　　　　　　　　　　　　　　　　　　400
借：管理费用　　　　　　　　　　　　　　　　　　300
　贷：库存现金　　　　　　　　　　　　　　　　　　　300

上述简单分录经合并就组成了表 3-17 中的多借一贷的复合分录。编制复合分录，既可以集中反映某项经济业务的全面情况，又可以简化记账手续。

但是，由于多借多贷的会计分录不能清晰地反映经济业务的内容和账户的对应关系，所以，在会计核算工作中，一般不编制或少编制多借多贷的会计分录。

3. 计分录的编制

为了简化账务处理的举例，通常对记账程序的各步骤进行适当的处理：

（1）用文字介绍经济业务代替原始凭证；
（2）用会计分录代替记账凭证；
（3）用简化的账页格式（如 T 形账户等）代替真实账页；
（4）用简化的报表代替真实报表。

下面举例说明会计分录的编制及相关账务处理。

【例3】　假设红旗工厂 6 月初全部账户余额如下：

库存现金	1 000	短期借款	70 000
银行存款	60 000	应付账款	41 000
固定资产	400 000	实收资本	350 000
资产类账户合计	461 000	负债及所有者权益类账户合计	461 000

6 月份发生的全部经济业务如下：

① 3 日，企业购入一台设备，用银行存款 30 000 元支付价款。
② 15 日，企业向银行借款 50 000 元并存入银行。
③ 22 日，企业以银行存款 20 000 元偿还前欠货款。
④ 26 日，企业接受投资转入一台设备，价值 80 000 元。

⑤28 日，企业从银行提取现金 5 000 元补充库存。

⑥29 日，企业所欠黄河工厂的货款 10 000 元转作对本企业的投入资本。

根据以上资料编制会计分录：

① 借：固定资产　　　　　　　　　　　　　30 000
　　　贷：银行存款　　　　　　　　　　　　　　30 000
② 借：银行存款　　　　　　　　　　　　　50 000
　　　贷：短期借款　　　　　　　　　　　　　　50 000
③ 借：应付账款　　　　　　　　　　　　　20 000
　　　贷：银行存款　　　　　　　　　　　　　　20 000
④ 借：固定资产　　　　　　　　　　　　　80 000
　　　贷：实收资本　　　　　　　　　　　　　　80 000
⑤ 借：库存现金　　　　　　　　　　　　　 5 000
　　　贷：银行存款　　　　　　　　　　　　　　 5 000
⑥ 借：应付账款　　　　　　　　　　　　　10 000
　　　贷：实收资本　　　　　　　　　　　　　　10 000

根据以上会计分录过入账户如表 3-18 所示。

表 3-18

库存现金				短期借款			
初期余额	1 000					期初余额	70 000
	⑤ 5 000						② 50 000
本期借方发生额合计	5 000					本期贷方发生额合计	50 000
期末余额	6 000					期末余额	120 000

银行存款				应付账款			
期初余额	60 000	① 30 000		③ 20 000		期初余额	41 000
	②50 000	③ 20 000		⑥ 10 000			②50 000
		⑤ 5 000					
本期借方发生余额合计 50 000		本期贷方发生余额合计 55 000		本期借方发生额合计 30 000			
期末余额 55 000						期末余额 11000	

固定资产				实收资本			
期初余额	400 000					期初余额	350 000
	① 30 000						④ 80 000
	④ 80 000						⑥ 10 000
本期借方发生额合计 110 000						本期贷方发生额合计 90 000	
期末余额 510 000						期末余额 440 000	

【随堂训练 1·编制会计分录】收到蓝天公司偿还货款 1 000 元，款项已收妥并存入银行。

【随堂训练2·编制会计分录】企业购入原材料 10 000 元，已用银行存款支付 6 000 元，另 4 000 元货款暂欠。

【随堂训练3·多选题】下列账户内部关系中，正确的是（　　）。
　　A．资产类账户期末余额=期初余额+本期借方发生额–本期贷方的发生额
　　B．资产类账户期末余额=期初余额+本期贷方发生额–本期借方的发生额
　　C．权益类账户期末余额=期初余额+本期借方发生额–本期贷方的发生额
　　D．权益类账户期末余额=期初余额+本期贷方发生额–本期借方的发生额

【随堂训练4·单选题】下列选项能够引起资产增加的是（　　）。
　　A．提取盈余公积　　　　　　　　B．资本公积转增实收资本
　　C．企业经销商品，货款未收　　　D．支付职工的工资

【随堂训练 5·单选题】某企业经批准将已发行的债券转为实收资本，该项业务会导致（　　）。
　　A．资产增加、负债减少　　　　　B．负债减少、所有者权益增加
　　C．收入减少、资产增加　　　　　D．费用增加、所有者权益减少

【随堂训练6·单选题】"应收账款"账户月末余额等于（　　）。
　　A．期初余额+本期借方发生额–本期期末余额
　　B．期末余额–本期贷方发生额+本期借方发生额
　　C．期初余额+本期借方发生额–本期贷方发生额
　　D．本期借方发生额+本期贷方发生额–本期期初余额

【随堂训练7·单选题】借贷记账法的理论依据是（　　）。
　　A．借贷平衡　　　　　　　　　　B．有借必有贷
　　C．复式记账法　　　　　　　　　D．资产=负债+所有者权益

【随堂训练8·单选题】会计分录的基本内容不包括（　　）。
　　A．应记账户的名称　　　　　　　B．应记账户的方向
　　C．应记账户的金额　　　　　　　D．应记入账的时间

【随堂训练9·多选题】借方登记本期减少发生额的账户有（　　）。
　　A．资产类账户　　　　　　　　　B．负债类账户
　　C．收入类账户　　　　　　　　　D．费用类账户

【随堂训练10·多选题】一般来说，账户的基本结构具体包括以下内容（　　）。
　　A．账户的名称　　　　　　　　　B．记录经济业务的日期
　　C．摘要和凭证的编号　　　　　　D．增加、减少的金额及余额

【随堂训练 11·判断题】借贷记账法既是世界通用的记账方法，又是目前我国法定的记账方法。（　　）

【随堂训练 12·判断题】借贷记账法中的"借"、"贷"分别表示债权和债务。（　　）

【随堂训练 13·判断题】一般而言，费用（成本）类账户结构与权益类账户相同，收入（利润）类账户结构与资产类账户相同。（　　）

四、试算平衡

　　试算平衡是指在某一时日（如会计期末），为了保证本期会计处理的正确性，依据会计等式或复式记账原理，对本期各账户的全部记录进行汇总、测算，以检验其正确性的一种专门方

法。通过试算平衡，可以检查会计记录的正确性，并可查明出现不正确会计记录的原因，进行调整，从而为会计报表的编制提供准确的资料。

在借贷记账法下，根据复式记账的基本原理，试算平衡的方法主要有两种：本期发生额平衡法和余额平衡法。

（一）本期发生额平衡法

本期发生额平衡法，是指将全部账户的本期借方发生额和本期贷方发生额分别加总后，利用"有借必有贷、借贷必相等"的记账规则来检验本期发生额账务处理正确性的一种试算平衡方法，其试算平衡公式如下：

全部账户本期借方发生额合计＝全部账户本期贷方发生额合计

本期发生额平衡法的基本原理是：在平时编制会计分录时，都是"有借必有贷，借贷必相等"，将其记入有关账户经汇总后，也必然是"借贷必相等"。本期发生额平衡法主要用来检查本期发生的经济业务在进行各种账务处理时的正确性。

（二）余额平衡法

余额平衡法是指在会计期末账户余额在借方的全部数额和在贷方的全部数额分别加总后，利用"资产＝负债＋所有者权益"的平衡原理来检验会计处理正确性的一种试算平衡方法。其试算平衡公式如下：

全部账户的借方期末余额合计＝全部账户的贷方期末余额合计

余额平衡法的基本原理是：在借贷记账法下，资产账户的期末余额在借方，负债和所有者权益账户的期末余额在贷方，由于存在"资产＝负债＋所有者权益"的平衡关系，所以全部账户的借方期末余额合计数应当等于全部账户的贷方期末余额合计数。余额平衡法主要是通过各种账户余额来检查、推断账务处理的正确性。

现以上例的六笔业务为例，编制试算平衡表，如表 3-19 所示。

表 3-19　本期发生额及余额试算平衡表

2007 年 6 月 30 日　　　　　　　　　　　　　　　　　　　　单位：元

会计科目	期初余额 借方	期初余额 贷方	本期发生额 借方	本期发生额 贷方	期末余额 借方	期末余额 贷方
库存现金	1 000		5 000		6 000	
银行存款	60 000		50 000	55 000	55 000	
固定资产	400 000		110 000		510 000	
短期借款		70 000		50 000		120 000
应付账款		41 000	30 000			11 000
实收资本		350 000		90 000		440 000
合计	461 000	461 000	195 000	195 000	571 000	571 000

如果试算不平衡，说明账户的记录肯定有错；如果试算平衡，说明账户的记录基本正确，但不一定完全正确。这是因为有些错误并不影响借贷双方的平衡，如某项经济业务在有关账户中被重记、漏记或记错了账户等错误，并不能通过试算平衡来发现。但试算平衡仍是检查账户记录是否正确的一种有效方法。

五、借贷记账法的优点

（1）科学地运用了"借"和"贷"的记账符号，充分地体现出资金运动的来龙去脉这一对立统一关系，记账方法体系科学严密。

（2）"有借必有贷，借贷必相等"的记账规则，应用起来十分方便。在编制每笔会计分录时，都能清晰地看出账户之间的对应关系，便于及时检查会计记录的正确性，从而为进一步的会计处理奠定了良好的基础。

（3）由于每笔会计分录中借贷自求平衡，为日常的会计处理自检和期末的试算平衡提供了方便。试算平衡方法易于理解、方便简单、便于操作。

对于初学者来说，学习借贷记账法的难点是，"借"和"贷"不能单一地表示账户内容的增加和减少。其实，这个难点并不难克服，只要能熟记"借"和"贷"所表示的增减含义，再进行适量的有针对性的练习，就完全可以掌握。我们应该明确，在借贷记账法下，将"借"和"贷"这两个记账符号全都赋予了增加和减少的双重含义，才使得借贷记账法具有上述优点，从而成为最科学的复式记账法。

任务五　填制记账凭证

一、记账凭证的概念及种类

（一）记账凭证的概念

记账凭证是指会计人员根据审核无误的原始凭证填制的，用来确定经济业务应借、应贷会计科目及金额的会计分录，并据以登记账簿的会计凭证。

提示：原始凭证作为记账凭证的附件在实际工作中是粘贴在记账凭证之后，便于对账和查账。

（二）记账凭证的种类

（1）记账凭证按其反映的经济业务的内容不同，分为收款凭证、付款凭证和转账凭证。

1）收款凭证是用来记录和反映库存现金、银行存款等货币资金收款业务的凭证，它是根据库存现金和银行存款收款业务的原始凭证填制的，可分为现金收款凭证和银行存款收款凭证。其格式和内容如表3-20所示。

表3-20
收 款 凭 证

借方科目：　　　　　　　　　　　年　月　日　　　　　　　　　　　　　收字第　号

摘要	贷方科目		金额										记账符号
	总账科目	明细科目	亿	千	百	十	万	千	百	十	元	角	分	
附单据　　张	合计													

会计主管：　　　　　记账：　　　　　出纳：　　　　　审核：　　　　　制单：

2）付款凭证是用来记录和反映库存现金、银行存款等货币资金付款业务的凭证，它是根据库存现金和银行存款付款业务的原始凭证填制的，可分为现金付款凭证和银行存款付款凭证。其格式和内容如表 3-21 所示。

表 3-21
付 款 凭 证

贷方科目：　　　　　　　　　　　　　年　月　日　　　　　　　　　　　　付字第　号

摘要	借方科目		金额										记账符号
	总账科目	明细科目	亿	千	百	十	万	千	百	十	元	角	分	
附单据　张	合计													

会计主管：　　　记账：　　　出纳：　　　审核：　　　制单：

收款凭证和付款凭证是出纳人员办理收、付款项的依据，也是登记现金日记账和银行存款日记账的依据。出纳人员不能仅仅根据收款、付款业务的原始凭证收、付款项，还必须根据由会计主管人员或指定人员审核批准的收付款凭证，办理收、付款项。这样可以加强货币资金管理，有效地监督货币资金的使用。

（3）转账凭证是用来记录和反映与库存现金、银行存款等货币资金收付无关的转账业务的凭证，它是根据相关转账业务的原始凭证填制的。其格式和内容如表 3-22 所示。

表 3-22
转 账 凭 证

年　月　日　　　　　　　　　　　　　　　　　　　　　　　　　　　转字第　号

摘要	会计科目		借方金额										贷方金额										记账符号
	总账科目	明细科目	亿	千	百	十	万	千	百	十	元	角	分	亿	千	百	十	万	千	百	十	元	角	分	
					1																				
附单据　张	合计			¥	2																				

会计主管：　　　记账：　　　审核：　　　制单：

在实际工作中，经济业务数量较少的企业和行政事业单位，为了简单，可以不分收款、付款和转账业务，统一使用同一种格式的记账凭证来记录和反映所发生的各种经济业务，这种记账凭证称为通用记账凭证。其格式和内容如表 3-23 所示。

表 3-23
通 用 记 账 凭 证

年　月　日　　　　　　　　　　　　　　　　　　　　　　　　凭证编号第　　号

摘要	会计科目		借方金额	贷方金额	记账符号
	总账科目	明细科目	亿 千 百 十 万 千 百 十 元 角 分	亿 千 百 十 万 千 百 十 元 角 分	
附单据　张	合计				

会计主管：　　　　　记账：　　　　　出纳：　　　　　审核：　　　　　制单：

（2）记账凭证按其填列方式不同分为单式记账凭证、复式记账凭证。

1）单式记账凭证也称为单科目记账凭证，要求把某项经济业务所涉及的会计科目，分别登记在两张或两张以上的记账凭证中，每张记账凭证上只登记一个会计科目，其对方科目只供参考，不按凭证记账。

使用单式记账凭证，便于分工记账和编制科目汇总表。但由于一张凭证不能反映一项经济业务的全貌以及账户的对应关系，所以出现差错后不易查找。单式凭证在实际工作中很少采用。

2）复式记账凭证也称为多科目记账凭证，要求将某项经济业务所涉及的全部会计科目，集中登记在一张记账凭证中。

使用复式记账凭证，有利于了解经济业务的全貌，便于查账，减少了记账凭证的数量；不足之处在于不便于分工记账和编制科目汇总表。上述收款凭证、付款凭证和转账凭证均为复式记账凭证。

【小知识】有些经济业务，如更正错账、期末结账前有关账项调整结转、转销等无法取得原始凭证的，也可以由会计人员根据账簿记录提供的数据编制记账凭证。

二、记账凭证的基本内容

记账凭证种类繁多，格式不一，但其主要作用在于对原始凭证进行分类、整理，按照复式记账的要求，运用会计科目，编制会计分录，据以登记账簿。因此各种记账凭证必须具备以下基本内容：

（1）填制单位的名称；

（2）记账凭证的名称（如收款凭证、付款凭证、转账凭证等）；

（3）填制凭证的日期，通常用年、月、日表示；

（4）记账凭证的编号；

（5）经济业务的内容摘要；

（6）经济业务应借、应贷的会计科目（包括一、二级和明细科目）的名称和金额；

（7）所附原始凭证的张数；

（8）制证、审核、记账及会计主管人员的签名或盖章。收付款的记账凭证还应由出纳人员签名或盖章。

三、填制记账凭证的要求

各种记账凭证都必须按照规定的格式和内容及时、正确地填制。填制时要求格式统一，内容完整，科目运用正确，对应关系清晰，摘要简练，书写清晰工整。具体要求如下：

（1）必须根据审核无误的原始凭证填制记账凭证。除了填制更正错账和结账分录的记账凭证以外，其余所有记账凭证都必须附有原始凭证或原始凭证汇总表。

（2）准确填写记账凭证的日期。一般的记账凭证，应填写填制凭证当日的日期，但报销差旅费的记账凭证应填写报销当日的日期；现金收付款业务的记账凭证应填写现金收付当日的日期；银行存款收款业务的记账凭证应填写收到银行进账单或回执单戳记日期，当实际收到银行进账单的日期与银行戳记日期相隔较远，或次月收到上月银行进账单，可按财会人员实际办理转账业务的日期填写；银行存款付款业务的记账凭证，一般以财会人员开出银行付款凭证的日期或承付的日期填写；财会人员自制的计提和分配费用等转账业务的记账凭证，应当填写当月最后一天的日期。

（3）正确对记账凭证编号。记账凭证在一个月内应当连续编号，目的是为了分清记账凭证的先后顺序，便于登记账簿和日后的对账、查账，并防止散失。编号的方法：采用通用记账凭证的将全部记账凭证每月从第一号记账凭证起，按照经济业务发生的顺序，依次编号，采用收付转凭证的，按照收款业务、付款业务和转账业务分类编号。编号均应按照自然数1，2，3…顺序编号，不得跳号或重号。如一笔经济业务需要编制3张凭证，凭证号为8，则可以编制成8 1/3号、8 2/3号、8 3/3号，前面的数字表示凭证的顺序，后面分数的分母表示该凭证共有3张，分子表示凭证中的第一张、第二张、第三张。

（4）认真填写摘要。摘要栏是对经济业务内容所做的简要说明，也是登记账簿的重要依据。因此，填写摘要时，要认真准确、简明扼要、书写工整。

（5）一张记账凭证只能反映同一类的经济业务，以便使会计科目对应关系清晰明确。填写会计科目，应先写借方科目，后写贷方科目。

（6）会计科目、子目、细目必须按照会计制度统一规定的会计科目的全称填写，不得简化或只写科目的编号，不写科目的名称。

（7）金额栏数字的填写必须规范、准确，与所附原始凭证的金额相等。

（8）记账凭证应按行次逐项填写，不得跳行，合计数与最后一笔数字之间有空行，则在金额栏画斜线注销。

（9）记账凭证的附件张数必须注明，以便查核。如果原始凭证需另行保管时，则在附件栏内加以注明。

（10）记账凭证填写完毕，应进行复核和检查，并按借贷记账法的记账规则进行试算平衡，有关人员均要签名盖章。出纳人员根据收款凭证收款，或付款凭证付款时，要在凭证上加盖"收讫"或"付讫"的戳记，以免重收重付，防止差错。

四、记账凭证的填制方法

1. 收款凭证的填制方法

收款凭证是根据审核无误的现金和银行收款业务的原始凭证编制的。收款凭证左上角的"借方科目"按收款的性质填写"库存现金"或"银行存款"；日期填写的是编制本凭证的日期，右上角编写收款凭证的顺序号，如"收字第 1 号"、"收字第 2 号"等不得重号、漏号、错号；"摘要"栏填写经济业务内容的简要说明；"贷方科目"填写与收入现金或银行存款相对应的总账科目和明细科目，"记账符号"栏注明"√"表示已经记账，防止经济业务重记或漏记；"附件张"是指记账凭证所付原始凭证的张数；最下边分别由有关人员签章，以明确经济责任。

2. 付款凭证的填制方法

付款凭证是根据审核无误的现金和银行付款业务的原始凭证编制的。付款凭证左上角的"贷方科目"按付款的性质填写"库存现金"或"银行存款"；"借方科目"填写与支付库存现金或银行存款相对应的总账科目和明细科目；其余各项的填列方法与收款凭证基本相同。

【思考】对于库存现金和银行存款之间的划转业务，如何填制凭证？

为了避免重复记账或漏记账，在实际工作中，按照贷方科目填写一张付款凭证，不再填写收款凭证，记账时，根据"借方科目"和"贷方科目"分别登记入账。

3. 转账凭证的填制方法

转账凭证是用来记录与库存现金和银行存款收付无关的经济业务的记账凭证，它是根据不涉及库存现金和银行存款收付的有关转账业务的原始凭证填制的。转账凭证将经济业务所涉及的会计科目全部填列在凭证内。"会计科目"栏应分别填列应借、应贷的一级科目和明细科目，借方科目在先，贷方科目在后。相应的金额栏内填列应借科目的"借方金额"和应贷科目的"贷方金额"。"借方金额"合计数与"贷方金额"合计数相等。其余各项的填列方法与收款、付款凭证基本相同。

4. 通用记账凭证的填制方法

通用记账凭证是用来记录各项经济业务的记账凭证，它是根据审核无误的有关原始凭证填制的。其填制方法与转账凭证的填制方法相同。

5. 单式记账凭证的填制方法

单式记账凭证按照一项经济业务所涉及的每个会计科目单独编制一张记账凭证，每一张记账凭证中只登记一个会计科目。在实际工作中，已很少有单位采用这种方法编制记账凭证，在此不再阐述。

【相关知识】在实际工作中，选择采用何种记账凭证，企业可以根据其经济业务的规模和特点来选择，对于收付款业务较多的企业可以选择采用收、付、转记账凭证，对于经济业务较少或收付业务不多的企业可以选择采用通用记账凭证。不要同时采用收付转记账凭证和通用记账凭证。

五、记账凭证的审核

为了正确登记账簿和监督经济业务，除了填制记账凭证的人员应当认真负责、正确填制、加强自审以外，同时还应建立专人审核制度。如前所述，记账凭证是根据审核后的合法的原始凭证填制的。因此，记账凭证的审核应注意以下几点：

(1) 内容是否真实。审核记账凭证是否附有原始凭证，原始凭证是否齐全，内容是否合法，记账凭证所记录的经济业务与所附原始凭证反映的经济业务是否相符。

(2) 项目是否齐全。项目填写是否齐全，如日期、摘要、凭证编号、二级和明细会计科目、附件张数以及有关人员签章等。

(3) 科目是否正确。记账凭证的应借、应贷科目是否正确，账户对应关系是否清晰，所使用的会计科目及其核算内容是否会计制度的规定。

(4) 金额是否正确。记账凭证与原始凭证的有关金额是否一致，计算是否准确，记账凭证汇总表的金额是否相符。

(5) 书写是否正确。文字、数字是否工整、清晰，是否按规定进行更正等。

此外，出纳人员在办理收款或付款后，应在凭证上加盖"收讫"或"付讫"的戳记，以避免重收重付。

在审核过程中，如果发现记账凭证填制有错误，或者不符合要求，则需要由填制人员重新填制，或按规定的方法进行更改。只有经过审无误的记账凭证，才可以据以登记入账。

需要说明的是，对会计凭证进行审核，是保证会计信息质量、发挥会计监督作用的重要手段。要做好会计凭证的审核工作，正确发挥会计的监督作用，会计人员既要熟悉和掌握国家政策、法令、规章制度和计划、预算的有关规定，又要熟悉和了解本单位的经营情况。

【随堂训练1·单选题】对于将现金送存银行业务，会计人员应填制的记账凭证是（　　）。

　　A. 银行存款收款凭证

　　B. 现金付款凭证

　　C. 银行存款收款凭证和现金付款凭证

　　D. 转账凭证

【随堂训练2·单选题】下列内容不属于记账凭证审核的是（　　）。

　　A. 凭证是否符合有关的计划和预算

　　B. 会计科目使用是否正确

　　C. 凭证的内容与所附凭证的内容是否一致

　　D. 凭证的金额与所附凭证的金额是否一致

【随堂训练3·判断题】收款凭证可分为现金收款凭证和银行存款收款凭证。（　　）

【随堂训练4·单选题】填制记账凭证时，错误的做法是（　　）。

　　A. 根据每一张原始凭证填制

　　B. 根据若干张同类原始凭证汇总填制

　　C. 将若干张不同内容和类别的原始凭证汇总填制在一张记账凭证上

　　D. 根据原始凭证汇总表填制

【随堂训练5·判断题】根据规定，记账凭证必须附有原始凭证。但是，结账和更正错误的记账凭证可以不附原始凭证。（　　）

【随堂训练6·单选题】某单位会计部第8号经济业务的一笔分录需填制两张记账凭证，则这两张凭证的编号为（　　）。

　　A. 8，9　　　　　　　　　　　　B. 9[1/2]，9[2/2]

　　C. 8[1/2]，8[2/2]　　　　　　　　D. 8[1/2]，9[2/2]

【随堂训练7·单选题】下列记账凭证中可以不附原始凭证的是（　　）。

　　A. 所有收款凭证　　　　　　　　B. 所有付款凭证

C. 所有转账凭证   D. 用于结账的记账凭证

【随堂训练8·单选题】下列不是记账凭证的基本内容的是（　　）。
A. 记账标记   B. 填制单位签章
C. 填制日期   D. 凭证编号

【随堂训练9·单选题】记账凭证按内容分（　　）。
A. 外来记账凭证与原始记账凭证   B. 一次凭证、累计凭证、汇总凭证
C. 复式凭证与单式凭证   D. 收款凭证、付款凭证、转账凭证

【随堂训练10·多选题】记账凭证按其填列方式分类分为（　　）。
A. 收款凭证   B. 复式凭证
C. 付款凭证   D. 单式凭证

任务六　企业基本会计事项账务处理

一、资金筹集业务的核算

（一）资金筹集业务的核算内容

企业为了进行生产经营活动，必须拥有一定数量的资金，作为生产经营活动的物质基础。企业筹集资金的渠道是指企业取得资金的方式。目前我国企业的资金来源渠道主要是投资者投入和向银行、金融机构筹借以及发行债券等。因此，实收资本业务和借款业务的核算，就构成了资金筹集业务核算的主要内容。

（二）资金筹集业务核算的账户设置

1."实收资本"账户

实收资本是指企业实际收到的投资者投入的资本，它是企业所有者权益中的主要部分。"实收资本"账户用来核算企业实收资本的增减变动情况及其结果（股份公司为"股本"）。该账户是所有者权益类账户，其贷方登记企业实际收到的投资者投入的资本数，借方登记企业按法程序报经批准减少的注册资本数，期末余额在贷方，表示企业实有的资本（或股本）数额。该账户按投资者设置明细账户，进行明细分类核算，企业收到的投资者的投资都应按实际投资数额入账。其中，以货币资金投资的，应按实际收到的款项作为投资者的投资入账；以实物形态投资的，应按照投资各方确认的价值作为实际投资数额入账。企业在生产经营过程中所取得的收入和收益、所发生的费用和损失，不得直接增减投入资本。

2."固定资产"账户

"固定资产"账户用来核算企业持有的固定资产的原始价值。该账户是资产类账户，借方登记企业增加的固定资产的原始价值（包括购进、接受投资、盘盈等）；贷方登记减少的固定资产的原始价值（包括处置、投资转出、盘亏等）；期末余额在借方，表示企业实际持有的固定资产的原始价值。该账户应按固定资产的类别和项目设置明细账户，进行明细分类核算。

3."无形资产"账户

"无形资产"账户用来核算企业持有的无形资产的成本，包括专利权、非专利技术、商标权、著作权、土地使用权等。该账户借方登记取得无形资产的实际成本；贷方登记减少无形资产的实际成本；期末余额在借方，表示企业实际持有的无形资产的成本。该账户应按无形资产的项目设置明细账户，进行明细分类核算。

4. "短期借款"账户

"短期借款"账户用来核算企业向银行或其他金融机构等借入的期限在 1 年以内（含 1 年）的各种借款。该账户是负债类账户，其贷方登记企业借入的各种短期借款数额，借方登记归还的借款数额，期末余额在贷方，表示期末尚未归还的短期借款的本金。该账户应按借款种类、债权人和币种设置明细账户，进行明细分类核算。

5. "长期借款"账户

"长期借款"账户用来核算企业向银行或其他金融机构等借入的期限在 1 年以上（不含 1 年）的各种借款。该账户是负债类账户，其贷方登记企业借入的各种长期借款数额（包括本金和利息）；借方登记各种长期借款的归还数额（包括本金和利息）；期末余额在贷方，表示企业尚未归还的长期借款本金和利息数额。该账户应按贷款单位和贷款种类设置明细账户，进行明细分类核算。

（三）资金筹集业务的会计处理

阳光电子实业有限公司 2009 年 12 月份发生的业务如下：

【例4】12 月 15 日，收到银行的收账通知，阳光电机厂投资款 600 000 元已收款入账。

根据上述经济业务进行分析，该笔经济业务发生后，引起资产要素和所有者权益要素发生变化。一方面，使企业资产要素中的银行存款项目增加了 600 000 元，应借记"银行存款"账户；另一方面，使企业所有者权益要素中的投资者投入的资本项目也增加了 600 000 元，应贷记"实收资本"账户。因此，该笔经济业务应作如下会计分录：

借：银行存款　　　　　　　　　　　600 000
　　贷：实收资本——阳光电机厂　　　　600 000

根据上述分析结果，财会人员应根据"投资协议书（副本）"、"银行进账单"和"统一收据"第二联，填制银行存款收款凭证。

【例5】12 月 20 日，收到阳光电机厂按投资协议书向企业投入的机器设备一台，价值 50 000 元，专利一项，作价 150 000 元。

根据上述经济业务进行分析，该笔经济业务发生后，同样引起资产要素和所有者权益要素发生变化。由于接受投资的内容不同，故一方面，企业资产要素中的固定资产和无形资产项目分别增加了 50 000 元和 150 000 元，应借记"固定资产"、"无形资产"账户；另一方面，企业所有者权益要素中的实收资本项目继续增加，应贷记"实收资本"账户。因此，该笔经济业务应作如下会计分录：

借：固定资产——刨床　　　　　　　　50 000
　　无形资产——专利权　　　　　　　150 000
　　贷：实收资本——阳光电机厂　　　　200 000

根据上述分析结果，财会人员应根据相关单据，填制一张转账凭证。

【随堂训练】甲、乙、丙共同投资设立 A 有限责任公司，注册资本为 2 000 000 元，甲、乙、丙持股比例分别为 55%、25% 和 20%。按照章程规定，甲、乙、丙投入资本分别为 1 100 000 元、500 000 元和 400 000 元。A 公司已如期收到各投资者一次缴足的款项。不考虑其他因素，要求编制 A 公司会计分录。

【例6】 12月20日，企业向银行申请取得短期流动资金贷款500 000元，存入银行。

根据上述经济业务进行分析，该笔经济业务发生后，引起资产要素和负债要素之间发生变动。一方面，使企业资产要素中的银行存款项目增加500 000元，应借记"银行存款"账户；另一方面，使企业负债要素中的短期借款项目增加500 000元，应贷记"短期借款"账户。因此，该笔经济业务应作如下会计分录：

借：银行存款　　　　　　　　　　　　　　　　500 000
　　贷：短期借款　　　　　　　　　　　　　　　　500 000

根据上述分析结果，财会人员应该根据"借款借据"及"短期借款合同"，填制一张银行存款收款凭证。

【例7】 12月22日，接到银行通知，企业申请的长期借款5 000 000元已到账。

长期借款入账同短期借款的账务处理，应借记"银行存款"账户，贷记"长期借款"账户，利息的处理以后课程内容再详述。

【随堂训练】 甲公司于20×9年1月1日向银行借入一笔生产经营用短期借款，共计800 000元，期限为6月，年利率为6%。根据与银行签署的借款协议，该项借款本金到期后一次归还；利息分月预提，按季支付。要求：编制借入款项时的会计分录；1月末、2月末预提利息的会计分录；3月末支付利息的会计分录。（思考：7月1日还本付息的会计分录怎样编制？）

二、供应过程业务的核算

（一）供应过程业务的核算内容

供应过程是生产的准备阶段。在这个过程中，企业一方面要从供应单位购进各种材料物资，形成生产储备；另一方面要支付材料物资的买价和采购费用，与供应商发生结算业务。因此，核算和监督材料的买价和采购费用，确定采购成本，考核有关采购计划的执行情况，核算和监督与供应单位的货款结算，以及核算和监督供应阶段材料物资储备资金的占用，就构成了供应过程业务核算的主要内容。

材料采购成本项目包括：

（1）材料的买价，即供应单位的发票价格（企业如为增值税一般纳税人，购买材料时支付的增值税不能计入采购成本，应计入"应交税费"；如果属于小规模纳税人，则购买材料时支付的增值税应计入采购成本）。（本教材如无特别提示，均为一般纳税人）

（2）外地运杂费，包括采购材料时发生的运输费、装卸费、保险费、包装费和仓储费等（采购人员的差旅费，以及市内零星运杂费等则不计入材料采购成本，而作为管理费用列支）。

（3）运输途中发生的合理损耗和入库前的加工整理挑选费用等。

（4）应负担的其他费用（如进口关税）。

（二）供应过程业务核算的账户设置

1. "原材料"账户

"原材料"账户，用来核算企业各种库存材料的增减变动及其结存情况。该账户是资产类账户，借方登记已验收入库材料的实际成本；贷方登记发出材料的实际成本；期末余额在借方，表示各种库存材料的实际成本。"原材料"账户应按材料的类别、品种及规格设置明细账户，进行明细分类核算。

2．"在途物资"账户

"在途物资"账户，用来核算企业已经付款但尚未到达企业，或虽已运抵企业但尚未验收入库的外购材料的实际采购成本。该账户属于资产类账户，借方登记外购材料成本的增加数，贷方登记到货验收后转入"原材料"账户的采购成本数。期末余额在借方，表示在途材料的实际成本。"在途物资"账户应按材料品种设置明细账户，进行明细分类核算。

3．"应付账款"账户

"应付账款"账户，用来核算企业因购买材料、商品或接受劳务供应等经营活动应支付给供应单位的款项。该账户是负债类账户，贷方登记因购买材料、商品或接受劳务供应等而发生的应付未付的款项；借方登记已经支付或已开出承兑商业汇票抵付的应付款项；期末余额在贷方，表示尚未偿还的款项。"应付账款"账户应按供应单位（债权人）设置明细账户，进行明细分类核算。

4．"应交税费"账户

"应交税费"账户，用来核算企业应交的各种税费，如增值税、营业税、消费税、城市维护建设税、所得税等。该账户是负债类账户，贷方登记按规定计算的各种应交税费和增值税销项税额；借方登记已交纳的各种税费和增值税进项税额；期末贷方余额为未交的税费，借方余额为多交的税费。该账户应按税费的种类设置明细账户，进行明细分类核算。其中，"应交税费——应交增值税"账户是用来反映和监督企业应交和实交增值税结算情况的账户，企业购买材料物资时交纳的增值税进项税额记入该账户的借方，企业销售产品是向购买单位代收的增值税销项税额记入该账户的贷方。

（三）供应过程业务的总分类核算

【例8】12月22日，收到银行转来的结算凭证，承付购料款，货款324 000元，增值税55 080元，运杂费1 008元，材料尚未到达企业。

根据上述经济业务分析，该笔经济业务发生后，引起企业费用要素、负债要素与资产要素发生变化。一方面企业为购买原材料支付的价款324 000元，引起费用要素中的材料采购成本增加，应计入材料采购成本，由于购进的原材料尚未到达企业，故应借记"在途物资"账户；同时，随同价款一起支付的增值税款为55 080元，作为一般纳税人，不能计入材料采购成本，按税收条例规定，应借记"应交税费——应交增值税（进项税额）"账户；对支付的铁路运杂费1 008元计入材料采购成本，应借记"在途物资"账户。另一方面，使企业资产要素中的银行存款项目减少了380 088元，应贷记"银行存款"账户。因此，该笔经济业务应作如下会计分录：

借：在途物资——电解铝锭　　　　　　　　　　　　　325 008.00
　　应交税费——应交增值税（进项税额）　　　　　　 55 080.00
　贷：银行存款　　　　　　　　　　　　　　　　　　　380 088.00

根据上述分析结果，财会人员应根据银行转来的"托收承付结算凭证"的承付通知、"增值税专用发票"和"铁路局运杂费收据"等原始凭证，填制银行存款付款凭证。

【随堂训练】20×9年5月5日，甲从乙公司购入一批原材料并已验收入库。取得的增值税专用发票上记载的价款为100万元，增值税为17万元。20×9年5月23日，甲通过银行转账偿付所欠乙货款。要求编制5月5日购入材料及5月23日偿付货款的会计分录。

【例9】 12月26日，上述材料到达，验收入库。财务科收到仓库保管员填制的"收料单"。

根据上述经济业务进行分析，该笔经济业务发生后，引起企业资产要素内部发生此增彼减的变化。一方面，引起资产要素中库存材料项目增加325 008元，应借记"原材料"账户；另一方面，材料已经验收入库，引起资产在途物资项目减少了325 008元，应贷记"在途物资"账户。因此，该笔经济业务应作如下会计分录：

  借：原材料——电解铝锭   325 008
    贷：在途物资——电解铝锭   325 008

根据上述分析结果，财会人员应根据"收料单"填制转账凭证。

【例10】 12月20日，采用汇兑结算方式偿还上月购料款306 000元，收到银行"电汇凭证"回单。

根据上述经济业务进行分析，该笔经济业务发生后，引起企业资产要素和负债要素发生变化。一方面，引起负债要素中的应付账款项目减少了306 000元，应借记"应付账款"账户；另一方面，引起资产要素中的银行存款项目减少了306 000元，应贷记"银行存款"。因此，该笔经济业务应作如下分录：

  借：应付账款——烟台钢铁厂   306 000
    贷：银行存款   306 000

根据上述分析，财会人员应根据"中国工商银行电汇凭证"回单，填制银行存款付款凭证。

【例11】 12月22日，购入甲材料40千克，价款28 000元，乙材料60千克，价款54 000元，增值税13 940元，发生运费1 000元，以转账支票支付。材料到达，验收入库。

在材料采购过程中，购买一种材料发生的买价和采购费用构成了该种材料的实际采购成本，而当购买两种或两种以上材料，共发生一笔采购费时，则需要将这笔共同费用按照一定的标准分配，分别计算各种材料的采购成本。共同费用的分配标准，可以选择采取采购材料的重量、体积或买价等。

  采购费用分配率＝共同发生的采购费用÷各种材料的重量（或买价）之和
  某种材料应负担的采购费用＝某种材料的重量（体积、买价）×分配率
    甲材料应负担的运费＝1000÷（40+60）×40＝400
    乙材料应负担的运费＝1000÷（40+60）×60＝600

根据上述经济业务进行分析，该笔经济业务发生后，引起企业资产和负债要素发生变化。一方面，企业购买原材料发生的买价和运费，引起资产要素中的原材料成本增加，并且材料已经运抵企业，验收入库，应借记"原材料"账户，同时随同价款一起支付的增值税应借记"应交税费"账户；另一方面，由于款项已经承付，使企业资产要素中的银行存款减少，应贷记"银行存款"账户。因此，该笔经济业务应作如下会计分录：

  借：原材料——甲材料   28 400
      ——乙材料   54 600
    应交税费——应交增值税（进项税额）   13 940
    贷：银行存款   96 940

根据上述分析，财会人员应根据相关原始凭证，填制银行存款付款凭证。

结转入库材料的采购成本时，除了登记"原材料"账户外，还要分别登记甲、乙两种材料的明细账户，并且既要登记入库材料的数量，又要登记金额。

【随堂训练】甲公司向乙公司采购材料 5 000 公斤，单价 10 元/公斤，所需支付的款项总额 50 000 元。20×9 年 9 月 12 日，甲公司按照合同规定向乙公司预付货款的 50%。9 月 30 日，收到乙公司发来的 5 000 吨材料，取得的增值税专用发票上记载的价款为 50 000 元，增值税额为 8 500 元。甲公司以银行存款补付其余款项。假定不考虑其他税费。要求：编制相关会计分录。

三、生产过程业务的核算

（一）生产过程业务的核算内容

生产过程是产品制造企业经营活动的主要过程。生产过程既是产品的制造过程，又是物化劳动和活劳动的耗费过程。一方面，劳动者借助于劳动资料对劳动对象进行加工制造产品，以满足社会需要；另一方面，为了制造产品，必然要发生各种耗费，如消耗各种材料，支付人工工资，厂房、机器设备等劳动资料所发生的折旧费、修理费等。企业在一定时期内发生的用货币额表现的生产耗费，称为费用。费用按一定种类和数量的产品进行归集，就形成了产品的制造成本。因此，在产品生产过程中费用的发生、归集和分配，以及产品成本的形成，就构成了生产过程业务核算的主要内容。

（二）生产过程业务核算的账户设置

1. "生产成本"账户

"生产成本"账户，是用来归集和分配产品生产过程中所发生的各项费用，正确计算产品生产成本的账户。该账户是成本类账户，借方登记应计入产品生产成本的各项费用，包括直接计入产品生产成本的直接材料和直接工人，以及分配计入产品成本的制造费用；贷方登记完工入库产品的生产成本；期末借方余额，表示企业尚未加工完成的各项在产品的成本。该账户应按产品品种设置明细账户，进行明细分类核算。

2. "制造费用"账户

"制造费用"账户，用来核算企业生产车间为生产产品和提供劳务而发生的各项间接费用，包括生产车间管理人员的工资、福利费、生产车间固定资产的折旧费、办公费、水电费、修理费及物料消耗费等。该账户是成本类账户，借方登记实际发生的各项制造费用，贷方登记转入"生产成本"账户借方、分配计入产品生产成本的制造费用，期末结转后，该账户一般没有余额。该账户应按不同车间设置明细账户，进行明细分类核算。

3. "应付职工薪酬"账户

职工薪酬是指企业因获得职工提供的服务而给予职工的各种形式的报酬。"应付职工薪酬"账户，用来核算企业根据有关规定应付给职工的各种薪酬。包括：①职工工资、奖金、津贴和补贴；②职工福利费；③各项保险待遇（医疗、养老、失业、工伤、生育保险费等社会保险以及企业为职工购买的各种商业保险）和住房公积金；④工会经费和职工教育经费等所有企业根据有关规定应付给职工的各种薪酬。该账户是负债类账户，贷方登记应由本月负担尚未支付的职工薪酬，作为一项费用，按其用途分配计入有关的成本费用账户；借方登记本月实际支付的职工薪酬；期末如有余额，一般在贷方，表示企业应付未付的职工薪酬。该账户可按"职工工资"、"职工福利"、"社会保险费"、"住房公积金"、"工会经费"等设置明细账户，进行明细分类核算。

4. "应付利息"账户

"应付利息"账户，用来核算企业按照合同约定应支付的利息，包括吸收存款、分期付息到期还本的长期借款、企业债券等应支付的利息。该账户是负债类账户，贷方登记按规定利率计算的应付利息数，借方登记实际支付的利息数；期末贷方余额，反映企业应付未付利息。该账户可按存款人或债权人设置明细账户，进行明细分类核算。

5. "累计折旧"账户

"累计折旧"账户，用来核算企业固定资产的累计折旧。

在会计核算中，为了反映企业固定资产的增减变动及其结果，提供管理需要的有用会计信息，除了应设置和运用"固定资产"账户外，还应设置和运用"累计折旧"账户。由于固定资产在其较长的使用期限内保持原有实物形态，而其价值却随着固定资产的损耗而逐渐减少。固定资产由于损耗而减少的价值就是固定资产的折旧。固定资产的折旧应该作为折旧费用计入产品的成本和期间费用，这样做不仅是为了使企业在将来有能力重置固定资产，更主要的是为了实现期间收入与费用的正确配比。基于固定资产的上述特点，为了使"固定资产"账户能按固定资产的原始价值反映期间增减变动和结存情况，并便于计算和反映固定资产的账面净值，就需要专门设置一个用来反映固定资产损耗价值（即折旧额）的账户，即"累计折旧"账户。该账户是资产类账户，每月计提的固定资产折旧，记入该账户的贷方，表示固定资产因损耗而减少的价值；对于固定资产因出售、报废等原因引起的价值减少，在注销固定资产的原始价值、贷记"固定资产"账户的同时，应借记"累计折旧"账户，注销其已提取的折旧额；期末贷方余额，表示现有固定资产已提取的累计折旧额。将"累计折旧"的贷方余额抵减"固定资产"账户的借方余额，即可求得固定资产的净值。

6. "库存商品"账户

"库存商品"账户，用来核算企业库存的各种商品的实际成本。该账户是资产类账户，借方登记已验收入库存商品的实际成本；贷方登记发出商品的实际成本；期末借方余额，表示库存商品的实际成本。该账户应按商品种类、品种和规格设置明细账户，进行明细分类核算。

7. "管理费用"账户

"管理费用"账户，用来核算企业行政管理部门为组织和管理生产经营活动而发生的费用。包括企业在筹建期间内发生的开办费、董事会和行政部门在企业的经营管理中发生的或者应由企业统一负担的公司经费（包括行政管理部门职工工资及福利费、办公费和差旅费等）、工会经费、董事会费、聘请中介机构费、咨询费（含顾问费）、诉讼费、业务招待费、房产税、车船使用税、土地使用税、印花税、技术转让费、矿产资源补偿费、研究费用、排污费等。该账户是损益类账户，借方登记发生的各种费用；贷方登记期末转入"本年利润"账户的费用；期末结转后，该账户无余额。该账户应按费用项目设置明细账户，进行明细分类核算。

8. "财务费用"账户

"财务费用"账户，用来核算企业为筹建生产经营资金而发生的各项费用。该账户是损益类账户，借方登记发生的各项财务费用；贷方登记发生的应冲减财务费用的利息收入、汇兑收益和结转到"本年利润"账户的财务费用；期末结算后，该账户无余额。该账户应按照费用项目设置明细账户，进行明细分类核算。

（三）生产过程业务的总分类核算

【例12】12月31日，分配结转本月发出材料的实际成本。财会人员根据"领料单"（略）

编制"发料凭证汇总表",如表 3-24 所示。

表 3-24　发料凭证汇总表

2009 年 12 月 31 日　　　　　　　　　　　　　　　　　　　　　编号：04

日期	领料单张数	贷方科目	借方科目				合计
^	^	^	生产成本		制造费用	管理费用	^
^	^	^	HB 车床	DE-10 车床	^	^	^
1~10 日	18	原材料		280 000	30 000	12 000	322 000
11~20 日	15	原材料	520 000	260 000	15 000		795 000
21~30 日	16	原材料	215 000	285 000	25 000	8 000	533 000
合计	49		735 000	825 000	70 000	20 000	1 650 000

会计主管：李刚　　　记账：王凯　　　审核：吴兵　　　制单：李光

　　根据上述原始凭证进行分析,该笔经济业务发生后,引起企业费用要素和资产要素发生变化。一方面,使费用要素中的生产成本、制造费用和管理费用项目分别增加了 1 650 000 元、70 000 元和 20 000 元,根据"发料凭证汇总表",按材料的用途,应分别借记"生产成本"、"制造费用"和"管理费用"账户；另一方面,引起资产要素中的"原材料"项目减少了 1 650 000 元,应贷记"原材料"账户。因此,该笔经济业务应作如下会计分录：

借：生产成本——HB 车床　　　　　　　　　　　　735 000
　　　　　——DE-10 车床　　　　　　　　　　　　825 000
　　制造费用　　　　　　　　　　　　　　　　　　70 000
　　管理费用　　　　　　　　　　　　　　　　　　20 000
　　贷：原材料　　　　　　　　　　　　　　　　　　　1 650 000

根据上述分析结果,财会人员应根据"领料单"及"发料凭证汇总表",编制转账凭证。

【例 13】12 月 31 日,分配结转本月工资费用,根据"工资结算汇总表"编制"工资费用分配汇总表",如表 3-25 所示。

表 3-25　工资费用分配汇总表

2009 年 12 月 31 日

车间、部门		应分配金额
车间生产人员工资	生产 HB 车床	428324.00
^	生产 ED-10 车床	277202.00
^	生产人员工资小计	705526.00
车间管理员		39887.00
厂部管理员		60107.00
合计		805520.00

会计主管：李刚　　　审核：吴兵　　　制单：杨诚

　　根据上述原始凭证进行分析,该笔经济业务发生后,引起企业费用要素和负债要素发生变化,一方面,使费用要素中的生产成本、制造费用和管理费用项目分别增加,按不同的用途,应分别借记"生产成本"、"制造费用"和"管理费用"账户；另一方面,引起负债要素中的应付职工薪酬项目增加，应贷记"应付职工薪酬"账户。因此，该笔经济业务应作如下会计分录：

借：生产成本——HB 车床　　　　　　　　428 324
　　　　　　——DE-10　　　　　　　　　277 202
　　制造费用　　　　　　　　　　　　　　39 887
　　管理费用　　　　　　　　　　　　　　60 107
　　贷：应付职工薪酬——职工工资　　　　　　　　805 520

根据上述分析结果，财会人员应根据"工资费用分配汇总表"，填制转账凭证。

【例 14】12 月 31 日，分配职工福利，如表 3-26 所示。

表 3-26　职工福利分配表
2009 年 12 月 31 日

车间、部门		应分配金额
车间生产人员	生产 HB 车床	59 965.36
	生产 DE-10 车床	38 808.28
	生产人员工资小计	98 773.64
车间管理人员		5 584.18
厂部管理人员		8 414.98
合计		112 772.80

根据上述原始凭证进行分析，该笔经济业务发生后，引起了企业费用要素和负债要素发生变化，一方面，使费用要素中的生产成本、制造费用和管理费用项目分别增加，按不同的用途，应分别借记"生产成本"、"制造费用"和"管理费用"账户；另一方面，引起负债要素中的应付职工薪酬项目增加，应贷记"应付职工薪酬——职工福利"账户。因此，该笔经济业务应作如下会计分录：

借：生产成本——HB 车床　　　　　　　　　　　　　59 965.36
　　　　　　——DE-10 车床　　　　　　　　　　　　38 808.28
　　制造费用　　　　　　　　　　　　　　　　　　　5 584.18
　　管理费用　　　　　　　　　　　　　　　　　　　8 414.98
　　贷：应付职工薪酬——职工福利　　　　　　　　　112 772.80

根据上述分析结果，财会人员应根据"职工福利分配表"，编制转账凭证。

【例 15】12 月 4 日，根据工资结算汇总表，签发现金支票一张，金额为 805 520 元，向银行提取现金，以备发工资。

根据上述经济业务分析，该笔经济业务发生后，引起资产要素内部发生此增彼减的变化。一方面，使资产要素中的库存资金项目增加了 805 520 元，应借记"库存资金"账户；另一方面，使资产要素中的银行存款项目减少了 805 520 元，应贷记"银行存款"账户。因此，该笔经济业务应作如下会计分录：

借：库存现金　　　　　　　　　　　　　　　　　　　805 520
　　贷：银行存款　　　　　　　　　　　　　　　　　805 520

根据上述分析结果，财会人员应根据"工资结算汇总表"和"现金支票"存根，填制记账凭证。但由于该笔经济业务是有关库存现金和银行存款之间的划转业务，实际工作中可采用两种不同的方法进行会计处理。这里我们采取只填制付款凭证，不填制收款凭证的做法处理。因此，应填制银行存款付款凭证。

【例 16】12 月 4 日，根据"工资结算单"，以现金发放工资 805 520 元。

根据上述经济业务进行分析，该项经济业务发生后，引起负债要素和资产要素发生变化。一方面，引起负债要素中的应付职工薪酬项目减少了 805 520 元，应借记"应付职工薪酬——职工工资"账户；另一方面，引起资产要素中的库存现金项目减少了 805 520 元，应贷记"库存现金"账户，因此，该笔经济业务应作如下会计分录：

借：应付职工薪酬——职工工资　　　　　　　　　　805 520
　　贷：库存现金　　　　　　　　　　　　　　　　　805 520

根据上述分析结果，财会人员应根据"工资结算单"，填制库存现金付款凭证。

【例 17】12 月 31 日，计提本月固定资产折旧。财会人员应编制"固定资产折旧计算表"，如表 3-27 所示。

表 3-27　固定资产折旧计算表

2009 年 12 月 31 日

使用单位部门	上月固定资产折旧额	上月增加固定资产应计提折旧额	上月减少固定资产应计提折旧额	本月应计提的折旧额
生产车间	38 000.00	1 000.00	—	39 000.00
厂部	13 000.00	—	500.00	12 500.00
合　计	51 000.00	1 000.00	500.00	51 500.00

会计主管：李刚　　　　　　　　　审核：吴兵　　　　制单：杨诚

固定资产折旧是指企业的固定资产在生产过程中由于使用、自然作用以及技术进步等原因，逐渐地损耗而转移到产品成本或当期费用中的那部分价值。固定资产折旧费是企业生产经营过程中发生的费用，将随着产品的销售和取得收入而得到的补偿。计提固定资产折旧费，引起资产要素和费用要素之间发生变化。一方面，引起费用要素中的生产费用项目增加 51 500 元，按固定资产的用途不同，应分别借记"制造费用"和"管理费用"两个账户；另一方面，计提折旧费引起资产要素中的固定资产价值减少，但为了反映固定资产的原始价值指标，以满足管理上的特殊需要，对于因折旧而减少的固定资产价值，不直接记入"固定资产"账户的贷方，在核算上，我们专门设置了一个调整账户，用来反映固定资产因发生折旧而减少的价值，这个账户就是"累计折旧"账户。"累计折旧"的增加，就意味着固定资产价值的减少，所以，对因计提折旧而减少的固定资产价值，应贷记"累计折旧"账户。因此，上述计提固定资产折旧的业务，应作如下会计分录：

借：制造费用　　　　　　　　　　　　　　　　　　39 000
　　管理费用　　　　　　　　　　　　　　　　　　12 500
　　贷：累计折旧　　　　　　　　　　　　　　　　　51 500

通过上述分析的结果，财会人员应根据"固定资产折旧计算表"，编制转账凭证。

【例 18】12 月 31 日，计提本月短期借款利息。财会人员应编制"利息费用计提表"，如表 3-28 所示。

表 3-28 利息费用计提表

2009 年 12 月 31 日

项目	短期贷款	利率‰	本月应付利息
临时借款利息	500 000	10‰	5 000
合计	50 000		5 000

会计主管：李刚　　　审核：吴兵　　　制单：杨诚

短期借款利息属于财务费用，企业一般按季与银行结算，根据权责发生制原则，在季内的每个月企业都要负担这笔利息费用。这样一方面引起本期费用要素中的财务费用增加 5 000 元，应借记"财务费用"账户；另一方面引起负债要素中的应付利息也增加了 5 000 元，应贷记"应付利息"账户。因此，该笔经济业务应作如下会计分录：

借：财务费用　　　　　　　　　　　　　　　　5 000
　　贷：应付利息　　　　　　　　　　　　　　　　　5 000

根据上述分析结果，财会人员应根据"利息费用计提表"，填制转账凭证。

【例19】12 月 15 日，企业开出转账支票一张，支付生产车间汽车修理费 3 810 元。

根据上述经济业务进行分析，该笔经济业务发生后，引起企业资产和费用要素发生变化。一方面，使企业费用要素中的修理费用增加 3 810 元，应借记"制造费用"账户；另一方面，引起资产要素中的银行存款项目减少 3 810 元，应贷记"银行存款"账户。因此，该笔经济业务应作如下会计分录：

借：制造费用——修理费　　　　　　　　　　　3 810
　　贷：银行存款　　　　　　　　　　　　　　　　　3 810

根据上述分析结果，财会人员应根据"统一发票"和"转账支票存根"，填制银行存款付款凭证。

【例20】12 月 20 日，企业以银行存款支付下一年度报纸杂志费 4 800 元，取得"统一收据"企业的"转账支票存根"。

企业预订下一年度报纸杂志，该项费用虽在本期支付，但按权责发生制要求，不属于本期的费用支出，即使支付也不应做本期费用处理，故应先计入预付款项。根据上述原始凭证反映的经济内容进行分析，该项经济业务发生后，引起资产要素内部项目之间发生此增彼减的变化。一方面，使企业资产要素中的预付账款项目增加 4 800 元，应借记"预付账款"账户；另一方面，该笔业务引起了资产要素中的银行存款项目减少 4 800 元，应贷记"银行存款"账户。因此，该笔经济业务应作如下会计分录：

借：预付账款——报纸杂志费　　　　　　　　　4 800
　　贷：银行存款　　　　　　　　　　　　　　　　　4 800

根据上述分析结果，财会人员应根据"统一收据"和"转账支票存根"，填制银行存款付款凭证。

【例21】12 月 31 日，将应由本期负担、以前期间预付的财产保险费、报纸杂志费计入本期成本、费用。有关原始凭证如表 3-29 所示。

表 3-29　预付费用摊销表

2009 年 12 月 31 日

项目 部门	财产保险费	报纸杂志费	合计
生产车间	3 000	790	3 790
厂部管理部门	2 500	1 075	3 575
合计	5 500	1 865	7 365

根据上述原始凭证进行分析，该项经济业务发生后，引起费用要素和资产要素发生变化。一方面，报纸杂志费和财产保险费的发生使企业费用要素中的制造费用和管理费用分别增加了 3 790 元和 3 575 元，应借记"制造费用"和"管理费用"账户；另一方面，该款项已经预先支付，使企业资产要素中的预付账款减少了 7 365 元，应贷记"预付账款"账户。因此，该笔经济业务应作如下会计分录：

借：制造费用　　　　　　　　　　　　　　　　　　　3 790
　　管理费用　　　　　　　　　　　　　　　　　　　3 575
　　贷：预付账款　　　　　　　　　　　　　　　　　　　　7 365

根据上述分析结果，财会人员应根据"预付费用摊销表"，填制转账凭证。

【例 22】12 月 31 日，月末分配结转本月制造费用，财会人员根据"制造费用"明细账户的借方发生额 162 071.18 元以及有关生产工人工时统计资料计算后，填制"制造费用分配表"，如表 3-30 所示。

表 3-30　制造费用分配表

车间：生产车间　　　　　　2009 年 12 月 31 日

分配对象	分配标准 （生产工人工时）	分配率	分配金额
HB 车床	60 000	1.6207118	97 242.71
DE-10 车床	40 000	1.6207118	64 828.47
合计	100 000		162 071.18

会计主管：李刚　　　　审核：吴兵　　　制单：杨诚

制造费用是指企业的生产部门或车间为组织和管理生产所发生的间接费用。制造费用是产品生产成本的组成部分，平时发生的制造费用因无法分清应由哪一种产品负担，因此直接归集在"制造费用"账户的借方，期末时，再将本期"制造费用"账户借方所归集的制造费用总额，按照一定的标准（如生产工人工资比例、生产工人工时比例或机器工时比例），采用一定的分配方法，在各种产品之间进行分配，计算出某种产品应负担的制造费用，然后，再从"制造费用"账户的贷方转入"生产成本"账户的借方。表 3-30 所示的"制造费用分配表"表明，本月共发生制造费用 162 071.18 元，经分配后，HB 车床应负担 97 242.71 元，DE-10 车床应负担 64 828.47 元。这项经济业务发生后引起企业费用要素内部项目发生此增彼减的变化。一方面，使生产成本项目增加 162 071.18（其中 HB 车床 97 242.71 元，DE-10 车床 64 828.47 元），应借记"生产成本"账户；另一方面，使制造费用项目减少 162 071.18 元，应贷记"制造费用"账户。因此，该笔经济业务应作如下会计分录：

借：生产成本——HB 车床　　　　　　　　　　　　　　　97 242.71
　　　　　　——DE-10 车床　　　　　　　　　　　　　　64 828.47
　　贷：制造费用　　　　　　　　　　　　　　　　　　　　　　162 071.18

根据上述分析结果，财会人员应根据"制造费用分配表"，填制一张转账凭证。

【例 23】12 月 31 日，结转本月生产完工验收入库产品的生产成本。

生产成本是指企业为生产一定种类和数量的产品所发生的各项生产费用的总和，它是对象化的生产费用。它一般包括四个成本项目：直接材料费用、直接人工费用、其他直接费用和制造费用。企业日常为生产产品而发生的生产费用分别按上述成本项目归集在"生产成本明细账"中。月末，根据"生产成本明细账"归集的生产费用，结合有关统计资料，按照一定的成本计算方法，将某种产品归集的生产费用在完工产品和在产品之间进行分配，计算出完工产品的总成本和单位成本，编制"产品成本计算单"和"完工产品成本汇总表"，如表 3-31 至表 3-33 所示。

表 3-31　产品成本计算单

产品名称：HB 车床　　　　2009 年 12 月 31 日　　　　产量：175 台

项　　目	直接材料费用	直接人工费用	制造费用	合　　计
本月发生费用	735 000.00	488 289.36	97 242.71	1 320 532.07
合　　计	735 000.00	488 289.36	97 242.71	1 320 532.07

表 3-32　产品成本计算单

产品名称：DE-10 车床　　　　2009 年 12 月 31 日　　　　产量：140 台

项目	直接材料费用	直接人工费用	制造费用	合计
本月发生费用	825 000.00	316 010.28	64 828.47	1 205 838.75
合计	825 000.00	316 010.28	64 828.47	1 205 838.75

表 3-33　完工产品成本汇总表

2009 年 12 月 31 日

成本项目	HB 车床（175 台）总成本	单位成本	DE-10 车床（140 台）总成本	单位成本
直接材料	735 000.00	4 200.00	825 000.00	5 892.86
直接人工	488 289.36	2 790.22	316 010.28	2 257.22
制造费用	97 242.71	555.67	64 828.47	463.06
合　　计	1 320 532.07	7 545.89	1 205 838.75	8 613.14

根据上述原始凭证进行分析，该项经济业务发生后，引起费用要素和资产要素发生变化。一方面，引起资产要素中的库存商品项目增加了 2 526 370.82 元（其中 HB 车间为 1 320 532.07 元，DE-10 车床为 1 205 838.75 元），应借记"库存商品"账户；另一方面，引起费用要素中的生产成本项目减少了 2 526 370.82 元（其中 HB 车间为 1 320 532.07 元，DE-10 车床为 1 205 838.75 元），应贷记"生产成本"账户。因此，该笔经济业务应作如下会计分录：

借：库存商品——HB 车床　　　　　　　　　　　　　　　1 320 532.07
　　　　　　——DE-10 车床　　　　　　　　　　　　　　1 205 838.75

贷：生产成本——HB 车床　　　　　　　　　　　　1 320 532.07
　　　　　　　　——DE-10 车床　　　　　　　　　　　1 205 838.75
　　根据上述分析结果，财会人员应根据"产品成本计算单"和"完工产品成本汇总表"，填制一张转账凭证。
　　【随堂练习】20×9 年 3 月 1 日，甲公司收到一批订单，要求在本月底之前生产完成 A 产品和 B 产品各 200 件。甲公司如期完成任务，所有产品已于 3 月 31 日入库。本月其他资料如下：
　　（1）领用某种材料 5 000 千克，其中 A 产品耗用 3 000 千克，B 产品耗用 2 000 千克，该材料单价 100 元；
　　（2）生产 A 产品发生的直接生产人员工时为 4 000 小时，B 产品为 2 000 小时，每工时的标准工资为 10 元；
　　（3）生产车间发生管理人员工资 60 000 元、折旧费 20 000 元、水电费 10 000 元，共计 90 000 元。假定该车间本月仅生产了 A 和 B 两种产品，甲公司采用生产工人工时比例法对制造费用进行分配。要求：计算 A、B 产品成本并编制结转生产成本、产品完工入库的会计分录。

　　课后操作练习：根据上述业务填写收款凭证、付款凭证、转账凭证。

四、销售过程业务的核算

　　（一）销售过程业务的核算内容
　　销售过程是企业生产经营活动的最后阶段。企业通过产品销售，收回货币资金，以保证企业再生产的顺利进行。
　　企业的销售过程，就是将已验收入库的合格产品，按照销售合同规定的条件送交订货单位或组织发运，并按照销售价格和结算制度的规定，办理结算手续，及时收取价款、取得销售收入的过程。在销售过程中，企业一方面取得了销售收入，另一方面还会发生一些销售费用，如销售产品的运输费、装卸费、包装费和广告费等。还应当根据国家有关税法的规定，计算缴纳企业销售活动应负担的税金及附加。企业销售产品取得的收入，扣除因销售产品而发生的实际成本、企业销售活动应负担的税金及附加，即为企业的主营业务利润，这是企业营业利润的主要构成部分。除此之外，企业还可能发生一些其他经济业务，取得其他业务收入和发生其他业务成本。
　　因此，销售过程业务的核算内容，主要是确定和记录企业销售产品的收入，因销售产品而发生的实际成本、销售费用，计算企业销售活动应负担的税金及附加，以及主营业务利润或亏损情况；反映企业与购货单位所发生的货款结算关系；考核销售计划的执行情况；监督营业税金及附加的及时缴纳等。通过销售过程业务的核算，促使企业努力增加收入、节约费用，实现尽可能多的营业利润。
　　（二）销售过程业务核算的账户设置
　　1."主营业务收入"账户
　　"主营业务收入"账户，用来核算企业在销售产品、提供劳务及让渡资产使用权等日常活动中所发生的收入。该账户是损益类账户，贷方登记企业销售产品（包括产成品、自制半成品等）、提供劳务或让渡资产使用权所实现的收入；借方登记发生的销售退回和转入"本年利润"账户的收入；期末将本账户的余额结转后，该账户应无余额。"主营业务收入"账户应按主营业务的种类设置明细账户，进行明细分类核算。

2．"主营业务成本"账户

"主营业务成本"账户，用来核算企业因销售产品、提供劳务或让渡资产使用权等日常活动而发生的实际成本。该账户是损益类账户，借方结转已售产品、提供的各种劳务等的实际成本；贷方登记当月发生销售退回的产品成本（未直接从本月销售成本中扣减的销售退回的成本）和期末转入"本年利润"账户的当期销售产品成本，期末结转后该账户应无余额。该账户应按照主营业务的种类设置明细账户，进行明细分类核算。

3．"销售费用"账户

"销售费用"账户，用来核算企业在销售产品过程中所发生的费用，包括运输费、装卸费、包装费、保险费、展览费和广告费，以及为销售产品而专设的销售机构（含销售网点、售后服务网点等）的职工工资及福利费，类似工资性质的费用、业务费等经营费用。该账户是损益类账户，借方登记发生的各种销售费用；贷方登记转入"本年利润"账户的销售费用；期末结转后该账户应无余额。该账户应按照费用项目设置明细账户，进行明细分类核算。

4．"营业税金及附加"账户

"营业税金及附加"账户，用来核算企业日常活动应负担的税金及附加，包括营业税、消费税、城市维护建设税、资源费、土地增值税和教育费附加等。该账户是损益类账户，借方登记按照规定计算的应由主营业务负担的税金及附加；贷方登记企业收到的先征后返的消费税、营业税等应计入本科目的各种税金，以及期末转入"本年利润"账户的营业税金及附加；期末结转后本账户应无余额。

5．"应收账款"账户

"应收账款"账户，用来核算企业因销售产品、提供劳务等，应向购货单位或接受劳务单位收取的款项。该账户是资产类账户，借方登记经营收入发生的应收款以及代购货单位垫付的包装费、运杂费等；贷方登记实际收到的应收款项；月末借方余额表示应收但尚未收回的款项。该账户应按照债务人、购货单位或接受劳务单位设置明细账户，进行明细分类核算。

6．"其他业务收入"账户

"其他业务收入"账户，用来核算企业其他业务所取得的收入。该账户是损益类账户，贷方登记企业获得的其他业务收入；借方登记期末结转到"本年利润"账户的已实现的其他业务收入；期末结转后，该账户应无余额。该账户应按其他业务的种类设置明细账户，进行明细分类核算。

7．"其他业务成本"账户

"其他业务成本"账户，用来核算企业其他业务所发生的各项支出，包括为获得其他业务收入而发生的相关成本、费用以及税金等。该账户是损益类账户，借方登记其他业务所发生各项支出；贷方登记期末结转到"本年利润"账户的其他业务支出数额；期末结转以后，该账户应无余额。该账户应按其他业务的种类设置明细账户，进行明细分类核算。

（三）销售过程业务的总分类核算

【例24】12月2日，企业采用托收承付结算方式出售产品，产品已通过铁路托运，并开出转账支票一张垫付运杂费1 450元，已向银行办妥托运手续，取得"增值税专用发票"，发票注明价款500 000元，增值税8 500元。

根据上述经济业务进行分析，该笔经济业务包括两方面内容。首先，企业开出转账支票垫付铁路运杂费 1 450 元，引起企业资产要素内部项目发生此增彼减的变化。一方面，垫付的运杂费应向购货方收回，引起资产要素中的应收账款项目增加了 1 450 元，应借记"应收账款"账户；另一方面，引起企业资产要素中的银行存款项目减少了 1 450 元，应贷记"银行存款"账户。因此，应作如下一笔会计分录：

借：应收账款 ——红枫发电厂　　　　　　　　　　1 450
　　贷：银行存款　　　　　　　　　　　　　　　　1 450

其次，企业发出产品，开出发票，并办妥托收手续，取得"托收承付结算凭证"，表明企业产品销售行为已经发生，且取得了收取货款的权利。因此，引起企业资产要素与收入要素、负债要素发生变化。一方面，引起企业资产要素中应收账款项目增加了 585 000 元，应借记"应收账款"账户；另一方面，实现产品销售收入 500 000 元，使收入要素中的主营业务收入项目增加，应贷记"主营业务收入"账户，同时，使负债要素中的应交税费项目增加 85 000 元，应贷记"应交税费——应交增值税（销项税额）"账户。因此，该笔经济业务应作如下会计分录：

借：应收账款——红枫发电厂　　　　　　　　　　585 000
　　贷：主营业务收入　　　　　　　　　　　　　　500 000
　　　　应交税费——应交增值费（销项税额）　　　85 000

通过上述分析结果，财会人员应根据"转账支票存根"和"铁路局运杂费专用发票"，填制银行存款付款凭证，同时，根据"增值税专用发票"第四联和"托收承付凭证"回单填制转账凭证。

【例25】12 月 3 日，企业采用提货制销售 DE—10 车床一批，销售科业务员开出增值税专用发票，注明价款 600000 元，增值税 10200 元。购货方采购员持发票到财务科办理货款结算，财会人员收取支票后，当日填写进账单送存银行。

根据上述经济业务分析，该笔经济业务发生后引起资产、收入及负债三个要素发生变化。一方面，使企业资产要素中的银行存款项目增加了 702 000 元，应借记"银行存款"账户；另一方面，使企业收入要素中的主营业务收入项目增加了 600 000 元，使负债要素中的应交税费项目增加了 102 000 元，应贷记"主营业务收入"账户和"应交税费——应交增值税（销项税额）"账户。

因此，这笔经济业务编制如下会计分录：

借：银行存款　　　　　702 000
　　贷：主营业务收入　　　　　　600 000
　　　　应交税费——应交增值税（销项税额）　102 000

根据上述分析结果，财会人员应根据"增值税专用发票"第四联、"转账支票"存根和"中国工商银行进账单"第三联为依据，填制银行存款收款凭证。

【例26】12 月 18 日，企业收到银行送来的收账通知，红枫发电厂本月拖欠货款 586 450 元已经入账。

根据上述经济业务进行分析，该笔经济业务发生后，引起资产要素内部有关项目发生此增彼减的变化，一方面，使企业资产要素中的银行存款项目增加 586 450 元，应借记"银行存款"账户；另一方面，原托收的销售给红枫发电厂的货款已经收回，使资产要素中的应收账款项目减少 586 450 元，应贷记"应收账款"账户。因此，该笔经济业务应编制如下会计分录：

借：银行存款　　　　　　　　　　　　　　　　　　　　　586 450
　　贷：应收账款——红枫发电厂　　　　　　　　　　　　　586 450

根据上述分析结果，财会人员应根据"收账通知"，填制一张银行存款收款凭证。

【随堂训练】甲公司采用托收承付结算方式向乙公司销售一批商品，开具的增值税专用发票上记载的价款为 200 000 元，增值税额 34 000 元，已办理托收手续，三天后，接银行通知，收到该款项。要求：编制相关会计分录。

【例27】12月25日，开出转账支票，支付电视台广告费 1 900 元，取得"广告业专用发票"和"转账支票存根"。

根据上述经济业务分析，该项经济业务发生后，引起企业费用要素和资产要素发生变化。一方面，引起企业费用要素中的销售费用增加了 1 900 元，应借记"销售费用"账户；另一方面，引起企业资产要素中的银行存款项目减少了 1 900 元，应贷记"银行存款"账户。因此，该笔经济业务应作如下会计分录：

借：销售费用——广告费　　　　　　　　　　　　　　　　1 900
　　贷：银行存款　　　　　　　　　　　　　　　　　　　　1 900

根据上述分析结果，财会人员应根据"广告业专用发票"和"转账支票存根"，填制银行存款付款凭证。

【例28】12月31日，计算应交城市维护建设税和教育费附加。

财会人员根据"应交税费"账户中"应交增值税"、"应交营业税"和"应交销费税"三个明细账户记录的本期实际交纳的上述三项税金的合计数，按税法的有关规定，计算应交城市维护建设税和教育费附加。其中，城市维护建设税的税率为 7%，教育费附加的征收税率为 3%。其计算公式为：

应交城市维护建设税=（应交增值税+应交营业税+应交消费税）×7%

应交教育费附加=（应交增值税+应交营业税+应交消费税）×3%

根据上述计算过程填制"城市维护建设税和教育费附加计算表"如下：

计税依据	城市维护建设税			教育费附加		
	计税金额	提取比例	提取额	计税金额	提取比例	提取额
增值税	133 620	7%	9 353.4	133 620	3%	4 008.6
营业税	——	7%	——	——	3%	——
消费税	——	7%	——	——	3%	——
合计	133 620	7%	9 353.4	133 620	3%	4 008.6

根据上述原始凭证进行分析，该笔经济业务发生后，引起企业费用要素和负债要素发生变化。一方面，引起企业费用要素中的营业税金及附加项目增加了 13 362.00 元，应借记"营业税金及附加"账户；另一方面，引起企业负债要素中的应交税费项目中的城建税和教育费附加分别增加了 9 353.40 元和 4 008.60 元，应分别贷记"应交税费—应交城市维护建设税"、"应交教育费附加"账户。因此，该笔经济业务应作如下会计分录：

借：营业税金及附加　　　　　　　　　　　　　　13 362.00
　　　　贷：应交税费——应交城市维护建设税　　　　　　9 353.40
　　　　　　　　　　——应交教育费附加　　　　　　　　4 008.60

根据上述分析结果，财会人员应根据"城市维护建设税和教育费附加计算表"，填制一张转账凭证。

【随堂训练】20×9 年 8 月，甲管理咨询公司本月的营业收入为 3 000 000 元，适用的营业税率为 5%，城市维护建设税率为 7%，教育费附加率为 3%。9 月 7 日，甲公司通过银行转账的方式缴纳了 8 月份的营业税、城市维护建设税和教育费附加。不考虑其他税费，编制计算结转及缴纳税金的会计分录。

【例 29】12 月 31 日，结转本月销售产品的销售成本。根据"库存商品明细账"的记录和有关"产品出库单"（如表 3-34 和表 3-35 所示），编制"主营业务成本计算单"。

表 3-34　产品出库单

用途：销售　　　　　　　　　2009 年 12 月 2 日

类别	编号	名称及规格	计量单位	数量	单位成本	总成本
车床	250002	HB 车床	台	50	7545.89	377294.50
合计				50	7545.89	377294.50

记账：　　　保管：　　　检验：　　　制单：

表 3-35　产品出库单

用途：销售　　　　　　　　　2009 年 12 月 2 日

类别	编号	名称及规格	计量单位	数量	单位成本	总成本
车床	250001	DE-10 车床	台	50	8613.14	430657.00
合计				50	8613.14	430657.00

记账：　　　保管：　　　检验：　　　制单：

根据上述原始凭证进行分析，该笔经济业务发生后引起费用和资产费用发生变化。一方面，引起费用要素中的主营业务成本项目增加了 807 951.50 元（其中 HB 车床 377 294.50 元，DE-10 车床 430 657 元），应借记"主营业务成本"账户；另一方面，引起资产要素中的库存商品项目减少 807 951.50 元（其中 HB 车床 377 294.50 元，DE-10 车床 430 657 元），应贷记"库存商品"账户。因此，该笔经济业务应作如下会计分录：

　　借：主营业务成本——HB 车床　　　　　　　　　377 294.50
　　　　　　　　　　——DE-10 车库　　　　　　　　430 657.00
　　　　贷：库存商品——HB 车库　　　　　　　　　　　377 294.50
　　　　　　　　　　——DE-10 车库　　　　　　　　　430 657.00

按照上述分析结果，财会人员应根据"产品出库单"和"主营业务成本计算单"填制一张转账凭证。

【例 30】12 月 10 日，出售不需用的甲材料 100 千克，开出增值税专用发票一张，售价

10 000 元，增值税 1 700 元，款项已收取，存入银行，该批材料的成本为 9 000 元。

根据上述经济业务进行分析，该笔经济业务发生后，一方面，引起了企业资产、收入和负债要素发生变化。使资产要素中的银行存款增加了 11 700 元，应借记"银行存款"账户；使企业收入要素中的其他业务收入增加了 10 000 元，应贷记"其他业务收入"账户；负债要素中的应交税费项目增加了 1 700 元，应贷记"应交税费——应交增值税（销项税额）"账户。另一方面，引起了企业资产、费用要素发生变化，使企业费用要素中的其他业务成本增加了 9 000 元，应借记"其他业务成本"账户；使资产要素中的原材料减少了 9 000 元，应贷记"原材料"账户。因此，该笔经济业务应作如下会计分录：

借：银行存款　　　　　　　　　　　　　　　　　11 700
　　贷：其他业务收入　　　　　　　　　　　　　　10 000
　　　　应交税费——应交增值税（销项税额）　　　 1 700
同时，
借：其他业务成本　　　　　　　　　　　　　　　　9 000
　　贷：原材料—甲材料　　　　　　　　　　　　　　9 000

根据上述分析结果，财会人员应根据上述原始凭证，编制收款凭证和转账凭证。

课后操作练习：根据上述业务填写收款凭证、付款凭证、转账凭证。

五、财务成果业务的核算

（一）财务成果业务的核算内容

企业的财务成果，是指企业的净利润（或净亏损），是衡量企业经营管理的主要综合性指标。财务成果核算的一个重要任务，就是正确计算企业在一定会计期间内的盈亏，而正确计算盈亏的关键在于正确计算每一个会计期间的盈亏。企业的收入，广义地讲不仅包括营业收入，还包括营业外收入、投资收益和计入当期损益的公允价值变动净收益；企业的费用，广义地讲不仅包括为取得营业收入而发生的各种耗费，还包括营业外支出、所得税费用和资产减值损失。因此，企业在一定会计期间的净利润（或净亏损）是由以下几个部分构成的，其关系式为

净利润=利润总额−所得税费用

利润总额=营业利润+营业外收入−营业外支出

营业利润=营业收入−营业成本−营业税金及附加−销售费用−管理费用−财务费用

−资产减值损失+（−）公允价值变动收益（损失）+（−）投资收益（损失）

营业收入=主营业务收入+其他业务收入

营业成本=主营业务成本+其他业务成本

企业实现的净利润，要按照国家有关规定进行分配，提取盈余公积金、向投资者分配利润、弥补损亏等。

因此，确定企业实现的净利润和对净利润进行分配，构成了企业财务成果业务核算的主要内容。

（二）财务成果业务核算的账户设置

1．"本年利润"账户

"本年利润"账户，用来核算企业实现的净利润（或发生的净亏损）。该账户是所有者权益类账户，贷方登记期末从"主营业务收入"、"其他业务收入"、"营业外收入"以及"投资收益"（投资净收益）等账户转入的数额；借方登记期末从"主营业务成本"、"营业税金及附加"、

"其他业务成本"、"销售费用"、"管理费用"、"财务费用"、"营业外支出"、"所得税费用"以及"投资收益"（投资净损失）等账户转入的数额。年度终了，应将本年收入和支出相抵后结出本年实现的净利润，转入"利润分配"账户，贷记"利润分配——未分配利润"；如为净亏损，作相反的会计分录；结转后，该账户应无余额。

2. "投资收益"账户

"投资收益"账户，用来核算企业对外投资取得的收益或发生的损失。该账户是损益类账户，贷方登记取得的投资收益或期末投资净损失的转出数；借方登记发生的投资损失和期末投资净收益的转出数；期末结转后，该账户应无余额。该账户应按照投资收益的种类设置明细账户，进行明细分类核算。

3. "营业外收入"账户

"营业外收入"账户，用来核算企业发生的与企业生产经营无直接关系的各项收入，主要包括非流动资产处置收入、非货币性资产交换收入、债务重组收入、政府补助、盘盈收入、捐赠收入等。该账户是损益类账户，贷方登记企业发生的各项非营业收入；借方登记期末转入"本年利润"账户的营业外收入数；期末结转后，该账户应无余额。该账户按照收入项目设置明细账户，进行明细分类核算。

4. "营业外支出"账户

"营业外支出"账户，用来核算企业发生的与企业生产经营无直接关系的各项支出，包括非流动资产处置损失、非货币性资产交换损失、债务重组损失、公益性捐赠支出、非常损失、盘亏损失等。该账户是损益类账户，借方登记企业发生的各项额外支出；贷方登记期末转入"本年利润"账户的营业外支出；期末结转后该账户应无余额。该账户应按照支出项目设置明细账户，进行明细分类核算。

5. "所得税费用"账户

"所得税费用"账户，用来核算企业确认的应当从当期利润总额中扣除的所得税费用。该账户是损益类账户，借方登记企业按税法规定的应纳税所得额计算的应纳税所得税额；贷方登记企业会计期末转入"本年利润"账户的所得税税额；结转后该账户应无余额。该账户可按"当期所得税费用"、"递延所得税费用"设置明细账户，进行明细分类核算。

6. "利润分配"账户

"利润分配"账户，用来核算企业利润的分配（或亏损的弥补）和历年分配（或弥补）后的积存余额。该账户是所有者权益类账户，借方登记按规定实际分配的利润数，或年终时从"本年利润"账户的贷方转来的全年亏损总额；贷方登记年终时从"本年利润"账户借方转来的全年实现的净利润总额；年终贷方余额表示历年积存的未分配利润，如为借方余额，则表示历年积存的未弥补亏损。该账户应按利润分配的具体项目设置明细账户，进行明细分类核算。

7. "应付股利"账户

"应付股利"账户，用来核算企业经董事会或股东大会或类似机构决议确定分配的现金股利或利润。该账户是负债类账户，贷方登记根据通过的股利或利润分配方案，应支付的现金股利或利润；借方登记实际支付数。期末贷方余额表示企业尚未支付的现金股利或利润数。该账户应按照股东或投资者的名称设置明细账户，进行明细分类核算。

8. "盈余公积"账户

"盈余公积"账户，是用来核算企业从净利润中提取的盈余公积金的增减变动及其结余情况的账户。该账户是所有者权益类账户，贷方登记从净利润中提取的盈余公积金；借方登记盈余公积金的使用,如转增资本、弥补亏损等;期末贷方余额,表示企业结余的盈余公积金的数额。该账户应分别按"法定盈余公积"、"任意盈余公积"设置明细账户,进行明细分类核算。

(三)财务成果业务的总分类核算

【例31】 12月8日,采购员张伟报销差旅费3850元,原借款4000元,余额150元退回现金。

根据上述经济业务进行分析,该笔经济业务发生后,引起费用要素和资产要素之间以及资产要素内部发生变动。一方面,使企业费用要素中的管理费用增加了3850元,应借记"管理费用"账户,同时收回现金150元,使资产要素中的库存现金项目增加150元,应借记"库存现金"账户;另一方面,采购员张伟借支的差旅费4000元应予以核销,使资产要素中的其他应收款项目减少4000元,应贷记"其他应收款"账户,因此,该笔经济业务应编制如下会计分录:

借:管理费用——差旅费　　3 850
　　库存现金　　　　　　　　150
　　贷:其他应收款——张伟　　　　4 000

根据上述分析结果,财会人员应根据"差旅费报销单",填制一张转账凭证,同时应根据"统一收据"第二联,填制一张库存现金收款凭证。

【例32】 12月10日,财务科购买打印纸2箱,价款总计300元,以现金支付,取得"工商企业统一发票"一张。

根据上述经济业务进行分析,该笔经济业务发生后,引起资产要素和费用要素发生变化。一方面,引起企业费用要素中的管理费用项目增加300元,应借记"管理费用"账户;另一方面,引起资产要素中的库存现金项目减少300元,应贷记"库存现金"账户。因此,该笔经济业务应作如下会计分录:

借:管理费用　　　　　　　　300
　　贷:库存现金　　　　　　　　300

按照上述分析结果,财会人员应根据"工商企业统一发票",填制库存现金付款凭证。

【例33】 12月26日,收到现金1 000元,该款系对职工的罚款。填制"现金收据"一张,如表3-36所示。

表3-36　现金收据

2009年12月26日

今收到后勤王红	备注
人民币壹仟元整　　　¥1 000.00	
该款系对职工王红的　罚款	
单位盖章:　阳光电子实业有限公司　　　经手人:刘兰	

根据上述原始凭证进行分析,该笔经济业务发生后,引起了企业资产要素和收入要素发生变化。一方面使资产要素中的库存现金项目增加了1 000元,应借记"库存现金"账户;另一方面,引起收入要素中的营业外收入项目也增加了1 000元,应贷记"营业外收入"账户。因此该笔经济业务应作如下会计分录:

借:库存现金　　　　　　　　1 000.00
　　贷:营业外收入　　　　　　　　1 000.00

根据上述分析结果，财会人员应根据"现金收据"，编制收款凭证。

【例34】12月27日，开出转账支票一张，捐赠给市福利院50 000元。

根据上述经济业务进行分析，该笔经济业务发生后，引起了企业费用要素和资产要素发生变化。一方面，使费用要素中的营业外支出项目增加50 000元，应借记"营业外支出"账户；另一方面，引起资产要素中的银行存款项目减少了50 000元，应贷记"银行存款"账户。因此，该笔经济业务应作如下会计分录：

  借：营业外支出   50 000.00
    贷：银行存款   50 000.00

根据上述分析结果，财会人员应编制付款凭证。

【例35】12月30日，根据投资协议，从联营单位分来投资利润50 000元已入账。

根据上述经济业务进行分析，该笔经济业务发生后，引起资产要素和收入要素发生变化。一方面，使资产要素中的银行存款增加50 000元，应借记"银行存款"账户；另一方面，使收入要素中的投资收益增加50 000元，应贷记"投资收益"账户。因此，该笔经济业务应作如下会计分录：

  借：银行存款   50 000
    贷：投资收益   50 000

根据上述分析结果，财会人员应根据"收据"和"进账单"，编制收款凭证。

【随堂训练】某公司销售部和行政部8月份共发生费用350 000元。其中，销售人员薪酬150 000元，销售部专用办公设备折旧费60 000元；行政人员薪酬80 000元，行政部专用办公设备折旧费25 000元，报销行政人员差旅费15 000元（假定报销人未预借差旅费），发生业务招待费20 000元（以银行存款支付）。要求：编制会计分录。

【例36】12月31日，结转本月实现的主营业务收入1 100 000元、其他业务收入10 000元、营业外收入1 000元和投资收益50 000元。

根据上述经济业务进行分析，该笔经济业务发生后，引起了企业收入要素和所有者权益要素发生变化。一方面，使收入要素中的主营业务收入、其他业务收入、营业外收入和投资收益项目减少了1 161 000元，应借记"主营业务收入"、"其他业务收入"、"营业外收入"和"投资收益"账户；另一方面，引起所有者权益要素中的本年利润项目增加了1 161 000元，应贷记"本年利润"账户。因此，该笔经济业务应作如下会计分录：

  借：主营业务收入   1 100 000.00
    其他业务收入   10 000.00
    营业外收入   1 000.00
    投资收益   50 000.00
    贷：本年利润   1 161 000.00

根据上述分析结果，财会人员应根据"内部转账单"，编制转账凭证。

【例37】12月31日，结转本月主营业务成本807 951.50元、营业税金及附加13 362.00元、其他业务成本9 000元、营业外支出50 000元、管理费用108 746.98元、财务费用5 000元、销售费用1 900元。

根据上述经济业务进行分析，该笔经济业务发生后，引起了企业费用要素和所有者权益要素发生变化。一方面，使所有者权益要素中的"本年利润"项目减少了 995 960.48 元，应借记"本年利润"账户；另一方面，引起费用要素中的主营业务成本减少了 807 951.50 元、营业税金及附加减少了 13 362.00 元、其他业务成本减少了 9 000.00 元、营业外支出减少了 50 000.00 元、管理费用减少了 108 746.98 元、财务费用减少了 5 000.00 元、销售费用减少了 1 900.00 元，应贷记"主营业务成本"、"营业税金及附加"、"其他业务成本"、"营业外支出"、"管理费用"、"财务费用"、"销售费用"账户。因此，该笔经济业务应作如下会计分录：

借：本年利润   995 960.48
　　贷：主营业务成本   807 951.50
　　　　营业税金及附加   13 362.00
　　　　其他业务成本   9 000.00
　　　　营业外支出   50 000.00
　　　　管理费用   108 746.98
　　　　财务费用   5 000.00
　　　　销售费用   1 900.00

根据上述分析结果，财会人员应根据"内部转账单"，编制转账凭证。

【例38】 12 月 31 日，按本月实际利润的 25%计算本月应交所得税 41 259.88 元。

财会人员根据"本年利润"账户记录的利润总额，按税法有关规定，计算本期应交所得税。其计算公式为：

$$企业所得税=应纳税所得额 \times 适用税率$$
$$=165\ 039.52 \times 25\%=41\ 259.88（元）$$

根据上述经济业务进行分析，该笔经济业务发生后，引起了企业费用要素和负债要素发生变化。一方面，使费用要素中的所得税费用项目增加了 41 259.88 元，应借记"所得税费用"账户；另一方面，引起负债要素中的应交税费项目也增加了 41 259.88 元，应贷记"应交税费——应交所得税"账户。因此，该笔经济业务应作如下会计分录：

借：所得税费用   41 259.88
　　贷：应交税费——应交所得税   41 259.88

根据上述分析结果，财会人员应根据"所得税计算表"，编制转账凭证。

【例39】 12 月 31 日，月末将"所得税费用"转入"本年利润"账户。

根据上述原始凭证进行分析，该笔经济业务发生后，引起了企业费用要素和所有者权益要素发生变化。一方面，使所有者权益要素中的"本年利润"项目减少了 41 259.88 元，应借记"本年利润"账户；另一方面，引起费用要素中的所得税费减少了 41 259.88 元，应贷记"所得税费用"账户。因此，该笔经济业务应作如下会计分录：

借：本年利润   41 259.88
　　贷：所得税费用   41 259.88

根据上述分析结果，财会人员应根据"内部转账单"，编制转账凭证。

【例40】 12 月 31 日，企业按本年实现的税后利润 123 779.64 的 10%，计算提取法定盈余公积金 12 377.96 元。

财会人员根据本年实现的净利润，按国家会计准则有关规定及董事会决议，计算分配利润，其中按税后利润的 10%计提法定盈余公积金。

根据上述原始凭证进行分析，该笔经济业务发生后，一方面，使公司利润分配项目增加了 12 377.96 元，应借记"利润分配"账户；另一方面，使公司盈余公积项目增加了 12 377.96 元，应贷记"盈余公积"账户。因此，该笔经济业务应作如下会计分录：

借：利润分配　　　　　　　　　　　　　　　　　12 377.96
　　贷：盈余公积——法定盈余公积金　　　　　　　　　　　12 377.96

根据上述分析结果，财会人员应根据"利润分配计算表"，编制转账凭证。

【例 41】12 月 31 日，将本期实现的净利润 123 779.64 转入"利润分配——未分配利润"账户。

根据上述经济业务进行分析，该笔经济业务发生后，一方面，为了结转"本年利润"账户，使公司本年利润账户贷方减少了 123 779.64 元，应借记"本年利润"账户；另一方面，使公司的"利润分配——未分配利润"增加了 123 779.64 元，应贷记"利润分配——未分配利润"账户。因此，该笔经济业务应作如下会计分录：

借：本年利润　　　　　　　　　　　　　　　　　123 779.64
　　贷：利润分配——未分配利润　　　　　　　　　　　　　123 779.64

根据上述分析结果，财会人员应根据"净利润计算表"，编制转账凭证。

【例 42】12 月 31 日，按税后利润的 40%，计算提取应付投资者利润 49 511.86 元。

根据上述经济业务进行分析，该笔经济业务发生后，一方面，使公司利润分配项目增加了 49 511.86 元，应借记"利润分配"账户；另一方面，使公司应付股利项目增加了 49 511.86 元，应贷记"应付股利"账户。因此，该笔经济业务应作如下会计分录：

借：利润分配　　　　　　　　　　　　　　　　　49 511.86
　　贷：应付股利　　　　　　　　　　　　　　　　　　　　49 511.86

根据上述分析结果，财会人员应根据"利润分配计算表"，编制转账凭证。

课后操作：根据上述业务，填制收款、付款和转账凭证。

小结

记账凭证的识别、填写与审核	会计要素与会计等式	资产　负债　所有者权益　收入　费用　利润　经济业务对会计等式的影响
	会计科目与账户	常用会计科目　会计科目分类　账户的结构
	借贷记账	记账符号　账户设置及结构　记账规则　试算平衡
	填制记账凭证	记账凭证的种类　基本内容　填制要求
	企业基本会计事项与会计凭证的应用	资金筹集业务　采购业务　生产业务　销售业务　财务成果等基本会计事项的处理

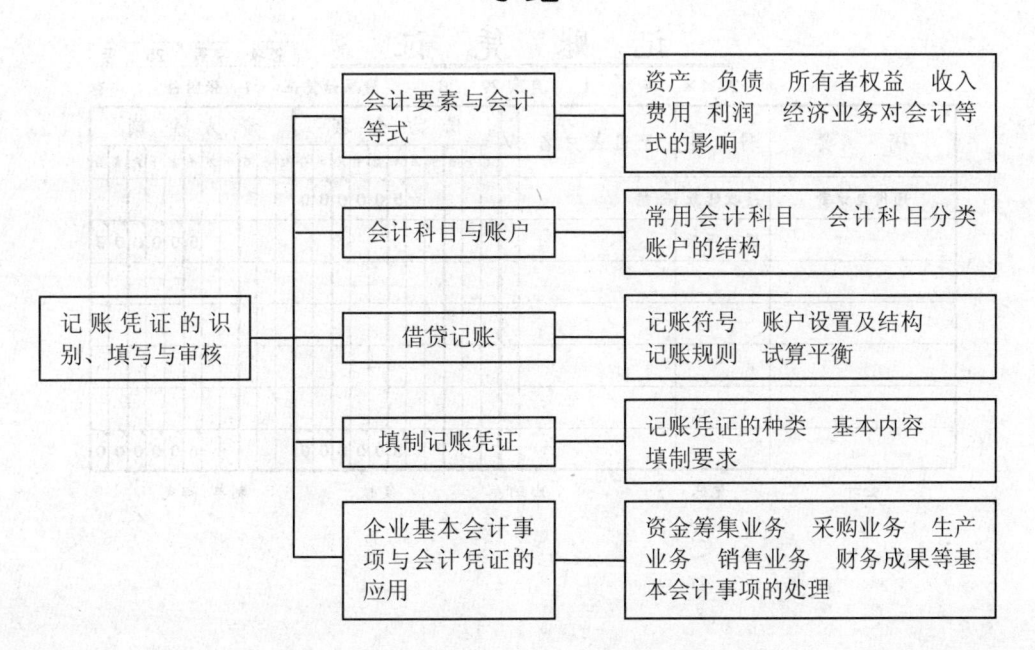

习题及实训

一、操作训练

目的：会正确审核记账凭证。

资料：下列记账凭证来自某些单位。

要求：指出下列记账凭证存在的错误。

1.

记账凭证

银收字第 05 号
20×× 年 1 月 28 日　附原始凭证 1 张附件　　张

摘要	科目	子目或户名	√	借方金额 亿千百十万千百十元角分	贷方金额 亿千百十万千百十元角分
支付货款	银行存款			8 0 0 0 0 0 0	
	应收账款	宏盛公司			8 0 0 0 0 0 0
				8 0 0 0 0 0 0	8 0 0 0 0 0 0

会计　　记账　　出纳　　复核　　制单 郑爽

2.

记账凭证

银收字第 25 号
20×× 年 1 月 29 日　附原始凭证 1 张附件　　张

摘要	科目	子目或户名	√	借方金额 亿千百十万千百十元角分	贷方金额 亿千百十万千百十元角分
预备差旅费	应收账款	陈想		5 0 0 0 0 0	
	银行存款				5 0 0 0 0 0
				5 0 0 0 0 0	6 0 0 0 0 0

会计　　记账　　出纳　　复核　　制单 郑爽

3.

摘要	科目	子目或户名	√	借方金额 化千百十万千百十元角分	贷方金额 化千百十万千百十元角分
生产甲产品领用材料	制造费用	机物料消耗		1200000	
	原材料				1200000
				¥1200000	¥1200000

记账凭证 付字第 20 号 20××年 2 月 6 日 附原始凭证 张 附件 张
会计　　记账　　出纳　　复核　　制单 郑爽

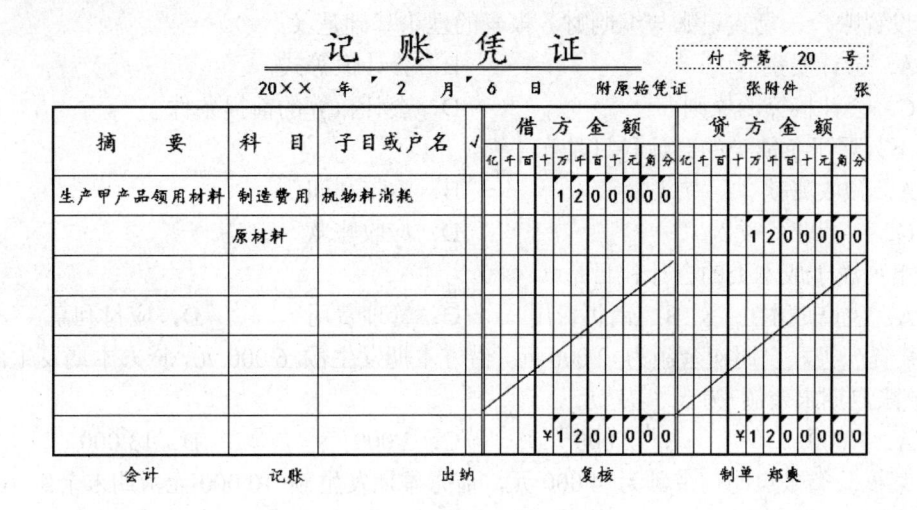

4.

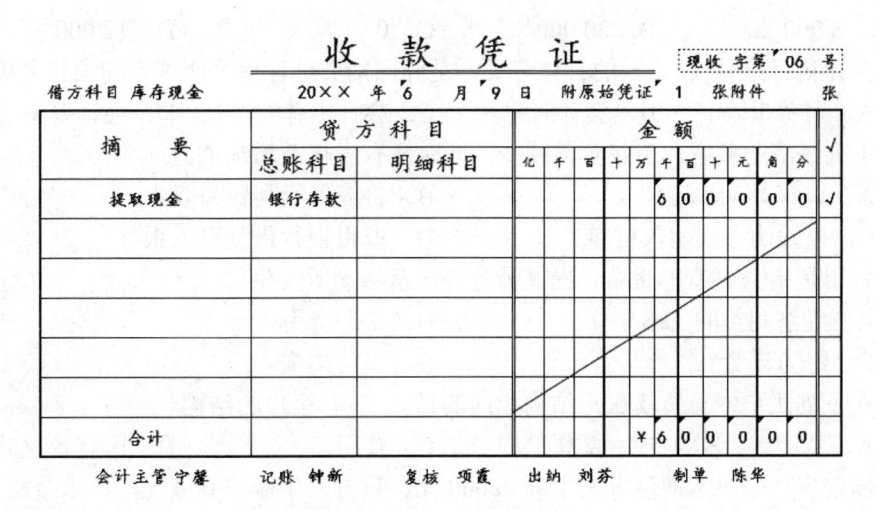

收款凭证 现收字第 06 号 借方科目 库存现金　20××年 6 月 9 日 附原始凭证 1 张 附件 张

摘要	贷方科目 总账科目	明细科目	金额 化千百十万千百十元角分	√
提取现金	银行存款		600000	√
合计			¥600000	

会计主管 宁馨　记账 钟新　复核 项霞　出纳 刘芬　制单 陈华

二、习题

（一）单项选择

1. 现金、应收账款、存货、机器设备属于企业会计要素中（　）要素。
   A. 资产　　　　B. 负债　　　　C. 所有者权益　　　D. 费用

2. 下列项目中属于负债内容的是（　）。
   A. 预付账款　　B. 预收账款　　C. 实收资本　　　　D. 投资收益

3. 以下经济业务中不影响会计等式的总金额变化的有（　）。
   A. 以银行存款支付应交税金　　　B. 向银行借款存入银行存款户
   C. 收到投资者投入的资金　　　　D. 收回某单位前欠的货款，存入银行

4. 下列会计等式错误的是（　）。
   A. 资产=负债+所有者权益
   B. 收入−费用=利润
   C. 资产+费用=负债+所有者权益+收入

D．资产=负债+所有者权益+收入+费用
5．设置账户、复式记账与编制财务报表的理论基础是（　　）。
   A．会计要素　　　　　　　　B．会计恒等式
   C．会计核算的原则　　　　　D．会计核算的前提条件
6．下列属于负债类的会计科目是（　　）。
   A．预收账款　　　　　　　　B．本年利润
   C．主营业务收入　　　　　　D．应收账款
7．下列属于成本类的会计科目是（　　）。
   A．生产成本　　B．销售费用　　C．管理费用　　D．应付利息
8．某资产类账户期初余额为 2 000 元，借方本期发生额 6 000 元，贷方本期发生额 5 000 元，则该账户期末余额 为（　　）元。
   A．1 000　　　B．2 000　　　C．3 000　　　D．13 000
9．某权益类账户期初余额为 4 000 元，借方本期发生额 10 000 元，期末余额 6 000 元，则该账户贷方本期发生额为（　　）元。
   A．8 000　　　B．20 000　　　C．0　　　D．12 000
10．会计科目是对（　　）的具体分类，是分门别类进行核算所规定的项目名称。
    A．财务报表　　B．会计对象　　C．会计主体　　D．会计要素
11．下列经济业务中，引起负债减少，同时所有者权益增加的有（　　）。
    A．以银行存款还欠款　　　　B．将应付股利转为股本
    C．以赊购方式购入材料　　　D．取得银行借款存入银行
12．费用是指企业销售商品、提供劳务等日常活动所发生的（　　）。
    A．经济利益的流出　　　　　B．生产费用
    C．财力耗费　　　　　　　　D．经济损失
13．在下列账户中与负债账户结构相同的是（　　）账户的结构。
    A．资产　　　B．成本　　　C．费用　　　D．所有者权益
14．固定资产账户本期借方发生额 6 000 元，贷方发生额 5 000 元，期末余额 9 000 元，则期初余额（　　）元。
    A．10 000　　B．8 000　　　C．2 000　　　D．1 000
15．"应付账款"账户期初贷方余额 85 000 元，本期借方发生额 18 000 元，期末余额 99 000 元，则本期贷方发生额（　　）元。
    A．18 000　　B．32 000　　　C．117 000　　D．166 000
16．在借贷记账法中，账户的哪一方记增加数，哪一方记减少数，是由（　　）决定的。
    A．记账规则　　B．账户的性质　　C．业务性质　　D．账户的结构
17．用转账支票支付前欠货款，应填制（　　）。
    A．转账凭证　　B．收款凭证　　C．付款凭证　　D．原始凭证
18．记账凭证的填制是由（　　）完成的。
    A．出纳人员　　B．会计人员　　C．经办人员　　D．主管人员
19．从银行提取现金，该项业务应填制的记账凭证是（　　）。
    A．付款凭证　　B．收款凭证　　C．转账凭证　　D．以上都不是
20．记账凭证和所附原始凭证的金额（　　）。

A. 二者可能相等　　　　　　　B. 二者可能不相等
C. 二者一定不相等　　　　　　D. 二者必须相等

21. 短期借款的利息一般应计入（　　）。
    A. 管理费用　　B. 财务费用　　C. 营业外支出　　D. 其他业务支出
22. "生产成本"账户借方余额表示（　　）。
    A. 完工产品成本　　　　　　B. 期末在产品成本
    C. 本期生产费用合计　　　　D. 库存产成品成本
23. "库存商品"账户的期末借方余额表示（　　）。
    A. 期末库存产成品的实际成本　　B. 期末在产品的实际成本
    C. 本期生产完工产品的实际成本　　D. 本期发出产成品的实际成本
24. （　　）账户在期末费用分配以后，一般没有余额。
    A. 材料采购　　B. 生产成本　　C. 制造费用　　D. 累计折旧
25. 生产成本账户的贷方登记（　　）。
    A. 为生产产品发生的各项费用　　B. 完工入库产品的生产成本
    C. 已销产品的生产成本　　　　　D. 期末转入本年利润账户的成本
26. 累计折旧账户余额反映了固定资产的（　　）。
    A. 原价　　　　　　　　　　　B. 净值
    C. 本年损耗价值　　　　　　　D. 累计损耗价值
27. 本年利润账户3月31日的贷方余额表示（　　）。
    A. 年初至3月份累计实现的净利润
    B. 3月份实现的净利润
    C. 3月31日实现的净利润
    D. 年初至3月份已分配的利润
28. "营业务税金及附加"账户中不包括企业应交纳的（　　）。
    A. 城市维护建设税　　　　　　B. 消费税
    C. 资源税　　　　　　　　　　D. 增值税
29. 下列各项经济业务中，应列做管理费用处理的是（　　）。
    A. 生产工人劳动保护费　　　　B. 固定资产盘亏净损失
    C. 经营活动的业务招待费　　　D. 销售产品的广告费
30. 企业资产总额为90万元，发生如下经济业务：从银行提取现金1万元；以银行存款偿还前欠账款10万元；收回客户前欠账款15万元存入银行；以银行存款30万元对外投资；投资者投入30万元存入银行。业务发生后企业资产总额为（　　）万元。
    A. 90　　　　B. 95　　　　C. 110　　　　D. 120
31. 下列事项中，一个会计主体不可能发生的有（　　）。
    A. 资产与所有者权益以相等金额同时增加或同时减少
    B. 负债与所有者权益以相等的金额一增一减
    C. 两个资产项目以相等的金额一增一减
    D. 资产与负债以相等金额一增一减
32. 捐赠收入记入（　　）。
    A. 主营业务收入　　　　　　　B. 其他业务收入

C. 资本公积 D. 营业外收入

33. 企业处置固定资产发生的净损失应计入（　　）。
   A. 主营业务成本 B. 其他业务成本
   C. 营业外收入 D. 营业外支出

34. 企业的应付款项确实无法支付，经确认后转作（　　）。
   A. 主营业务收入 B. 其他业务收入
   C. 营业外收入 D. 资本公积

35. 企业收到投资者的款项大于他所占公司比例部分应记入（　　）。
   A. 资本公积 B. 实收资本
   C. 盈余公积 D. 营业外收入

（二）多项选择

1. 下列会计等式正确的是（　　）。
   A. 资产=权益 B. 资产=负债+所有者权益
   C. 收入–费用=利润 D. 资产=负债+所有者权益+（收入–费用）
   E. 资产+负债–费用=所有者权益+收入

2. 下列只引起会计等式左边会计要素变动的经济业务有（　　）。
   A. 购买材料8万元，货款暂欠 B. 从银行提取现金500元
   C. 收回前欠货款10万元存入银行 D. 接受国家投资100万元
   E. 收到某外商捐赠货物一批价值50万元

3. 下列引起会计等式左右两边会计要素变动的经济业务有（　　）。
   A. 收到某单位前欠货款5万元存入银行
   B. 以银行存款20万元偿还短期借款
   C. 收到某公司投入机器一台，价值90万元
   D. 以银行存款偿还前欠货款20万元
   E. 购买材料4万元以存款支付货款

4. 以下会计要素中，反映企业经营成果的是（　　）。
   A. 资产 B. 负债 C. 所有者权益 D. 收入
   E. 费用 F. 利润

5. 下列各要素中，因收入的取得可能发生影响的是（　　）。
   A. 资产 B. 负债 C. 所有者权益 D. 费用
   E. 利润

6. 下列各要素中，因费用的发生可能发生影响的是（　　）。
   A. 资产 B. 负债 C. 所有者权益 D. 收入
   E. 利润

7. 所有者权益包括的内容有（　　）。
   A. 实收资本 B. 资本公积 C. 盈余公积 D. 未分配利润
   E. 应付利润

8. 以下项目中属于流动资产的是（　　）。
   A. 银行存款 B. 应收账款 C. 固定资产 D. 长期股权投资
   E. 存货

9. 下列不属于国家统一规定的会计科目的有（　　）。
   A．机器设备　　　　B．厂房　　　　C．产成品　　　　D．银行借款
   E．应交税费
10. 会计分录的三个要素是（　　）。
    A．确定会计主体　　　　　　　　B．确定记账方向
    C．确定应记金额　　　　　　　　D．确定记账单位（元）
    E．确定会计科目
11. 借贷记账法下，账户的借方登记（　　）。
    A．资产增加　　　B．资产减少　　　C．权益增加　　　D．权益减少
    E．费用增加
12. 借贷记账法下，账户的贷方登记（　　）。
    A．资产增加　　　B．资产减少　　　C．权益增加　　　D．权益减少
    E．收入增加
13. 下列差错中，通过试算平衡不能发现其错误的有（　　）。
    A．漏记或重记　　　　　　　　　B．记账方向颠倒
    C．错用会计科目　　　　　　　　D．借贷双方中一方多计金额，另一方少计金额
    E．以上都是
14. 经济业务的发生，一方面引起资产项目增加，另一方面还可能引起（　　）。
    A．负债项目增加　　　　　　　　B．负债项目减少
    C．所有者权益增加　　　　　　　D．所有者权益减少
    E．以上都对
15. 下列账户中，期末结转后应无余额的账户有（　　）。
    A．主营业务收入　　　　　　　　B．主营业务成本
    C．实收资本　　　　　　　　　　D．管理费用
    E．财务费用
16. 账户中各项金额的关系可用（　　）表示。
    A．本期期末余额=期初余额+本期增加发生额–本期减少发生额
    B．本期期末余额=本期期初余额
    C．本期期末余额=本期增加发生额–本期减少发生额
    D．本期期末余额+本期减少发生额=期初余额+本期增加发生额
17. 收款凭证和付款凭证是（　　）。
    A．登记现金
    B．编制报表的直接依据
    C．调整和结转有关账项的依据
    D．成本计算的依据
    E．出纳人员办理收、付款项的依据
18. 下列科目中可能成为付款凭证借方科目的有（　　）。
    A．库存现金　　　B．银行存款　　　C．应付账款　　　D．应交税费
    E．销售费用
19. 工业企业主要经营过程核算的内容包括（　　）。

A．供应过程的核算　　　　　　B．生产过程的核算
C．资金筹集业务的核算　　　　D．销售过程的核算
E．财务成果的核算

20．下列各项中应列做管理费用处理的是（　　）。
A．印花税　　B．消费税　　C．房产税　　D．增值税
E．土地使用税

21．记账凭证按记录的经济业务内容可以分为（　　）。
A．收款凭证　　B．付款凭证　　C．转账凭证　　D．单式凭证
E．通用凭证

22．某一张记账凭证的编制依据可以是（　　）。
A．某一张原始凭证　　　　　　B．反映同类经济业务的若干张原始凭证
C．汇总原始凭证　　　　　　　D．有关账簿记录
E．以上都可以

23．产品完工验收入库，该项业务所编制的记账凭证，一般应依据（　　）。
A．出库单　　　　　　　　　　B．入库单
C．制造费用分配表　　　　　　D．库存商品成本计算单
E．以上都是

（三）判断题

1．制造费用属于期间费用，应计入当期损益。（　　）
2．会计科目与账户反映的内容是一致的，因而两者之间并无区别。（　　）
3．账户的余额方向一般与记录减少额的方向在同一方向。（　　）
4．企业只能使用国家统一的会计制度规定的会计科目，不得自行增减或合并。（　　）
5．记账凭证的填制日期与原始凭证的填制日期完全相同。（　　）
6．任何经济业务的发生都不会破坏会计基本等式的平衡关系。（　　）
7．在借贷记账法下，"借"表示增加，"贷"表示减少。（　　）
8．将记账凭证分为收款凭证、付款凭证、转账凭证的依据是凭证填制的手续和凭证的来源。（　　）
9．增值税对企业的经营成本和损益核算没有影响。（　　）
10．期末，结转完工入库产品的生产成本以后，"生产成本"总账及所属明细分类账户应均无余额。（　　）
11．与所有者权益相比，负债一般有规定的偿还期，而所有者权益没有。（　　）
12．资产、负债与所有者权益的平衡关系是反映企业资金运动的静态，如考虑收入、费用等动态要素，则资产与权益总额的平衡关系必然被破坏。（　　）
13．企业接受捐赠物资一批，计价10万元，该项经济业务会引起收入增加，权益增加。（　　）
14．为了满足会计核算的要求，会计科目的设置越多越好。（　　）
15．所有经济业务的发生，都会引起会计恒等式两边同时发生变化。（　　）
16．费用可表现为资产的减少或负债的增加。（　　）
17．所有者权益在数量上等于企业全部资产减去全部权益后的余额。（　　）

18．负债和所有者权益类账户的期末余额一定在贷方。（　　）
19．借贷记账法账户的基本结构是：账户分为左右两方，左方为借方，右方为贷方。
（　　）
20．在借贷记账法下，"借"表示增加，"贷"表示减少。（　　）
21．根据账户记录编制试算平衡表以后，如果所有账户的借方发生额同所有账户的贷方发生额相等，则说明账户记录一定是正确的。（　　）
22．"库存现金"账户与"银行存款"账户是一对固定的对应账户。（　　）
23．一般来讲，各类账户的期末余额与记录增加额的一方都在同一方向。（　　）
24．企业所有者权益类账户的期末余额一定在贷方。（　　）
25．由于记账凭证是根据原始凭证编制的，因此所有的记账凭证都必须附有原始凭证。
（　　）
26．"制造费用"和"管理费用"账户的借方发生额都应于期末时采用一定的方法计入产品成本。（　　）。
27．企业销售产品向国家交纳的增值税是通过"营业税金及附加"账户来核算的。
（　　）
28．20××年1月31日，"本年利润"账户的贷方余额26 000元，表明1月份实现的利润总额。（　　）
29．"制造费用"账户属费用成本类即损益类，故期末必定没有余额。（　　）

三、实训

实训一

（一）目的：会资产的内容和种类。

（二）资料：金凯公司20××年12月31日的资产如下：

1．厂房一栋，价值1 000 000元；
2．银行存款12 560元；
3．库存原材料500吨，价值480 000元；
4．尚未收回的货款32 000元；
5．在产品200件，价值8 642元；
6．土地使用权，价值100 000元；
7．生产甲产品专利权，价值20 000元；
8．库存甲产品1 000件，价值12 460元；
9．库存零用现金2 686元；
10．尚未兑现的应收票据3张，价值58 480元；
11．机器设备5台，价值150 000元。

（三）要求：指出上述资产项目归属的资产种类。

实训二

（一）目的：会负债和所有者权益的内容和种类。

（二）资料：万达公司20××年12月31日的负债和所有者权益构成如下：

1．欠付原材料供应单位货款6 800元；
2．投资者甲的资本额300 000元；

3. 须于两年后偿还的银行借款 400 000 元；
4. 应付票据 1 张，金额 42 820 元；
5. 预收购货单位货款 9 000 元；
6. 投资者乙的资本额 200 000 元；
7. 向投资者分配利润 50 000 元；
8. 预提短期银行借款利息 5 000 元；
9. 资本溢价 42 800 元；
10. 未交增值税 4 850 元；
11. 盈余公积金 23 000 元；
12. 须于半年后偿还的银行借款 50 000 元。

（三）要求：指出上述项目哪些归属负债项目，哪些归属所有者权益项目，并对负债项目按流动负债和非流动负债分类。

实训三

（一）目的：会以文字描述经济业务并计算发生的经济业务对会计等式的影响。

（二）资料：大洋公司 20×× 年初开业，3 月份发生的六笔经济业务列示在下列等式里。

```
            资产                          负债     所有者权益
   银行存款+应收账款+原材料+固定资产=应付账款+实收资本
期初   10 000    4 600    6 600    10 800    4 200    27 800
业务1  +2 100   -2 100
业务2  -1 000                       +1 000
业务3                                        +4 000   +4 000
业务4                     +2 000             +2 000
业务5  -3 500                                -3 500
业务6  +4 000                                         +4 000
```

（三）要求：
1. 根据上述资料，说明该公司 3 月份发生的经济业务内容。
2. 计算经济业务变动对资产、负债及所有者权益变动的影响结果，并分析变动类型。

实训四

（一）目的：会运用会计等式。

（二）资料：甲企业 20×× 年 12 月 31 日的资产、负债和所有者权益的状况如下所示：

资产	金额	负债及所有者权益	金额
库存现金	4 800	短期借款	38 000
银行存款	110 000	应付账款	25 000
应收账款	35 000	应交税费	4 000
原材料	60 200	长期借款	28 000
无形资产	100 000	实收资本	B
固定资产	A	资本公积	25 000
合　计	520 000	合　计	C

（三）要求：根据上表回答：

1. 表中应填的数据为：A.　　　　　　B.　　　　　　C.
2. 计算该企业的流动资产总额；
3. 计算该企业的负债总额；
4. 计算该企业的净资产总额。

实训五

（一）目的：会计算经济业务对会计等式产生的影响。

（二）资料：甲公司 12 月 1 日的资产、负债和所有者权益的状况如下所示：

资产	金额	负债及所有者权益	金额
库存现金	1 000	短期借款	7 000
银行存款	110 000	应付账款	34 000
应收账款	70 000	预收账款	80 000
原材料	200 000	应交税费	120 000
库存商品	90 000	长期借款	180 000
固定资产	350 000	实收资本	360 000
无形资产	100 000	资本公积	140 000
合　计	921 000	合　计	921 000

1. 购入材料一批，金额 30 000 元，材料已入库货款尚未支付；
2. 购入材料一批，金额 70 000 元，材料已入库货款用银行存款支付；
3. 投资者追加投资投入机器设备一台，价值 100 000 元；
4. 从银行借入短期资金 80 000 元，并存入银行；
5. 收到购货单位归还前欠购货款 40 000 元，并存入银行；
6. 采购员预借差旅费 1 000 元，用库存现金支付；
7. 用银行存款归还短期借款 50 000 元；
8. 接受 A 公司捐赠的机器设备一台，价值 60 000 元；
9. 从银行提取现金 8 000 元，备发工资；
10. 用盈余公积 22 000 转赠资本；
11. 用银行存款 30 000 元支付前欠购货款；
12. 用银行存款缴纳应交税费 50 000 元；
13. 把现金 1 600 元送存银行。

（三）要求：

1. 根据上述经济业务，逐项分析其对资产、负债及所有者权益三类会计要素增减变动的影响。
2. 计算 12 月末资产、负债及所有者权益三类会计要素的总额并列示出会计等式。

实训六

（一）目的：掌握会计要素的增减变动的计算。

（二）资料：甲公司 20××年 6 月 1 日资产总额为 100 万元，所有者权益总额为 50 万元。6 月份发生下列经济业务：

1. 将现 3 000 元存入银行；
2. 收到 A 公司投入新设备一台，价值 5 万元，增值税额 8 500 元，已交付生产使用；
3. 从银行取得期限为 3 个月的借款 10 万元；
4. 以银行存款偿还前欠 B 公司货款 6 万元；
5. 经批准，将资本公积金 10 万元转增资本金；
6. 经研究决定，向投资者分配利润 3 万元。

（三）要求：根据上述资料列式计算该企业 6 月 30 日的资产总额、负债和所有者权益总额。

实训七

（一）目的：练习资金的筹集与退出业务的核算。

（二）资料：长宏公司系增值税一般纳税人，20××年 1 月份筹集业务如下：

1. 收到国家投入货币资金 1 000 000 元，已存入银行。
2. 取得银行短期借款 200 000 元，暂存银行。
3. 接受华光公司投入不需安装的新设备一台，经双方协商确认价值为 100 000 元。
4. 临时借款 50 000 元到期，以银行存款归还。
5. 以银行存款支付投资者利润 30 000 元。
6. 接受长城公司以某项专有技术 80 000 元作为投资，经评估确认为 60 000 元。
7. 以银行存款上缴所得税 12 000 元。

（三）要求：根据上述经济业务编制会计分录。

实训八

（一）目的：练习供应过程的核算。

（二）资料：长宏公司系增值税一般纳税人，20××年 1 月份采购业务如下：

1. 从 A 公司购入甲材料 200 公斤，单价 100 元，增值税进项额为 3 400 元，开出商业汇票一张抵付货款及增值税。
2. 向下列公司购入甲材料，货款及增值税暂欠：

B 公司：500 公斤，单价 100 元，增值税 8 500 元；

C 公司：1000 公斤，单价 100 元，增值税 17 000 元。

3. 以银行存款支付向 A、B、C 公司购入甲材料的运输费 2 000 元。
4. 上项材料已到达，验收入库并按实际成本结转。
5. 向 B 公司购入下列材料，货款及增值税暂欠：

乙材料：1 000 公斤，单价 50 元，增值税 8 500 元；

丙材料：2 000 公斤，单价 60 元，增值税 20 400 元。

6. 以银行存款支付乙材料、丙材料共同发生的运输费 900 元（运输费按两种材料的重量比例分摊）。
7. 以银行存款偿还上项采购所欠 B、C 公司的款项。
8. 上项乙材料、丙材料已到达，验收入库并按实际成本结转。

（三）要求：根据上述经济业务编制会计分录。

实训九

（一）目的：练习生产过程的核算。

（二）资料：长宏公司系增值税一般纳税人，20××年 6 月份生产业务如下：

1．从仓库发出材料：

金额单位：元

材料类别	A 材料			B 材料			合计
用途	数量（吨）	单价	金额	数量（吨）	单价	金额	金额
产品生产领用							
其中：甲产品	40	300	12 000	30	200	6 000	18 000
乙产品	10	300	3 000	50	200	10 000	13 000
生产车间领用				10	200	2 000	2 000
管理部门领用				2	200	400	400
合计	50	-	15 000	92	200	18 400	33 400

2．从银行提取现金 72 000 元，以备发工资。

3．以现金 72 000 元，支付本月职工工资。

4．以银行存款支付生产车间房屋修理费 1 800 元。

5．分配结转本月工资费用，其中：

生产甲产品工人工资　　　　40 000 元

生产乙产品工人工资　　　　15 000 元

车间管理人员工资　　　　　9 000 元

厂部管理部门人员工资　　　8 000 元

合计　　　　　　　　　　　72 000 元

6．按本月职工工资总额的 14% 计提职工福利费。

7．以银行存款支付下半年报刊杂志订阅费 3 000 元。

8．计提本月固定资产折旧 2 600 元，其中：车间使用固定资产折旧 2 000 元，厂部管理部门固定资产折旧 600 元。

9．采购员李兵因公出差，暂借差旅费 2 000 元，当即以现金支付。

10．李兵出差回来，报销差旅费 2 200 元，差额以现金支付。

11．以银行存款支付公司办公用品费 1 300 元。

12．接银行通知，支付本季度短期借款利息 1 200 元，已从企业银行存款账户划转银行（本季度前两个月已预提了 800 元）。

13．按产品实际生产工时分配结转本月的制造费用（甲产品生产工时为 12 000 工时．乙产品生产工时为 8 000 工时）。

14．结转完工产品成本：甲产品 500 件，全部完工并验收入库，结转其生产成本，乙产品未完工。

（三）要求：根据上述经济业务编制会计分录。

实训十

（一）目的：练习销售过程的核算

（二）资料：长宏系增值税一般纳税人，20××年 1 月公司销售业务如下：

1．向阳光公司销售 A 产品 1 640 件，单价 500 元，计价款 82 0000 元，增值税额 13 940 元，另用银行存款支付应用本企业负担的运杂费 1 600 元。货已发出，货款尚未收到。

2．向 M 公司销售 B 产品 1 250 件，单价 400 元，计价款 500 000 元，另转让甲材料 400kg，计价款 20 000 元，增值税额共计 88 400 元，另以银行存款支付代垫运费 3 000 元，货已发出，货款尚未收到。

3．用银行存款支付广告费 80 000 元。

4．以银行存款预付本季度产品展销场地费 9 000 元，并摊销应由本月负担的部分。

5．向光明公司发出 A 产品 600 件，单价 100 元，B 产品 200 件，单价 200 元，价款共计 100 000 元，增值税额 17 000 元，结清前已预收款 87 000 元外，其余收到对方签发并承兑的商业汇票一张。

6．结转已销产品的销售成本和转让甲材料的成本，单位产品生产成本：A 产品 300 元/件，B 产品 220 元/件；甲材料单位成本 40 元。

7．计算并结转本月应纳增值税额（其中本月"应交增值税—进项税额" 23 340 元）。

8．按本月应纳增值税额的 7%和 3%分别计算并结转应纳城建税和教育费附加

9．通过银行收到 M 公司违约的违约罚款收入 3 000 元，按规定作为营业外收入处理。

10．将各损益类账户余额（除本练习有关的损益类账户外，"管理费用"账户本月借方发生额 50 000 元，"财务费用"账户本月借方发生额 2 1000 元）结转至"本年利润"账户。

11．将本月实现的利润（视同于应税所得额）按税率 25%计算并结转应缴所得税。

12．按本月税后利润的 10%提取盈余公积。

13．从税后利润中应分配给投资者的利润为 80 000 元。

（三）要求：根据上述经济业务编制会计分录

实训十一

（一）目的：练习财务成果业务的核算

（二）资料：长宏公司 20×× 年 4 月份其他业务如下：

1．以银行存款支付厂部业务招待费 5 500 元。

2．处理固定资产清理净收益 2 000 元。

3．以银行存款 6 000 元，支付违约罚款。

4．预提本月短期借款利息 800 元。

5．销售材料一批，增值税发票上注明该批材料货款为 1 000 元，增值税额 170 元，价款已全部收到并存入银行。

6．结转上述材料的销售成本 700 元。

7．采购员报销差旅费 900 元，原预借 1 000 元，余额退回。

8．本月发生的其他各项销售收入及销售成本、费用汇总如下：

主营业务收入：　　　　　　80 000 元
主营业务成本　　　　　　　41 000 元
营业税金及附加　　　　　　4 000 元
销售费用　　　　　　　　　5 000 元

期末，结转各损益类账户。

9．按照本月利润总额的 25%计算所得税并予以结转。

10．按净利润的 10%计提法定盈余公积金。

11．企业决定向投资者分配利润 10 000 元。

12．年末将"本年利润"账户的余额转入"利润分配"。

13．年末将"利润分配"账户下各明细账户余额转入"未分配利润"明细账，并计算"未分配利润"明细账户的期末余额。

（三）要求：根据上述经济业务编制会计分录。

实训十二

（一）目的：练习货币资金收付业务的核算

（二）资料：长宏公司20××年5月份发生如下经济业务事项：

1. 采购甲材料，价款20 000元，款项通过银行转账支付，材料尚未验收入库。不考虑增值税等因素；
2. 收到乙单位作为投资款500 000元，已存入银行账户；
3. 向银行借入期限为6个月的借款50 000元；
4. 采购员王钦预借差旅费2 000元，以现金支付；
5. 从银行提取现金80 000元备发工资；
6. 用现金发放职工工资80 000元；
7. 购入机器设备一台，价值60 000元，以银行存款支付；
8. 王钦出差回来后报销差旅费1 700元，退回多余现金300元。
9. 用银行存款50 000元归还以前欠款。

（三）要求：根据企业发生的下列经济业务编制会计分录。

实训十三

（一）目的：掌握生产企业一般会计业务的核算。

（二）资料：20××年12月份华光公司发生下列经济业务：

1. 1日，向中信公司购入甲材料500kg，单价200元，增值税率为17%，款项尚未支付。
2. 1日，根据购货合同，以银行存款24 000元预付中信公司购料款。
3. 2日，以银行存款1 800元偿还短期借款。
4. 2日，接银行收款通知，收到东风公司前欠货款50 000元已存入银行。
5. 4日，向四方公司购入乙材料1 500kg，单价100元，增值税率为17%，款项以银行存款支付。
6. 4日，以银行存款3 000元支付购买甲、乙材料的运杂费（按材料重量比例分配运杂费）。
7. 5日，上述购入的甲、乙材料已办理入库手续，结转入库材料的实际成本。
8. 7日，归还前欠四方公司的货款32 000元。
9. 8日，收到某公司的投资款100 000元，存入银行。
10. 9日，向东风公司销售A产品200件，单价400元，增值税率为17%，款项尚未收到。
11. 11日，接银行收款通知，收到西南公司前欠货款15 000元，已存入银行。
12. 12日，从银行提取现金120 000元备发工资。
13. 12日，以现金120 000元发放工人工资。
14. 15日，向银行借入为期6个月的借款28 000元，存入银行。
15. 16日，销售B产品600件，单价800元，增值税率为17%，款项已存入银行。
16. 19日，以银行存款43 500元支付应交税费。
17. 22日，向西南公司销售A产品1 000件，单价400元，增值税率为17%，款项尚未收到。
18. 24日，以银行存款18 000元支付销售产品的展览费。

19. 25日，收到东风公司前欠货款32 000元存入银行。
20. 27日，以库存现金500元购买行政管理部门的办公用品。
21. 28日，以银行存款归还前欠中信公司的货款27 000元。
22. 30日，收到一笔罚款收入1 000元存入银行。
23. 30日，银行扣贷款利息300元。
24. 31日，根据本月发料单（发出材料采用先进先出法）汇总公司材料使用情况（其中发出甲材料2 096kg，乙材料2 700kg）如表3-37所示。

表3-37 发料凭证汇总表 单位：元

应借科目		应贷科目		
		甲材料	乙材料	合计
生产成本	A产品	200 000	150 000	350 000
	B产品	210 000	100 000	310 000
小 计		410 000	250 000	660 000
制造费用	机物料消耗	9 200		9 200
管理费用	修理费		20 000	20 000
合 计		419 200	270 000	689 200

25. 31日，计提本月生产用固定资产折2 000元，行政管理部门用固定资产折旧1 000元。
26. 31日，分配本月工资费用，应付工资总额为120 000元。
    其中：A产品生产工人工资　　　40 000
    　　　B产品生产工人工资　　　45 000
    　　　车间管理技术人员工资　　20 000
    　　　厂部行政管理人员工资　　15 000
27. 31日，按本月职工工资总额的14%提取应付福利费。
28. 31日，按生产工人工资比例分配并结转本月制造费用34 000元。
29. 31日，结转本月全部完工A产品的实际生产成本411 600元，全部完工B产品的实际生产成本379 300元。
30. 31日，结转本月已销A产品的实际成本300 000元，已销B产品的实际成本360 000元。
31. 31日，结转本月应交增值税，并按照应交增值税的7%和3%分别计算城市维护建设税和教育费附加。
32. 31日，结转收入类账户和费用类账户至"本年利润"账户。
33. 31日，按实现利润总额（假定12月份利润总额等于全年应纳税所得额，所得税税率25%．计算并结转应交所得税。
34. 31日，计算本年净利润。
35. 31日，按税后利润的10%计提盈余公积和50%分配投资者利润。
36. 31日，结转本年利润分配。

（三）要求：根据上述经济业务编制记账凭证。

项目四　建账、登账及错账的更改

项目目标

知识目标：

学习本项目后，你应该能够：
1. 认识各种账簿、了解各种账簿的作用
2. 掌握各种账簿的设置和登记方法
3. 掌握登记账簿的规则和错账的更正方法

能力目标：

学习本项目后，你应该能够：
1. 正确建立总账、日记账、明细账
2. 正确登记总账、日记账、明细账
3. 发生错账后，能够采用正确方法进行更改

素质目标：

学习本任务后，你应该养成：
1. 认真仔细的工作态度
2. 干净整洁、按规范操作的行为习惯

导入语： 新建单位在单位设立后，原有单位在年度开始时，会计人员均应根据会计法规和会计核算工作的需要依法建账。但怎样建账？开设什么账簿？怎样登记账簿？账簿在会计核算环节中起到什么样的作用？通过本任务的学习后，你能够掌握建账的基本技能，同时能够正确登记总账、现金与银行存款日记账和三栏式、多栏式与数量金额式明细账。

任务一　账簿概述

一、会计账簿的概念及作用

原始凭证是用来证明经济业务已经发生和完成的情况，记账凭证是对审核无误的的原始凭证进行归类后确定会计分录，作为记账的直接依据。所以，填制和审核会计凭证是加工处理会计信息的第一个环节，第二个环节就是设置和登记会计账簿。所谓账簿，就是指由具有一定格式而又相互联系的账页组成，以经过审核的会计凭证为依据，全面、系统地记录各项经济业务的簿籍。填制和审核会计凭证，可以如实、正确地记录每天发生的经济业务，明确经济责任。但是会计凭证数量繁多、信息分散、缺乏系统性，不便于会计信息的整理与报告。为了全面、

系统、连续地核算和监督单位的经济活动及财务收支情况，各单位应当按照国家统一的会计制度的规定和会计业务的需要设置会计账簿。

设置和登记会计账簿是编制会计报表的基础，是连接会计凭证与会计报表的中间环节，在会计核算中具有重要意义。通过账簿的设置和登记：①可以记载、储存会计信息，将会计凭证记录的经济业务事项一一记入有关账簿；②可以分类、汇总会计信息，分门别类地提供各项会计信息，反映一定时期内各项经济活动的详细情况，计算发生额、余额，提供各方面所需要的总括会计信息；③可以编报、输出会计信息，通过定期结账，计算出各账户的本期发生额和余额，并据以编制会计报表，从而反映一定日期的财务状况及一定时期的经营成果，向有关各方提供所需要的会计信息；④可以检查、校正会计信息。账簿记录是对会计凭证信息的进一步整理，是会计分析、会计检查的重要依据。如账簿记录中的财产物资的账面数与通过实地盘点所得的实存数进行核对，检查财产物资是否妥善保管、账实是否相符，以保证会计信息的真实、可靠性。

二、会计账簿的种类

每个单位所设置的账簿是多种多样的，功能各异，结构不同。为便于了解和运用各种账簿，应按不同的标准进行分类。一般可以按照其用途、账页格式、外形特征等进行分类。

（一）按用途分类

账簿按其用途的不同，可以分为序时账簿、分类账簿和备查账簿三种。

1. 序时账簿

序时账簿又称日记账，是按照经济业务事项发生或完成时间的先后顺序逐日逐笔进行登记的账簿。在我国，大多数单位一般只设现金日记账和银行存款日记账，以便加强对货币资金的日常监督和管理，而不设置转账日记账和普通日记账。日记账的特点是序时登记和逐笔登记，其作用在于及时、系统、全面地反映所发生的经济业务事项以及资金的增减变动和结余情况，保护财产物资和资金的安全完整，以及便于对账、查账。

2. 分类账簿

分类账簿是对各项经济业务事项按照会计要素的具体类别而设置的分类账户进行登记的账簿。分类账簿按其反映内容的详细程度不同，又分为总分类账和明细分类账。

（1）总分类账簿（简称总账）。总分类账簿是根据总分类科目开设的账户，用来分类登记全部经济业务，提供总括核算的分类账簿。

（2）明细分类账簿（简称明细账）。明细分类账簿是根据总分类科目设置，并按其所属二级科目或明细科目开设的账户，用来登记某一类经济业务，提供明细核算资料的分类账簿。明细分类账是对总分类账的补充和具体化，受总分类账的控制和统驭。分类账簿提供的核算信息是编制会计报表的主要依据。

小型经济单位，业务简单、总分类账户不多，为了简化工作，可以把序时账簿与分类账簿结合起来，设置联合账簿。

3. 备查账簿

备查账簿简称备查账，又称辅助账簿，是对序时账簿和分类账簿等主要账簿进行补充登记，提供备查资料的账簿。备查账不是根据会计凭证登记的账簿，也没有固定的格式，通常根据表外科目登记，可以提供关于某些经济业务事项的有用参考资料。如租入固定资产登记簿、受托加工材料登记账簿、代销商品账簿、经济合同执行情况登记簿等。备查账簿的内容千差万别，其账页也没有固定格式，可根据实际需要灵活确定。备查账簿与账簿之间不存在严密的依存、钩稽关系，每个单位可根据实际需要确定是否设置备查账簿。

（二）按账页格式分类

会计账簿按账页格式，可分为两栏式、三栏式、数量金额式、多栏式账簿四种。

1. 两栏式账簿

两栏式账簿是指只有借方和贷方两个基本金额栏目的账簿。普通日记账和转账日记账一般采用两栏式。

2. 三栏式账簿

三栏式账簿是由设置"借方、贷方、余额"三个金栏式账簿的账页组成的账簿。三栏式账簿的账页是最基本的账页格式，其他账页格式都是据此增减栏目而来的。三栏式账簿分为对方科目和不设对方科目两种，格式如表 4-1 和表 4-2 所示。各种日记账、总分类账以及资本、债权、债务明细账都可以采用三栏式账簿。

表 4-1

会计科目　　　　　　　　　　　　总分类账（三栏式）　　　　　　　　　　　　第　　页

年		凭证号	摘要	对方科目	借方金额	贷方金额	借或贷	余额
月	日							

表 4-2

会计科目　　　　　　　　　　　　明细分类账（三栏式）　　　　　　　　　　　　第　　页

年		凭证号	摘要	借方金额	贷方金额	借或贷	余额
月	日						

3. 数量金额式账簿

数量金额式账簿也称三大栏式账簿，是指由在"收入、发出、结存"三大栏的各栏内分别设置有"数量、金额"等小栏目的账页组成的账簿，格式如表 4-3 所示。一般原材料、库存商品、产成品等存货明细账采用数量金额式账簿。

表 4-3

会计科目　　　　　　　　　　　　明细分类账（数量金额式）　　　　　　　　　　　　第　　页

年		凭证号	摘要	收入			发出			结存		
月	日			数量	单价	金额	数量	单价	金额	数量	单价	金额

4. 多栏式账簿

多栏式账簿是由借方和贷方金额栏内再设置多个金额栏的账页组成的账簿。该账簿专栏设置在借方还是贷方或是两方向同时设置专栏以及专栏的数量等，均应根据需要确定。格式如

表 4-4 至表 4-6 所示。收入、成本、费用明细账一般采用多栏式账簿,如生产成本、制造费用、管理费用、应交税金等明细账。

表 4-4

会计科目　　　　　　　　　明细分类账（多栏式）　　　　　　　　　第　页

年		凭证号	摘要	借　方					贷　方					余额
月	日							合计					合计	

表 4-5

会计科目　　　　　　　　　明细分类账（多栏式）　　　　　　　　　第　页

年		凭证号	摘要	借　方					贷方	余额
月	日							合计		

表 4-6

会计科目　　　　　　　　　明细分类账（多栏式）　　　　　　　　　第　页

年		凭证号	摘要	借方	贷　方					余额
月	日								合计	

（三）按外表形式分类

会计账簿按外表形式，分为订本式账簿、活页式账簿和卡片式账簿。

1. 订本式账簿

订本式账簿是将印有顺序编号的若干账页固定装订成册的账簿。其优点是可以防止账页散失和账页被抽换，比较安全；缺点是由于账页已被固定装订，不能随实际业务需要而增减。所以，必须为每一页账户预留若干空白账页，如预留账页不够用则会影响账户的连续记录，预留账页过多又会造成浪费。同一本账在同一时间只能由同一人登记，因而不便于分工记账。订本式账簿一般用于具有统驭的和重要的账簿，如总分类账、现金日记账和银行存款日记账。

2. 活页式账簿

活页式账簿是将若干零散账页装订在活页账夹内的账簿。其优点是可以根据实际业务需要增减账页，使用灵活，并便于分工记账；缺点是账页容易散失和被更换。所以，在采用活页式账簿时，必须将空白账页连续编好分号；会计期末，加写目录并按实际使用的账页连续编写总号，固定装好成册后归档保管。活页式账簿一般适用于各种明细账。

3. 卡片式账簿

卡片式账簿是由具有不同于一般账页格式的卡线表格式的账页所组成的账簿，它一般是由分散的卡片所组成，每一卡片用正面和背面两种不同的格式来记录同一项财产物资的使用等情况。在使用中可不加装订，而存放在卡片盒或卡片夹中。使用时可以随时取放，实际上它是一种特殊的活页账簿。卡片账簿除了具有一般活页账簿的特点外，还可以跨年度使用，不需要每年更换新账。卡片账簿多用于记录内容比较复杂的财产明细账，如固定资产卡片账等。

【相关知识】账簿和账户既有区别，又有联系。账户是账簿的户头，用来反映其核算的内容；账簿是反映、储存经济活动情况的数据库；账户存在账簿之中，账簿是账户的存在形式和载体。没有账簿，账户就无法存在，它们是形式与内容的关系。

【随堂训练·单选题 1】能够提供企业某一类经济业务增减变化总括会计信息的账簿是（　　）。
　　A．明细分类账　　B．总分类账　　C．备查簿　　D．日记账

【随堂训练·单选题 2】能够提供企业某一类经济业务增减变化较为详细会计信息的账簿是（　　）。
　　A．明细分类账　　B．总分类账　　C．备查簿　　D．记账凭证

【随堂训练·单选题 3】能够序时反映企业某一类经济业务会计信息的账簿是（　　）。
　　A．明细分类账　　B．总分类账　　C．备查簿　　D．日记账

【随堂训练·单选题 4】一般情况下，不需根据记账凭证登记的账簿是（　　）。
　　A．明细分类账　　B．总分类账　　C．备查簿　　D．日记账

【随堂训练·单选题 5】日记账的最大特点是（　　）。
　　A．按现金和银行存款设置账户
　　B．可以提供现金和银行存款的每日发生额
　　C．可以提供现金和银行存款每日的动态和静态资料
　　D．随时逐笔顺序登记并逐日结出余额

【随堂训练·单选题 6】下列账簿格式中，不属于按用途分类的是（　　）。
　　A．活页账　　B．分类账　　C．日记账　　D．备查账

【随堂训练·单选题 7】在我国，单位一般只针对（　　），采用卡片账形式。
　　A．库存商品明细账　　B．银行存款日记账
　　C．应交增值税明细账　　D．固定资产明细账

【随堂训练·单选题 8】固定资产明细账一般采用（　　）。
　　A．活页式　　B．订本式　　C．多栏式　　D．卡片式

【随堂训练·单选题 9】费用明细账比较适合使用的账簿格式是（　　）。
　　A．两栏式账簿　　B．三栏式账簿
　　C．多栏式账簿　　D．数量金额式账簿

【随堂训练·多选题 1】账簿按用途分类包括（　　）。
　　A．日记账　　B．分类账　　C．备查账　　D．总账

【随堂训练·多选题 2】账簿按格式分类包括（　　）。
　　A．三栏式账簿　　B．多栏式账簿
　　C．数量金额式账簿　　D．卡片式账簿
　　E．活页式账簿

【随堂训练·多选题 3】账簿按其用途分类，分为（　　）。
　　A．总账账簿　　B．分类账簿　　C．备查账簿　　D．序时账簿

任务二 账簿的设置及登记

一、会计账簿设置的原则及基本内容

（一）账簿的设置原则

会计账簿的设置，包括确定账簿的种类、涉及账页的格式及内容和规定账簿的登记方法等。每个单位都应根据自身业务的特点和经营管理的需要，设置一定种类和数量的账簿。一般来说应遵循以下几项原则：

1. 满足需求

各单位应当按照国家统一规定和本单位经济业务及经营管理的需要设置账簿，以满足单位外部各有关方面了解本单位财务状况和经营成果的需求，满足单位内部加强经营管理的需求。

2. 讲求科学

账簿体系要科学严密、层次分明。账簿之间既相互独立又相互补充，既相互衔接又相互制约，清晰地反映账户的关系，以便提供完整、系统的会计资料。

3. 适当简化

账簿设置应在保证会计记录系统完整的前提下力求简化，反对账簿重叠，过于繁琐，以节约人力物力，提高工作效率。账簿格式的设计，要为核算经济业务的内容和提供核算指标服务，力求简明实用，避免繁琐重复。

（二）会计账簿的基本内容

会计账簿的格式尽管多种多样，但一般都应具有以下基本内容：

（1）封面。主要标明账簿的名称，如总分类账、各种明细账、现金日记账、银行存款日记账等。

（2）扉页。主要列明科目索引、账簿启用和经管人员一览表。该表格式参见表 4-7。

表 4-7　账簿启用及交接表

单位名称								
账簿名称					印鉴			
账簿编号								
账簿页数	本账簿共计　　页							
启用时间								
经管人员	负责人		主办会计		复核		记账	
	姓名	签章	姓名	签章	姓名	签章	姓名	签章
接交记录 I	经管人员				接管日期		交出日期	
	职务		姓名		年　月　日		年　月　日	
备注								

(3) 账页。基本内容包括：
1) 账户的名称（总分类账户、二级账户或明细账户）；
2) 登记账户的日期栏；
3) 凭证种类和号数栏；
4) 摘要栏（简要说明所记录经济业务的内容）；
5) 金额栏（记录经济业务引起账户发生额或余额增减变动的数额）；
6) 总页次和分户页次。

启用会计账簿时，应当在账簿封面上写明单位名称和账簿名称，并在账簿扉页上附启用表。

启用订本式账簿应当从第一页到最后一页顺序编定页数，不得跳页、缺号。

使用活页式账页应当按账户顺序编号，并须定期装订成册；装订后再按实际使用的账页顺序编定页码，另加目录，记明每个账户的名称和页次。

【随堂训练·多选题】会计账簿的基本内容有（　　）。
　　A．封面　　　　B．扉页　　　　C．账页　　　　D．标签

【相关知识】一个企业至少要设置几册账？一个企业至少应设置四册账：一册现金日记账；一册银行存款日记账；一册总分类账；一册活页明细账。

二、登记账簿

（一）启用账簿的规则

为了保证账簿的合规性和账簿资料的完整性，明确记账责任，各种账簿的登记都要由专门人负责。

（1）启用账簿时，必须在账簿扉页上填列"账簿启用及经管人员一览表"，详细填写有关项目后加盖单位公章，并由会计主管人员和记账人员签章。同时，按"会计科目表"中的科目排列顺序填写"账户目录"。

（2）更换记账人员时，应在会计主管人员的监督下办理交接手续，并在交接记录内填写有关项目后，由交接双方和会计主管人员签章。

（二）会计账簿的记账规则

（1）为了保证账簿记录的准确、整洁，应当根据审核无误的会计凭证登记会计账簿。

每一项会计事项，一方面要记入有关的总账，另一方面要记入该总账所属的明细账（平行登记）。

账簿记录中的日期，应该填写记账凭证上的日期；以自制原始凭证（如收料单、领料单等）作为记账依据的，账簿记录中的日期应按有关自制凭证上的日期填列。

（2）账簿登记完毕后，要在记账凭证上签名或者盖章，并在记账凭证的"过账"栏内注明账簿页数或画对勾，注明已经登账的符号，表示已经记账完毕，避免重记、漏记。

（3）账簿中书写的文字和数字上面要留有适当的空格，不要写满格，一般应占格距的1/2。

（4）为了保持账簿记录的持久性，防止涂改，登记账簿必须使用蓝黑墨水或碳素墨水并用钢笔书写，不得使用圆珠笔（银行的复写账簿除外）或者铅笔书写。

（5）在下列情况下，可以用红色墨水记账：
1) 按照红字冲账的记账凭证，冲销错误记录；
2) 在不设借贷等栏的多栏式账页中，登记减少数；
3) 在三栏式账户的余额栏前，如未印明余额方向的，在余额栏内登记负数余额；

4）根据国家统一的会计制度的规定可以用红字登记的其他会计记录。

由于会计中的红字表示负数，因而除上述情况外，不得用红色墨水登记账簿。

（6）在登记各种账簿时，应按页次顺序连续登记，不得隔页、跳行。如无意发生隔页、跳行现象，应在空页、空行处用红色墨水划对角线注销，或者注明"此页空白"或"此行空白"字样，并由记账人员签名或者签章。

（7）凡需要结出余额的账户，结出余额后，应当在"借或贷"栏目内注明"借"或"贷"字样，以示余额的方向；对于没有余额的账户，应在"借或贷"栏内写"平"字，并在"余额"栏用"0"表示。现金日记账和银行存款日记账必须逐日结出余额。

（8）每一账页登记完毕结转下页时，应当结出本页合计数及余额，写在本页最后一行和下页第一行有关栏内，并在摘要栏内注明"过次页"和"承前页"字样；也可以将本页合计数及金额只写在下页第一行有关栏内，并在摘要栏内注明"承前页"字样，以保持账簿记录的连续性，便于对账和结账。

对需要结计本月发生额的账户，结计"过次页"的本页合计数应当为自本月初起至本页末止的发生额合计数；对需要结计本年累计发生额的账户，结计"过次页"的本页合计数应当为自年初起至本页末止的累计数；对既不需要结计本月发生额也不需要结计本年累计发生额的账户，可以只将每页末的金额结转次页。

【随堂训练·多选题1】下列情况，可以用红字记账的有（   ）。

    A．在不设借贷等栏的多栏式账页中，登记减少数

    B．在三栏式账户的余额栏前，如果未标明余额方向的，在余额栏内登记增加数

    C．按照红字冲账的记账凭证，冲销错误记录

    D．冲销账簿中多记录的金额

【随堂训练·多选题2】下列情况，可以使用红色墨水记账的是（   ）。

    A．在不设借贷等栏的多栏式账页中，登记增加数

    B．在不设借贷等栏的多栏式账页中，登记减少数

    C．在三栏式账户的余额栏前，如未印明余额方向的，在余额内登记正数余额

    D．在三栏式账户的余额栏前，如未印明余额方向的，在余额内登记负数余额

三、库存现金、银行存款日记账的设置与登记

为了加强对货币资金的管理，各单位一般设置现金日记账和银行存款日记账两本特种日记账，以序时地反映其收入、支出和每日的结存情况。有外币业务的企业，应分别设置人民币和各种外币日记账。

现金日记账和银行存款日记账是由出纳员根据审核后的收、付款凭证逐日逐笔登记的，所以这两本账也称出纳账。出纳账采用订本式账簿，其账页格式有三栏式和多栏式等。

（一）三栏式现金日记账的设置及登记方法

三栏式现金日记账一般采用"收入"、"支出"和"余额"三栏式格式。为了清晰地反映收付款业务的对应关系，在金额栏可设"对方科目"栏。银行存款日记账在"摘要"栏后还应设"结算凭证种类号数"栏，以便与开户银行对账。

现金日记账出纳人员是根据现金收款凭证、现金付款凭证以及从银行提取现金的银行付款凭证，按时间顺序逐日逐笔登记的。登记日记账要做到日清月结，即每日业务终了，必须结出当天余额，并与库存现金实存数相核对（但不必每笔业务都要结出余额，而应根据需要，每

隔几笔结算一次）；每月业务终了，要将其月末余额与现金总账的月末余额相核对，如表 4-8 所示。

表 4-8　现金日记账

2012 年		凭证		摘　要	对方科目	收入	支出	余额
月	日	种类	号数					
6	1			承前页				1000
	2	银付	1	提取现金	银行存款	3000		4000
	2	现付	1	王明借支差旅费	其他应收款		2500	1500
	2	现付	2	购买办公用品	管理费用		800	700
	2	现收	1	销售商品	主营业务收入	1200		1900
	2	现付	3	存现	银行存款		900	1000
				本日合计		4200	4200	1000
……					……	……	……	……
	30			本日合计				
	30			本月合计				

（二）多栏式现金日记账的设置及登记方法

在收付款业务较多的企业，为了清晰地反映现金与有关科目的对应关系并便于汇总过总账，可以采用多栏式现金日记账，它是在三栏式现金日记账的基础上发展起来的，其格式是在借、贷方分设多栏式现金日记账，其登记方法是：先根据有关现金收入业务的记账凭证登记现金收入日记账，根据有关现金支出业务的记账凭证登记现金支出日记账，每日营业终了，根据现金支出日记账结计的支出合计数，一笔转入现金收入日记账的"支出合计"栏中，并结出当日余额。

多栏式现金日记账的一般格式见表 4-9。

表 4-9　现金日记账

××年		凭证		摘要	收入（对方科目）				支出（对方科目）				余额
月	日	种类	号数		银行存款	主营业务收入	…	小计	其他应收款	管理费用	…	小计	

表 4-9 所示的多栏式现金日记账，如果借贷两方对应的科目太多会造成账页过长，不便于记账和保管。因此在实际工作中，如果要设多栏式现金日记账，一般常把收入业务和支出业务分设"现金收入日记账"和"现金支出日记账"两本账，分别见表 4-10 和表 4-11。其中，现金收入日记账按对应的贷方科目设置专栏，另设"支出合计"栏和"结余"栏；现金支出日记账则只按支出的对方科目设专栏，不设"收入合计"栏和"结余"栏。

表 4-10　现金收入日记账

××年		凭证		摘要	收入（对方科目）			收入合计	支出合计	余额
月	日	种类	号数		银行存款	主营业务收入	……			

表 4-11　现金支出日记账

××年		凭证		摘要	支出（对方科目）						支出合计
月	日	种类	号数		银行存款	其他应收款	管理费用	制造费用	……	

（三）银行日记账的设置及登记方法

银行存款日记账是用来核算和监督银行存款每日的收入、支出和结余情况的账簿。银行存款日记账应按会计主体在银行开立的账户和币种分别设置，每个银行账户设置一本日记账。

银行存款日记账的格式和登记方法与现金日记账相同。银行存款日记账通常也是由出纳人员根据审核后的银行存款收、付款凭证，逐日逐笔按照先后顺序进行登记。对于将现金存入银行的业务，由于规定只填制现金付款凭证，不填制银行存款收款凭证，因而这种业务的存款收入数，应根据有关现金付款凭证登记。银行存款日记账的登记要做到日清月结，并定期与银行送来的对账单逐笔核对。

银行存款日记账（三栏式日记账）的具体登记方法如下：

2011年		凭证		摘要	对方科目	支票号	借方	贷方	余额
月	日	种类	号数						
5	1			承前页					70 000
	2	银收	1	销售商品	主营业务收入	1023003	2 000		72 000
	2	银付	1	提现	库存现金	1028012		50 000	22 000
	2	银付	2	支付水电费	管理费用			2 000	
				本日合计			2 000	52 000	20 000
				……	……		……	……	
				本日合计					
				本月合计					

四、总分类的设置和登记方法

为了全面、总结地反映经济和财务收支情况，并为编制会计报表提供资料，各单位都要设置总分类账。总分类账采用订本式账簿，按照会计科目的编号顺序设立账户，并适当估计本年度内各种经济业务的发生笔数,为每个账户预留若干账页。其账页格式有三栏式和多栏式。

大多数总分类账一般采用三栏式的格式,设置借方、贷方和余额三个基本金额栏目。根据实际工作需要,在总分类账的借贷两栏内,也可增设对方科目栏目。多栏式总分类账是把所有的总账科目合设在一张账页上。这种格式的总分类账兼有序时账和分类账的功能,实际上是序时账和分类账相结合的联合账簿。

总分类账由总账会计负责登记,其登记依据和方法,取决于所采用的记账程序。总分类账既可以直接依据记账凭证逐笔等记,也可以将记账凭证定期汇总后登记,月终,在全部经济业务事项登记入账后,结出各账户的本期发生额和期末余额,再与明细账余额核对相符合后,作为编制报表的主要依据。

五、明细分类记账的设置和登记方法

为了满足经营管理的需要,各单位应在设置总分类账的基础上,按照二级科目或明细科目开设明细分类账,提供有关经济业务的详细资料。明细分类账一般采用活页式账簿,比较重要的明细分类账也可以采用订本式账簿,特殊业务还可以采用卡片式账簿(如固定资产明细账)。根据管理的要求和各种明细账反映的经济内容,其账簿格式主要有三栏式、数量金额式、多栏式三种。

1. 三栏式明细分类账

三栏式明细分类账的格式是在账页内只设借方、贷方和余额三个金额栏。这种格式适用于只进行金额核算、不进行数量核算的债权、债务结算科目的明细分类核算,如"应收账款"、"应付账款"等账户的明细核算。三栏式明细账格式及登记如表4-12所示。

表4-12
应收账款明细账

公司名称:红星公司

| 2010年 || 凭证 || 摘要 | 借 | 贷 | 借或贷 | 余额 |
月	日	字	号					
6	1			期初余额			借	60 000
	2	转	1	售出商品款项未收	10 000			
	15	收	3	收回前欠货款		20 000		
	30			本月合计	10 000	20 000	借	50 000

2. 多栏式明细账

明细账是将属于同一个总账科目的多个明细科目合并在一张账页上进行登记,适用于收入、费用、成本、利润和利润分配明细账,如:生产成本明细账、管理费用明细账、营业外收入明细账、利润分配明细账等。多栏式明细账格式及登记如表4-13所示。

多栏式明细账专栏的多少,可按具体科目的实际需要进行设置。账页格式又可细分为:①借贷两方多栏式;②借方多栏式;③贷方多栏式。多栏式明细分类账适用于只记金额,同时又需要了解其构成内容的详细资料的费用、成本、收入和利润等科目。

由于多栏式明细分类账所记载的经济业务大多发生在借或贷的某一方,为了简化账页格式,可不按借、贷、余三部分设置金额栏,而是在发生经济业务较多的一方,按会记科目的明细项目分设专栏,在发生经济业务很少的一方则不设金额栏,记账式采用红蓝字登记法。所谓

红蓝字登记法，是用蓝字登记该方发生额，用红字登记反方发生额的方法。

表 4-13 管理费用明细账（多栏式）

2010年		凭证		摘要	借方						贷方	余额
月	日	字	号		工资及福利	办公费	折旧费	差旅费	工会经费	… …	合计		

3. 数量金额式明细分类账

数量金额式明细分类账的格式是在账页内设有收入、发出和结存三大栏，在三大栏内各设"数量、金额"等几个小栏目。这种格式适用于既要进行金额核算，又要进行实物数量核算的各种财产物资科目，如"原材料"、"库存商品"等账户的明细核算。格式如表 4-14 所示。

表 4-14 库存商品明细分类账（数量金额式）

年		凭证号	摘要	收入			发出			结余		
月	日			数量	单价	金额	数量	单价	金额	数量	单价	金额

数量金额式明细账提供了企业有关财产物资的数量和金额收、发、存的详细资料，能加强财产物资的实物管理和使用监督，可以保证这些财产物资的安全完整。

六、总分类账和明细账的平行登记

（一）总分类账和明细分类账的关系

总分类账和明细分类账的原始依据相同，核算内容相同，但核算指标的详细程度不同。总分类账户对其所属的明细分类账户起着统驭和控制的作用，明细分类账户对其从属的总分类账户起着补充和说明的作用。所以，总分类账户又称为统驭账户，明细分类账户又称为被统驭账户或从属账户。统驭账户和从属账户所提供的核算资料相互补充，既提供总括指标，又提供详细核算指示，从不同的角色反映相同的经济业务。

（二）平行登记的方法

总分类账与明细分类账在反映会计核算指标上具有统驭和从属的关系，但在登记账簿的方法上却有平行的关系。所谓平行关系，是指总分类账和明细账的记账依据相同，都是以会计凭证为依据；它们的记账程序相同，都是根据会计凭证分别在总分类账和明细分类账中各自独立地进行登记；它们的记账结果应核对相符。所以，总分类账和明细账必须进行平行登记。平行登记，就是将每项经济业务根据会计凭证既在总分类账中登记，又在所属其明细分类账中登记，在这两类不同账户中登记的方向一致、结果相符。通过平行登记，才能使总分类账和明细分类账的记录形成统驭和从属的关系。

1. 平行登记的要点

（1）同期间。对每项经济业务，应在同一会计期间内根据相同的会计凭证，既记入有关的总分类账户，又记入其所属的明细分类账户。

（2）同方向。每项经济业务记入总分类账和明细分类账的方向要相同。如果记入总账的借方，也要相应地记入明细账的借方；如果记入总账的贷方，也要相应地记入明细账的贷方。

有些明细账只设置一个方向的发生额栏目，可以用红字在该栏内登记反向记录。在这种特殊的情况下，应根据实际的记账方向而不应根据所在栏目表明的借贷方向来确定。

（3）同金额。每项经济业务记入总分类账的金额必须与记入所属各有关明细分类账的金额之和相等。总账记入的是总括数字，明细账记入的是明细数字。在设立二级的情况下，总账、二级账和明细账都应进行平行登记。

利用平行登记的结果相等这种关系，可以检查总账、二级账和明细账记录的完整性和正确性，这也是会计核算工作中内部牵制制度的一个组成部分。

2. 平行登记的检查

在会计期末，为了检查有关总分类账与其所属的明细账的记录是否正确，应按不同账户分别编制"明细分类账户本期发生额及余额表"，并与其从属的总分类账户相核对。一般来说，平行登记的结果是：总分类账户的本期发生额等于所属明细分类账户的本期发生额合计；总分类账户的期末余额等于所属的明细分类账户的期末余额合计。

"明细分类账户本期发生额及余额表"是根据各明细分类账户的本期记录编制的。共有两种格式：①数量金额的格式；②只有金额的格式。以上两种格式的表格与数量金额式明细账和三栏式明细账的账页格式分别对应。编表时可按以下顺序进行：①填写各明细账户的名称；②填入各明细账户的期初余额、本期发生额、期末余额；③计算出金额栏合计数。编表后，可以根据该表进行总分类账和明细分类账的核对。如果核对相符，说明平行登记的结果是正确无误的；如果不符，说明记账有差错，必须查明原因后进行更正。

（三）平行登记举例

现以"原材料"和"应付账款"两个账户为例，说明总账与所属明细账的平行登记方法。

1. 资料

（1）2009年1月1日，"原材料"和"应付账款"账户的期初余额：

原材料总账			20 000 元
甲材料明细账	10 000 千克	单价 0.50 元	5 000 元
乙材料明细账	15 000 只	单价 1.00 元	15 000 元
应付账款总账			40 000 元
E 工厂明细账			12 000 元
F 工长明细账			28 000 元

（2）1月份发生的有关经济业务如下（此处说明总账与明细账的平行登记，故暂不考虑税金）：

①购入甲材料 800 千克，每千克 0.05 元；乙材料 600 只，每只 1.00 元。以现金支付货款 1 000 元，材料已验收入库。

②以银行存款偿还 E 工厂货款 1 000 元、F 工厂货款 2 000 元。

③购入甲材料 2 000 千克，每千克 0.5 元；乙材料 4 000 只，每只 1.00 元。共计货款 5 000 元。其中，甲材料是向 E 工厂购买，货款尚未支付；乙材料是向 F 工厂购买，货款已用银行

存款支付，材料已验收入库。

④以银行存款偿还 E 工厂货款 2 000 元、F 工厂货款 2 500 元。

2. 要求

（1）设账。根据材料（1）开设"原材料"和"应付账款"总分类账户及所属各明细分类账户，填入期初余额。

（2）编制会计分录并记账。根据资料（2）编制会计分录，并根据款及分录登记"原材料"和"应付账款"总分类账户及所属各明细分类账户。

（3）结账和对账。月末，结出各账户的本期发生额和期末余额。编制"原材料"和"应付账款"明细分类账户本期发生额及余额表，并分别与"原材料"和"应支付账款"总分类账户的本期发生额及期末余额进行核对。

3. 解题

（1）设账（见表 4-15 至表 4-20）

表 4-15　总分类账

账户名称：原材料　　　　　　　　　　　　　　　　　　　　　　　　　　　　单位：元

2009年 月	日	凭证号	摘　要	借方	贷方	借或贷	余额
1	1	略	月初余额			借	20 000
	略		购入甲、乙材料	1 000		借	21 000
			③ 购入甲、乙材料	5 000		借	260 000
1	31	略	本月合计	6 000		借	26 000

表 4-16　原材料明细分类账

账户名称：甲材料　　　　　　　　　　　　　　　　　　　　　　　　　　　计量单位：kg

2009年 月	日	凭证号	摘要	收入 数量	单价	金额	发出 数量	单价	金额	结存 数量	单价	金额
1	1	略	月初余额							10 000	0.50	5 000
	略		购入	800	0.50	400				10 800	0.50	5 400
			③ 购入	2 000	0.50	1 000				12 800	0.50	6 400
1	31	略	本月合计	2 800	0.50	1 400				12 800	0.50	6 400

表 4-17　原材料明细分类账

账户名称：乙材料　　　　　　　　　　　　　　　　　　　　　　　　　　　计量单位：kg

2009年 月	日	凭证号	摘要	收入 数量	单价	金额	发出 数量	单价	金额	结存 数量	单价	金额
1	1	略	月初余额							15 000	1.00	15 000
	略		购入	600	1.00	600				15 600	1.00	15 600
			③ 购入	4 000	1.00	40 000				19 600	1.00	19 600
1	31	略	本月合计	4 600	1.00	4 600				19 600	1.00	19 600

表 4-18　总分类账

账户名称：应付账款　　　　　　　　　　　　　　　　　　　　　　　　　　　　　单位：元

2009年		凭证号	摘　要	借方	贷方	借或贷	余额
月	日						
1	1	略	月初余额			贷	40 000
		略	偿还货款	3 000		贷	37 000
			③ 购材料		1 000	贷	38 000
			④ 偿还货款	4 500		贷	33 500
1	31	略	本月合计	7 500	1 000	贷	33 500

表 4-19　应付账款明分类细账

账户名称：E工厂　　　　　　　　　　　　　　　　　　　　　　　　　　　　　　　单位：元

2009年		凭证号	摘　要	借方	贷方	借或贷	余额
月	日						
1	1	略	月初余额			贷	12 000
		略	②偿还货款	1 000		贷	11 000
			③购料		1 000	贷	12 000
			④偿还货款	2 000		贷	10 000
1	31	略	本月合计	3 000	1 000	贷	10 000

表 4-20　应付账款明分类细账

账户名称：F工厂　　　　　　　　　　　　　　　　　　　　　　　　　　　　　　　单位：元

2009年		凭证号	摘　要	借方	贷方	借或贷	余额
月	日						
1	1	略	月初余额			贷	28 000
		略	偿还货款	2 000		贷	26 000
			④ 偿还货款	2 500		贷	23 500
1	31	略	本月合计	4 500		贷	23 500

（2）根据资料（2）编制会计分录如下：

①借：原材料——甲材料　　　　　　　　　　　　　400
　　　　　　——乙材料　　　　　　　　　　　　　600
　　贷：库存现金　　　　　　　　　　　　　　　1 000
②借：应付账款——E工厂　　　　　　　　　　　1 000
　　　　　　　——F工厂　　　　　　　　　　　2 000
　　贷：银行存款　　　　　　　　　　　　　　　3 000
③借：原材料——甲材料　　　　　　　　　　　　1 000
　　　　　　——乙材料　　　　　　　　　　　　4 000
　　贷：应付账款——E工厂　　　　　　　　　　1 000
　　　　银行存款　　　　　　　　　　　　　　　4 000
④借：应付账款——E工厂　　　　　　　　　　　2 000
　　　　　　　——F工厂　　　　　　　　　　　2 500

　　　　贷：银行存款　　　　　　　　　　　　　　　　　　　4 500
　　根据以上会计分录登记有关账簿。
　　（4）月末，结出各账户的本期发生额和期末余额，并编制"明细分类账户本期发生额及余额表"，核对平行登记的结果是否正确。如表4-21和表4-22所示。

表4-21　原材料明细分类账户本期发生额及余额表

2009年1月　　　　　　　　　　　　　　　　　　　　　　　　　　单位：元

明细账	计量单位	单价（元）	期初余额		本期发生额				期末月额	
			数量	余额	收入		发出		数量	余额
					数量	余额	数量	余额		
甲材料	千克	0.50	1 000	5 000	2 800	1 400			12 800	6 400
乙材料	只	1.00	15 000	15 000	4 600	4 600			19 600	19 600
合计	—	—		20 000		6 000			—	26 000

表4-22　应付账款明细分类账户本期发生额及余额表

2009年1月　　　　　　　　　　　　　　　　　　　　　　　　　　单位：元

明细账	期初余额		本期发生额		期末月额	
	借方	贷方	借方	贷方	借方	贷方
E工厂		12 000	3 000	1 000		10 000
F工厂		28 000	4 500			23 500
合计		40 000	7 500	1 000		33 500

任务三　错账的更正

　　由于各种原因，记账错误是难以完全杜绝的。为了保证账簿记录正确无误，需要根据会计核算的特点，探寻常见错账的产生原因及规律，一般产生错账的原因有错登、漏登、重登。错登会导致借贷的不平衡，而漏登、重登不影响借贷平衡。实际工作中，如果账簿记录出现错误，需按照正确的方法进行更正，错账的原因和具体情况不同，更正错账的方法也不同。更正错账的方法一般有划线更正法、红字更正法和补充登记法。

一、划线更正法

　　如果记账凭证正确，只是由于过账时发生差错，而使账簿记录出现错误，应采用划线更正法进行更正。一般做法如下：
　　（1）在错误记录上画一条红色注销。文字错误可以只注销错字，但数字错误必须将整个数字注销。被注销的记录仍要清晰可辨，以备查考。
　　（2）记账人员在注销处加盖个人印章，以明确责任。
　　（3）登记正确的记录。
　　划线更正法举例法如下：
　　【例1】对账时发现有一笔经济业务的发生额为8 400元，过账时误记为4 800元，则更正如下：

$$\frac{8400}{4800}$$ （盖上印章）

二、红字更正法

红字更正法也称红字冲账法，一般有两种做法：

1. 全部冲销

如果记账凭证中的科目错误或借贷方向错误，并已过账，应采用红字更正法进行全部冲销。具体做法是：①填制一张与错误记账凭证内容相同的红字金额记账凭证并据已入账，冲销错误记录。在红字金额记账凭证摘要栏注明"注销×月×日第×号凭证"。②用蓝字填制一张正确的记账凭证并据以入账，更正错账记录。在蓝字记账凭证的摘要栏注明"重填×月×日第×号凭证"。

【例2】车间修理办公用具时领用材料共计500元。编制记账时，将借方科目误写为"管理费用"，并已登记入账。

错误分录如下：

借：管理费用　　500
贷：原材料　　　500

更正分录如下：

①用红字金额全部冲销错误记录

借：管理费用　　|500|
贷：原材料　　　|500|

②重新编制正确分录

借：制造费用　　500
贷：原材料　　　500

（注：□ 表示红字）

将以上更正分录过账后，错账就得到了更正，如图4-1所示。

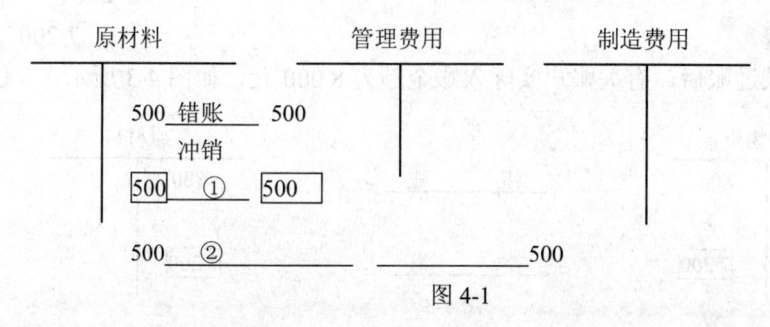

```
    原材料              管理费用            制造费用
                   │
   500  错账  500  │
         冲销      │
  |500| ①  |500|  │
                   │
   500   ②    500 │
```

图 4-1

必须注意：以上类型的错账只能采用红蓝数字相互抵消的办法进行更正，而不宜采用"借：制造费用"的借贷转销的办法来更正。因为：①账户余额虽然得到更正，但虚增了发生额；②转销分录的账户对应关系得不到正常解释，容易使人产生误解。

2. 部分冲销

如果记账凭证中的科目、方向都没有错误，只是错误金额大于应记金额并已过账，应采用红色更正法进行部分冲销。具体做法是：填制一张科目和方向与错误凭证相同，但金额是多记差额的红字金额记账凭证并据以入账，冲销多记的金额。在红字金额记账凭证的摘要栏注明"注销×月×日第×号凭证多记金额"。

【例3】在途材料验收入库，结转材料实际采购成本，共计8 000元。编制记账凭证时，将金额误写为80 000元，并已登记入账。

错误分录如下：　　　　　　　　　　更正分录如下：

借：原材料　　　80 000　　　　　　借：原材料　　72 000

　贷：在途物资　　80 000　　　　　　　贷：在途物资　72 000

将以上更正分录过账后，有关账户实际入账金额为 8 000 元，如图 4-2 所示。

```
         在途物资                                        原材料
          80 000          错    账              80 000

          72 000          冲    账              72 000
                         图 4-2
```

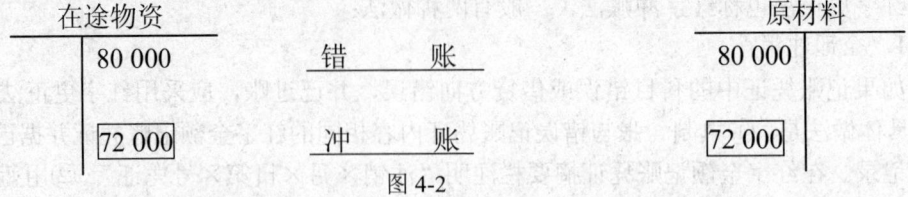

三、补充登记法

如果记账凭证中的科目、方向没有错误，只是错误金额小于应记金额并已过账，应采用补充登记法进行更正。具体做法是：填制一张科目和方向与错误凭证相同，但金额是少记差额的蓝字金额记账凭证并据以入账，补记少记的金额。在补充登记凭证的摘要栏注明"补记×月×日第×号凭证少记金额"。

【例4】在途材料验收入库，结转材料实际采购成本，共计 8 000 元。编制记账凭证时，将金额误写为 800 元，并已登记入账。

错误分录如下：

借：原材料　　　　　　　　　　　　　　　　　　　　800

　贷：在途物资　　　　　　　　　　　　　　　　　　　　800

更正录如下：

借：原材料　　　　　　　　　　　　　　　　　　　7 200

　贷：在途物资　　　　　　　　　　　　　　　　　　　7 200

将以上更正分录过账后，有关账户实际入账金额为 8 000 元，如图 4-3 所示。

```
         在途物资                                        原材料
           800            错    账                800

          7 200           补    记               7 200
                         图 4-3
```

现将错账类型及相应的更正步骤总结如表 4-23 所示。

表 4-23

错账类型			更正方法	更正步骤
记账凭证正确，过账发生错误			划线更正法	（1）划线注销错误记录 （2）更正人盖章 （3）登记正确记录
记账凭证错误，并据以过账	科目等错误		红字更正法	全部冲销	（1）填制红字金额凭证冲销错账 （2）填制正确记账凭证登记入账
	金额错误	金额多记		部分冲销	填制红字金额凭证冲销多记金额
		金额少记	补充登记法	填制蓝字金额凭证补记少记金额

【随堂训练1·多选题】可用于更正因记账凭证错误而导致账簿登记错误的方法是（　　）。

  A．划线更正法　　　B．红字更正法　　　C．补充登记法　　　D．除9法

【随堂训练2·单选题】如果企业的记账凭证正确，在记账时发生错误导致账簿记录错误，则应采用（　　）进行更正。

  A．划线更正法　　　B．平行登记法　　　C．补充登记法　　　D．红字更正法

【随堂训练3·多选题】企业收回货款1 300元存入银行，会计在记账中将金额填为13 000元并已入账。其错误的更正方法应为（　　）。

  A．划线更正法更正

  B．用红字借记"应收账款"账户13 000元，贷记"银行存款"13 000元

  C．用蓝字借记"银行存款"账户1 300元，贷记"应收账款"1 300元

  D．用红字借记"银行存款"账户11 700元，贷记"应收账款"11 700元

小结

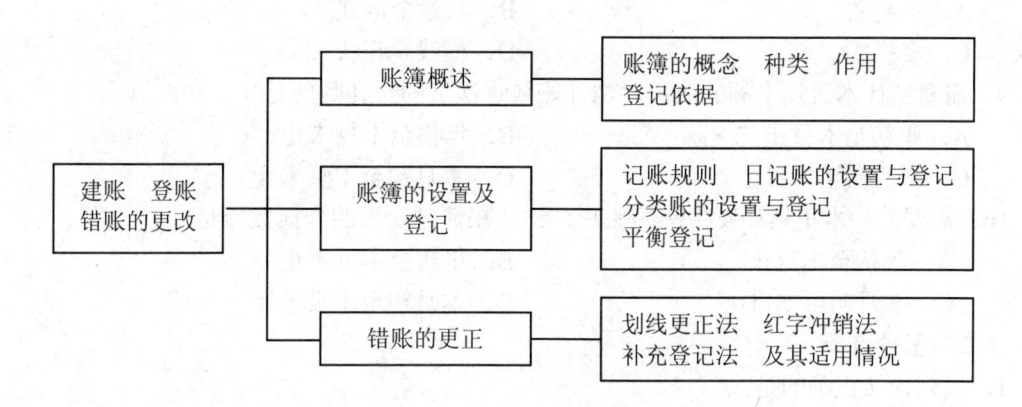

```
                          ┌─ 账簿概述 ───── 账簿的概念  种类  作用
                          │                  登记依据
                          │
建账  登账 ──────────────┼─ 账簿的设置及 ── 记账规则  日记账的设置与登记
错账的更改                │   登记            分类账的设置与登记
                          │                  平衡登记
                          │
                          └─ 错账的更正 ──── 划线更正法  红字冲销法
                                              补充登记法  及其适用情况
```

习题与实训

一、习题

（一）单项选择

1．账户本期期末余额是指（　　）。

  A．本期增加发生额减本期减少发生额

  B．本期期初余额减本期减少发生额

  C．本期期初余额加本期增加发生额减本期减少发生额

  D．本期期初余额加本期增加发生额

2．假如某账户本期期初余额为5 600元，本期期末余额为5 700元，本期减少发生额为800元，则该账户本期增加发生额为（　　）。

  A．900　　　　　　　B．10 500　　　　　C．700　　　　　　　D．12 100

3．明细账按用途分类属于（　　）。

  A．备查账簿　　　　　　　　　　　　B．序时账簿

  C．订本账簿　　　　　　　　　　　　D．分类账簿

4. 原材料明细账的格式应采用（　　）。
   A．三栏式　　　　　　　　B．数量金额式
   C．多栏式　　　　　　　　D．横线登记式
5. 固定资产明细账一般使用（　　）。
   A．多栏账　　　　　　　　B．订本账
   C．卡片账　　　　　　　　D．序时账
6. "委托加工材料登记账簿"按用途分类属于（　　）。
   A．三栏式明细分类账　　　B．分类账簿
   C．备查账　　　　　　　　D．日记账
7. 从银行提取现金时，登记现金日记账的依据是（　　）。
   A．现金收款凭证　　　　　B．现金付款凭证
   C．银行收款凭证　　　　　D．银行付款凭证
8. 现金日记账的格式一般是（　　）。
   A．三栏式　　　　　　　　B．数量金额式
   C．多栏式　　　　　　　　D．横线登记式
9. 需要结计本月发生额的账户，结计账簿过次页的合计数应是（　　）。
   A．年初至本日止　　　　　B．年初至本页末止
   C．本月初至本日止　　　　D．本月初至本页末止
10. 需要结计本年累计发生额的账户，结计账簿过次页的合计数应是（　　）。
    A．年初至本日止　　　　　B．年初至本页末止
    C．本月初至本日止　　　　D．本月初至本页末止

（二）多项选择

1. 下列说法正确的是（　　）。
   A．本期的期末余额即为下期的期初余额
   B．如果账户在左方记录增加额，则在右方记录减少额
   C．账户的余额一般与记录增加额在同一方向
   D．会计科目仅仅是对会计要素进行具体分类的项目名称
   E．每一个账户都有一个科学而简括的名称，用以说明账户所记录的经济业务
2. 账簿按其用途，可以分为（　　）。
   A．序时账簿　　B．订本账簿　　C．分类账簿　　D．备查账簿
   E．三栏账
3. 账簿按其外表形式，可以分为（　　）。
   A．订本账簿　　B．活页账簿　　C．三栏账簿　　D．卡片账簿
   E．数量金额式
4. 会计账簿的基本内容包括（　　）。
   A．封面　　　　B．账户　　　　C．扉页　　　　D．账页
   E．日期
5. 下列账户的明细账应采用多栏式的有（　　）。
   A．管理费用　　B．制造费用　　C．应付账款　　D．应收账款
   E．生产成本

6. 登记总账的根据可以是（　　）。
   A．记账凭证　　　　　　　　B．科目汇总表
   C．汇总记账凭证　　　　　　D．原始凭证
   E．原始凭证汇总表
7. 总账和明细账的平行登记，应满足下列要求（　　）。
   A．原始依据相同　　　　　　B．同期登记
   C．同金额登记　　　　　　　D．同方向登记
8. 账簿登记完毕后，应在记账凭证上同时进行（　　）操作。
   A．注明已经登账的符号　　　B．注明登账的日期
   C．注明登账的名称　　　　　D．签名或者盖章
9. 在账簿中红笔可用于（　　）。
   A．按照红字冲账的记账凭证，冲销错误记录
   B．在不分借贷方向的多栏式账页中，登记减少数
   C．在余额栏前未设借贷方向时，用以登记反向余额
   D．结账划线
   E．注销空行或空页
10. 登记现金日记账的依据有（　　）。
    A．现金收款凭证　　　　　　B．现金付款凭证
    C．银行存款收款凭证　　　　D．银行存款付款凭证
    E．转账凭证
11. 记账时不得隔页、跳行登记，如果发生隔页、跳行时，不得随意涂改，而应采取的处理方法是（　　）。
    A．将空页、空行用红线划掉　B．应将账页撕下并装入档案保存
    C．应加盖"作废"字样　　　　D．应注明"此页空白"或"此行空白"
    E．应按规定由相关人员签章

（三）判断题
1. 账户的基本结构是增加、减少、余额，故账户的格式设计即是这三方面的内容就可。（　　）
2. 所有总账都必须设置明细账，进行明细分类核算。（　　）
3. 总分类账是分类连续反映企业经济业务总括情况的账簿，总分类账一般采用借、贷、余三栏式的订本账。（　　）
4. 银行存款日记账是用来逐日逐笔序时登记银行存款的收入、支出和结存情况的账簿，它是出纳员仅根据审核后的银行存款收款凭证和付款凭证逐笔序时登记。（　　）
5. 卡片式账簿的优点是实用性强、能够避免账页散失，防止不合法地抽换账页。（　　）
6. 总分类账、现金及银行存款日记账一般都采用订本式账簿。（　　）
7. 在账簿登记中必须使用蓝色或黑色墨钢笔记账，不得使用圆珠笔和铅笔。（　　）
8. 会计账簿只能根据审核无误的记账凭证登记。（　　）
9. 为了实现钱账分管原则，出纳员负责现金和银行存款的保管与收付，由会计人员负责登记现金及银行存款日记账。（　　）

10. 期末，试算平衡表平衡了，表明记账没有错误。（　　）

二、实训

实训一

（一）目的：练习各账户的期末余额与本期发生额的关系。

（二）资料：贝尔公司20××年3月份部分账户资料如下：

单位：元

账户名称	期初余额	本期增加发生额	本期减少发生额	期末余额
库存现金	400	700		400
银行存款		26 000	18 000	43 000
应收账款	5 000		1 800	3 500
应付账款	4 460	3 400	3 600	
实收资本		22 500	15 000	46 600
固定资产	43 000	12 000		46 500
原材料	4 600	28 000		5 200
应付职工薪酬	3 000		3 400	3 100

（三）要求：根据上述资料，计算空格中数字。

实训二

（一）目的：练习建账。

（二）资料：华光公司20××年12月各总分类账户的期初余额如下：

账户名称	借方金额	账户名称	贷方金额
库存现金	1 000	累计折旧	980 000
银行存款	450 000	应付账款	86 000
应收账款	65 000	短期借款	20 000
其他应收款	1 800	预收账款	4 600
原材料	800 000	应付职工薪酬	217 400
库存商品	600 000	应交税费	81 000
预付账款	1 200	实收资本	3 400 000
周转材料	50 000	资本公积	400 000
固定资产	3 500 000	盈余公积	280 000
合计	5 469 000	合计	5 469 000

华光公司20××年12月有关明细分类账户的期初余额如下：

账户名称	数量	单价	金额
应收账款			65 000
东风公司			30 000
西南公司			35 000

续表

账户名称	数量	单价	金额
应付账款			86 000
中信公司			50 000
四方公司			36 000
原材料			800 000
甲材料	2 300 千克	200 元/千克	460 000
乙材料	3 400 千克	100 元/千克	340 000

（三）要求：

1．根据资料开设日记账及总分类账户，将期初余额登记入账。
2．根据资料开设明细分类账户，将期初余额登记入账。

（四）耗材：

1．三栏式现金日记账和银行存款日记账账页各 1 张（暂用活页账页）。
2．三栏式总账一本（50 页订本式）。
3．三栏式明细账账页 4 张。
4．数量金额式明细账账页 4 张。
5．多栏式生产成本明细账账页 2 张。

实训三

（一）目的：练习现金日记账和银行存款日记账（三栏式）的登记方法。

（二）资料：某企业 2009 年 3 月初的现金日记账余额为 800 元，银行存款日记账的余额为 968 000 元。本月发生以下经济业务：

1．1 日，职工黎明预借差旅费 300 元，以现金支付。
2．2 日，开出现金支票，从银行提取现金 450 元备用。
3．3 日，以现金 60 元购买办公用品。
4．5 日，以现金 30 元支付企业管理设备修理费用。
5．10 日，开出现金支票，从银行提取现金 25 600 元，备发工资。
6．10 日，以现金支付购买材料装卸费 180 元。
7．12 日，推销员黎明报销差旅费 170 元，交回多余现金。
8．18 日，以现金发放工资 25 600 元。
9．25 日，开出现金支票，从银行提取现金 900 元。
10．25 日，采购员陈送玲预借差旅费 800 元，以现金支付。
11．27 日，采购员陈送玲因故取消出差，退回预借现金 800 元。

（三）要求：根据上述经济业务编制记账凭证并登记现金日记账和银行存款日记账。

（四）耗材：三栏式现金日记账页和银行存款日记账页各一张。

实训四

（一）目的：

1．练习有关账簿的平行登记方法。
2．学会三栏式、数量金额式账页的登记方法。

（二）资料：跃进工厂 20××年 10 月 1 日原材料总分类账期初余额 198 000 元，其中：

甲材料20 000千克，每千克5元，共计100 000元；乙材料为19 000千克，每千克2元，共计38 000元，丙材料60 000千克，每千克1元，共计60 000元；该厂10月发生下列经济业务：

1. 2日，外购甲材料10 000千克，验收入库结转实际成本为50 000元。款项以银行存款支付，材料已验收入库。

2. 3日，生产领用乙材料15 000千克，计30 000元。

3. 6日，生产领用甲材料8 000千克，计40 000元。

4. 10日，生产车间修理机器设备领用丙材料3 000千克，计3 000元。

5. 11日，外购乙材料20 000千克，验收入库结转实际采购成本40 000元，款项由银行付讫。

6. 14日，外购乙材料10 000千克，验收入库结转实际采购成本为20 000元，货款以存款支付。

7. 16日，外购丙材料60 000千克，验收入库结转实际采购成本60 000元，货款以银行存款支付。

8. 19日，生产领用甲材料7 000千克，计35 000元。

9. 20日，生产领用乙材料30 000千克，计60 000元。

10. 27日，生成产品领用丙材料63 000千克，计63 000元。

（三）要求：

1. 根据资料建立原材料总账及其明细账的期初余额。
2. 根据上述业务编制记账凭证并登记本期原材料总账及其明细账的发生额，计算期末余额。
3. 编制原材料总分类账与原材料明细分类账本期发生额和余额对照表并与总账核对。

（四）耗材：三栏式总账账页一张；数量金额式明细账账页3张。

项目五 期末处理

项目目标

知识目标

学习本任务后，你应该能够：
1. 描述期末会计处理的内容，认识期末处理的意义
2. 描述对账、结账的含义及内容
3. 明了期末财产清查的内容、方法及账务处理

能力目标

学习本任务后，你应该能够：
1. 会编制银行存款余额调节表
2. 会编制试算平衡表
3. 能够进行财产清查的账务处理
4. 熟练进行对账和结账

素质目标

学习本任务后，你应该养成：
1. 认真、严谨的学习、工作态度
2. 以事实为依据，发现问题、分析问题、解决问题的能力

导入语：会计核算工作的目标之一是向财务报告使用者提供真实、准确、完整的会计信息，但在实际工作中，难免会出现凭证填写错误、账簿记录错误等情况，导致账证、账账、账实不符，因此，在会计期末编制财务报告前必须进行会计对账工作，同时根据会计分期假设，还需要对会计主体在一定时期内的账簿记录进行定期结算，即会计结账。通过该任务的学习后，你将掌握对账、结账的内容，会根据对账结果、结账内容进行相关会计账务处理；会结计各项资产、负债和所有者权益账户本期发生额和余额；会正确结束旧账与更换会计账簿（年末余额结转下年）。

任务一 对账

对账是指通过核对账簿记录，用以检查账簿是否正确的一种方法。账簿记录是否正确无误，并不完全取决于账簿本身，还要涉及记账的依据——会计凭证，以及记账的对象——实际情况。所以，对账包括账簿与凭证的核对、各种账簿之间的核对、账簿与实际情况的核对。

在实际情况中，由于各种原因，难免会发生记账差错或账实不符等情况，归纳起来，一

般有两个原因：一是自然原因，如因财产物资的本身性质和自然条件变化所引起的益余或短缺等；二是人为原因，如有关人员不熟、工作失职，甚至营私舞弊等。为了保证账簿记录的真实、正确和完整，必须做好对账工作。对账不一定都在期末结账时进行，有些重要数字或者集中核对工作量太大的业务，也可以在平时经常进行核对。但不论平时是否核对账簿记录，在结账时都必须进行一次全面的核对。对账的主要内容如下：

一、账证核对

账证核对是指各种账簿记录与原始凭证、记账凭证的时间、凭证字号、内容、金额是否一致，记账方向是否相符。在实际工作中，由于凭证数量太多，要在结账时全部加以核对是不可能的。一般是在日常编制凭证和记账过程中通过复核来进行的，在期末结账时也可进行重点的抽查核对。账证核对相符是保证账账相符、账实相符的基础。

二、账账核对

账账核对是指各种账簿之间有关数字的核对。主要内容包括：
1. 总账借方与贷方的核对（全部账户的试算平衡）

全部账户的期初借方余额合计与期初贷方余额合计；总分类账中全部账户的本期借方发生额合计与贷方发生额合计；全部账户的期末借方余额合计与期末贷方余额合计应分别核对相符。

2. 总账与日记账的核对

总分类账中库存现金、银行存款账户的本期发生额合计和期末余额应与库存现金、银行存款日记账的相应数字核对相符。

3. 总账与明细账的核对（平行登记的结果检查）

总分类账的本期发生额和余额应与所属的各明细账的本期发生额合计和期末余额合计相符。

4. 各部门财产物资明细分类账的核对

会计部门有关财产物资明细账的余额，与财产物资保管部门或使用部门相应明细账的余额核对相符。

以上各种账簿之间的核对，可以直接核对，也可以通过编表核对。

三、账实核对

账实核对是指各种财产物资和债权债务的账面余额与实存数额进行核对，主要内容包括：
1. 账款核对

现金日记账的账面余额，应与库存现金实存数额核对相符。

2. 账单核对

银行存款日记账的账面余额，应与开户银行的对账单核对相符。

3. 账物核对

各种财产物资明细分类账的账面余额，应与财产物资的实存数额核对相符。

4. 账人核对

各种应收、应付款明细分类账的账面余额，应与有关债务人、债权人核对相符。

账实核对，一般是通过财产清查的方法进行的。财产清查是会计核算的专门方法之一，它是通过对财产物资、现金的实地盘点和对银行存款、债权、债务的查对，来确定其实有数与账面结存数是否相符的一种专门方法。下面我们针对财产清查的相关内容做介绍。

任务二 财产清查

一、财产清查的意义和种类

（一）财产清查的意义

为了保证会计核算资料的客观真实性，保护企业财产物资的安全完整，在会计核算中要经常对账簿记录、会计凭证进行日常审核和定期核对，以保证账实相符。

（1）通过财产清查，可以查明各项财产物资的实有数量，确定实有数量与账面数量之间的差异，查明原因和责任，以便采取有效措施，消除差异，改进工作，从而保证账实相符，提高会计资料的准确性。

（2）通过财产清查，可以查明各项财产物资的保管情况是否良好，有无因管理不善，造成霉烂、变质、损失浪费，或者被非法挪用、贪污盗窃的情况，以便采取有效措施，改善管理，切实保障各项财产物资的安全完整。

（3）通过财产清查，可以查明各项财产物资的库存和使用情况，合理安排生产经营活动，充分利用各项财产物资，加速资金周转，提高资金使用效果。

（二）财产清查的种类

财产清查由于清查对象和范围的不同、清查时间的不一致，可以有以下分类：

1. 按清查对象和范围划分，可分为全面清查和局部清查

全面清查是指对企业全部财产物资所进行的盘点和核对。一般包括以下内容：

（1）现金、银行存款和银行借款等货币资金；

（2）固定资产、原材料、在产品、半成品、产成品以及其他物资；

（3）在途的各种材料物资、货币资金等；

（4）各种往来结算款项、预算缴拨款项；

（5）委托其他单位代保管、代加工的各项材料物资等。

由于全面清查涉及的范围广、内容多，参加的人员多，花费的时间也长，因此不宜经常进行。一般在下述情况下，需要进行全面清查：

（1）年终决算前，为了确保年终决算会计资料的真实性，要进行一次全面清查；

（2）单位撤销、倒闭、合并或改变隶属关系时，要进行一次全面清查；

（3）开展清产核资时，要进行一次全面清查；

（4）单位主要负责人调离工作岗位时，要进行一次全面清查。

局面清查就是根据需要，只对部分财产物资进行的盘点核对。一般情况下，局面清查适用于企业对那些流动性较大的财产，如现金、原材料、产成品及贵重物品进行的清查盘点。

由于局部清查涉及的范围小，参与的人员少，因此企业经常进行的都是局部清查。一般包括：

（1）对于现金，应由出纳人员在每日业务终了时清点核对；

（2）对于银行存款、银行借款，应由出纳人员每月与银行核对一次对账单；

(3) 对于原材料、产成品、在产品及在途材料、贵重物品，应每月清查盘点一次；

(4) 对于各种债权、债务，每年至少要同对方核对一至两次，发现问题及时解决，避免坏账损失。

2. 按清查时间划分，可分为定期清查和不定期清查

定期清查是指根据事先计划安排好的时间，对企业财产物资进行的清查。这种清查一般是在年末、季末、月末结账前进行，以保证账实相符，会计报表真实可靠。定期清查可以是局部清查，也可以是全面清查。通常情况下，企业在年末进行全面清查，平时季末、月末进行局部清查。

不定期清查就是事先不规定清查时间，而是根据需要随时组织进行的清查。不定期清查通常在下列情况下进行：

(1) 企业更换保管、出纳人员时，要对其保管的物资进行清查，以明确经济责任；

(2) 发生自然灾害或意外损失时，对受损物品进行清查，以查明受损情况；

(3) 上级主管部门和财政、审计部门对本单位进行财务检查时；

(4) 进行临时性的清产核资时。

不定期清查可以是全面清查，也可以是局部清查，要视具体情况而定。

财产清查的种类归纳见表 5-1 所示。

表 5-1 财产清查种类

标准	分类	说明
按财产清查的范围	全面清查	全面清查是对全部财产进行盘点与核对。需要进行全面清查的情况通常主要有：年终决算之前；单位撤销、合并或改变隶属关系前；中外合资、国内合资前；企业股份制改制前；开展全面的资产评估、清产核资前；单位主要领导调离工作前等
	局部清查	局部清查根据需要对部分财产物资进行盘点与核对。局部清查一般包括下列清查内容：现金应每日清点一次，银行存款每月至少同银行核对一次，债权债务每年至少核对一至两次，各项存货应有计划、有重点地抽查，贵重物品每月清查一次等
按财产清查的时间	定期清查	定期清查一般在期末进行，它可以是全面清查，也可以是局部清查
	不定期清查	不定期清查一般是局部清查，如： (1) 财产物资和库存现金的实物负责人调动工作时 (2) 财产物资因自然灾害而遭受损失和被盗时 (3) 上级主管单位、财政、银行、审计等部门进行查账时 (4) 按照上级规定，企业改组股份制，进行临时性的资产评估等核资工作时 (5) 发现有贪污行为时

【随堂训练 1 · 多选题】按财产清查的时间可将财产清查方法分为（　　）。

A. 定期清查　　　　　　　　　B. 不定期清查

C. 局部清查　　　　　　　　　D. 全面清查

【随堂训练 2 · 单选题】对于发生自然灾害或贪污盗窃受损的财产物资进行财产清查，通常采用（　　）。

A. 定期清查　　　　　　　　　B. 分期清查

C. 不定期清查　　　　　　　　D. 集中清查

【随堂训练 3 · 单选题】因更换出纳员而对现金进行盘点和核对，属于（　　）。

A. 全面清查和不定期清查　　　B. 全面清查和定期清查

C. 局部清查和不定期清查　　　D. 局部清查和定期清查

二、财产清查的方法

（一）财产物资的盘存制度

财产物资的盘存制度有"永续盘存制"和"实地盘存制"两种。在不同的盘存制度下，企业各项财产物资在账簿中的记录方法和清查盘点的目的是不同的。

（1）永续盘存制。

永续盘存制，又叫账面盘存制，它是指平时对各项财产物资的增加数和减少数，都要根据会计凭证记入有关账簿，并随时在账簿中结出各种财产物资的账面结存数额的一种盘存制度。其目的是以账存数控制实在数。

在永续盘存制下，期末账面结存数的计算公式如下：

$$期初结存数+本期增加数-本期减少数=期末结存数$$

采用永续盘存制，日常核算的工作量较大，但手续严密，通过账簿连续记录，可以随时了解财产物资的收、发、存情况，发现问题可以及时处理，堵塞管理上的漏洞，有利于加强财产物资的管理。本教材前面各任务有关财产物资的登记都是按永续盘存制处理的。

（2）实地盘存制。

实地盘存制与永续盘存制不同，采用实地盘存制的企业，平时在账簿记录中，只登记财产物资的增加数，不登记减少数；月末，通过对财产物资的实地盘点来作为账面结存数，然后再倒推出本期减少数，据以登记账簿。在实地盘存制下，本期减少数的计算公式如下：

$$期初结存数+本期增加数-期末实地盘存数=本期减少数$$

由此可见，在实地盘存制下，月末对财产物资进行清查盘点的目的，在于确定期末账面结存数，并倒推出本期减少数，这有悖于财产清查的初衷。同时，采用实地盘存制，虽然核算工作较简单，但手续不严密，可能掩盖财产物资管理上存在的问题，致使成本核算不真实。因此，除非特殊情况，企业一般不宜采用实地盘存制。

综上所述，不论财产物资账面结存数的确定采用哪一种方法，对财产物资都必须定期或不定期地进行清查盘点。

（二）财产清查的方法

1. 现金的清查

库存现金清查的主要方法是实地盘点法，即通过盘点库存现金的实存数，然后再与库存现金日记账的账面余额相核对，确定账存与实存是否相等以及盈亏情况。

库存现金清查主要包括两种情况：

（1）经常性的现金清查。

即由出纳人员每日清点库存现金实有数，并与库存现金日记账的账面余额核对。

（2）定期或不定期清查。

即由清查小组对库存现金进行定期或不定期清查。清查时，出纳人员必须在场，库存现金由出纳人员经手盘点，清查人员从旁监督。同时，清查人员还应认真审核库存现金收付凭证和有关账簿，检查财务处理是否合理合法，账簿记录有无错误，以确定账存与实存是否相符，等等。

库存现金清查结束后应填写"现金盘点报告表"，并据以调整库存现金日记账的账面记录。

实存金额	账存金额	实存与账存对比结果		备注
		盘盈	盘亏	

盘点人：(签章)：　　　　　　出纳人员：(签章)

发现有待查明原因的现金短缺或溢余，应先通过"待处理财产损溢"科目核算。按管理权限报经批准后，分别以下情况处理：

①如为现金短缺，属于应由责任人赔偿或保险公司赔偿的部分，计入其他应收款；属于无法查明的其他原因，计入管理费用。

②如为现金溢余，属于应支付给有关人员或单位的，计入其他应付款；属于无法查明原因的，计入营业外收入。

2. 银行存款的清查

银行存款的清查，是采用与开户银行核对账目的方法进行的，即将本单位的银行存款日记账与开户银行转来的对账单逐笔进行核对，检查账账是否相符。

银行对账单上的余额，常与企业银行存款日记账上的余额不一致，其原因：一是由于某一方记账有错误。如有的企业同时在几家银行开户，记账时会发生银行之间串户的错误，同样，银行也可能把各存款单位的账目相互混淆；二是存在未达账项。所谓未达账项是指由于企业与银行之间对于同一项经济业务，由于取得凭证的时间不同，导致记账时间不一致而发生的一方已取得结算凭证并已登记入账，而另一方由于尚未取得结算凭证尚未入账的款项。产生未达账项的原因有以下四种情况：

（1）企业已收，银行未收款。例如企业收到销售支票，送存银行后，登记银行存款增加，而银行由于尚未收妥该笔款项，尚未记账，因而形成企业已收款入账，而银行尚未收款入账的情况。

（2）企业已付，银行未付款。例如企业开出支票支付某笔款项，并根据有关单据登记银行存款减少，而此时银行由于尚未接到该笔款项的支付凭证，未记减少，因而形成企业已付款记账，而银行尚未付款记账的情况。

（3）银行已收，企业未收款。例如银行代企业收入一笔外地汇款，银行已记存款增加，而企业尚未收到汇款凭证，未记增加，因而形成银行已收款入账，而企业尚未收款入账的情况。

（4）银行已付，企业未付款。例如银行代企业支付某笔费用，银行已记存款减少，而企业尚未接到有关凭证，未记减少，因而形成银行已付款记账，而企业尚未付款记账的情况。

上述任何一种未达账项的存在，都会使企业银行存款日记账余额与银行对账单余额不一致。因此，在与银行核对对账单时，应首先检查是否存在未达账项，如确有未达账项存在，即编制"银行存款余额调节表"，待调整后，再确定企业与银行之间记账是否一致，双方账面余额是否相符。

银行存款余额调节表的编制方法有很多种，现以补记法为例，说明如下：

【例1】某企业4月30日银行存款日记账余额为65 000元，而银行对账单余额为58 000元，经过逐笔核对，发现有下列未达账项：

（1）企业送存银行转账支票一张，系销售收入25 000元，银行尚未入账；

（2）企业开出现金支票一张，支付办公费3 000元，银行尚未收到支票，未入账；

(3) 银行代企业收取前欠销售款 17 000 元，已入账，而企业尚未收到银行收款通知，未入账；

(4) 银行代企业支付本月水电费 2 000 元，银行已付款入账，而企业尚未收到付款通知，未入账。

根据上述资料，编制"银行存款余额调节表"，调整双方余额，如表 5-2 所示。

表 5-2　银行存款余额调节表

2009 年 4 月 30 日　　　　　　　　　　　　　　　　　　　　　　　单位：元

项目	金额	项目	金额
企业银行存款日记账余额	65 000	银行对账单余额	58 000
+（3）收回前欠销售款	17 000	+（1）销售收入款	25 000
－（4）水电费	2 000	－（2）办公费	3 000
调整后余额	80 000	调整后余额	80 000

该补记法是企业与银行都在其账面余额的基础上，补记上对方已记账，而本方尚未记账的未达账项，登记后看双方余额是否一致。如调整后余额相等，则说明双方记账无错；否则说明双方记账有误，应进一步查找原因。

【提示】银行存款调节表只起调节试算企业与银行之间账目是否相符的作用，而不能作为调整账面余额的凭证，不能据此更正账面记录。调节表上调整后的存款余额，为企业存放在银行的可实际动用的存款数额。

3. 实物的清查方法

实物清查主要是对各种存货及固定资产等财产物资的清查。对这些物资的清查，不仅要从数量上核对账面数与实物数是否相符，而且要查明是否有损坏、变质等情况。由于实物的形态、体积、重量、堆放方式等不尽相同，因而所采用的清查方法也不尽相同。比较常用的清查方法有：

（1）实地盘点法。

实地盘点是指在财产物资存放现场逐一清点数量或用计量仪器确定其实存数的一种方法。此方法适用于容易清点或计量的财产物资以及现金等货币资金的清查。例如：对原材料、包装物、库存商品、固定资产的清查。其优点是取得的数字准确可靠，但工作量较大。

（2）技术推算法。

技术推算法是利用技术方法，通过技术推算确定财产物资实存数量的一种方法。该方法从本质上讲，是实地盘点法的一种补充方法。技术推算法适用于大量堆放、价廉笨重的物资，不易逐一清点的财产物资，如大量堆放的原煤、砂石等。具体方法：将实物整理成近似某种几何体，通过量方、计尺等方法，然后按数据计算其数量重量。

4. 往来款项的清查

往来款项的清查盘点，适宜采用询证法。即企业应在清查日截止时，将有关往来款项的全部结算凭证登记入账，并编制对账单的一式两联，送交对方进行核对。对方将核对结果，不论正确与否，均须在对账单上注明，并盖章寄回。对清查过程中有争议或确实无法收回的款项，要及时处理，避免坏账损失。

三、财产清查结果的处理

1. 账户设置

为了记录、反映财产的盘盈、盘亏和毁损情况,应设置"待处理财产损溢"科目。"待处理财产损溢"账户是资产类账户,用来核算企业在清查财产过程中查明的各种财产物资的盘盈、盘亏和毁损。在该科目下应设置"待处理固定资产损溢"和"待处理流动资产损溢"两个明细科目,分别核算固定资产和流动资产的待处理的损溢。企业的财产损益,应查明原因,在期末结账前处理完毕,处理后本账户应无余额。"待处理财产损溢"账户的基本结构如下图所示。

借方	待处理财产损溢	贷方
①待处理财产盘亏金额		①待处理财产盘盈金额
②根据批准的处理意见结转待处理财产盘盈数		②根据批准的处理意见结转待处理财产盘亏数

2. 财产清查结果处理的步骤

(1) 审批之前的处理。

根据"清查结果报告表"、"盘点报告表"等已经查实的数据资料,编制记账凭证,记入有关账簿,使账簿记录与实际盘存数相符,同时根据企业的管理权限,将处理建议报股东大会或董事会,或经理(厂长)会议或类似机构批准。

(2) 审批之后的处理。

根据审批的意见,进行差异处理,调整账项,《企业会计准则》对不同资产清查结果的处理都进行了规定。

根据清查的结果,调整有关账面记录。盘盈时,批准处理前借记有关盘盈财产科目,贷记"待处理财产损溢"科目;批准处理后借记"待处理财产损溢"科目,贷记"管理费用"、"营业外收入"等科目。盘亏时,批准处理前借记"待处理财产损溢"科目,贷记有关盘亏财产科目;批准处理后借记"管理费用"、"营业外支出"等科目,贷记"待处理财产损溢"科目。

3. 财产清查账务处理实例

(1) 固定资产清查的账务处理。

企业应定期或者至少于每年年末对固定资产进行清查盘点,以保证固定资产核算的真实性,充分挖掘企业现有固定资产的潜力。在固定资产清查过程中,如果发现盘盈、盘亏的固定资产,应填制固定资产盘盈盘亏报告表。清查固定资产的损溢,应及时查明原因,并按照规定程序报批处理。

企业在财产清查中盘盈的固定资产,作为前期差错处理。企业在财产清查中盘盈的固定资产,在按管理权限报经批准处理前应先通过"以前年度损益调整"科目核算。盘盈的固定资产,应按重置成本确定其入账价值,借记"固定资产"科目,贷记"以前年度损益调整"科目;盘亏、毁损和因为自然灾害造成损失的固定资产,如已向保险公司投保,则应扣除赔偿部分后,将其净损失转入"营业外支出"科目。

【例2】某企业在财产清查中发现盘亏机器一台,原账面价值12 000元,已提折旧5 000元,已办理保险5 000元,尚未收款。

① 审批前,编制凭证,调整账面记录。

借:待处理财产损溢——××机器   7 000

　　　　累计折旧　　　　　　　　　　　　　　　　　　　　　　　　5 000
　　　　　贷：固定资产——××机器　　　　　　　　　　　　　　　12 000
　　　　② 审批后，根据批复意见，结转入账。
　　　　借：营业外支出　　　　　　　　　　　　　　　　　　　　　2 000
　　　　　　其他应收款——××保险公司　　　　　　　　　　　　　5 000
　　　　　贷：待处理财产损溢——××机器　　　　　　　　　　　　7 000
　　（2）流动资产盈亏的账务处理。
　　对流动资产的处理，审批前，根据"账存实存对比表"所确定的盈亏数字，编制分录登记入账。审批后，根据批复核销有关账户。属于责任人赔偿的记入"其他应收款"；因管理制度不健全、计量不准确等原因造成的盈亏，增减"管理费用"；因自然灾害造成的非常损失，记入"营业外支出"账户。

　　【例3】某企业年末进行财产清查，清查结果如下：库存现金溢余500元，无法查明原因。
　　① 审批之前应做的处理是：
　　借：库存现金　　　　　　　　　　　　　　500
　　　贷：待处理财产损溢——待处理流动资产损溢　　500
　　② 审批之后应做的处理是：
　　借：待处理财产损溢——待处理流动资产损溢　　500
　　　贷：营业外收入　　　　　　　　　　　　　　　500
　　①审批之前应做的处理是：
　　借：待处理财产损溢——待处理流动资产损溢　　10 000
　　　贷：原材料　　　　　　　　　　　　　　　　　10 000
　　②审批之后应做的处理是：
　　借：其他应收款　　　　　　　　　　　　　5 000
　　　　营业外支出　　　　　　　　　　　　　3 000
　　　　管理费用　　　　　　　　　　　　　　2 000
　　　　贷：待处理财产损溢——待处理流动资产损溢　　10 000

　　【例4】某企业在财产清查中甲材料盘亏10千克，单价11元，乙材料盘盈5千克，单价18元。经查甲材料因保管不当造成短缺，应由保管员赔偿50元，乙材料系计量差错造成。
　　（1）审批前：
　　借：待处理财产损溢——甲材料　　　　　　　　　　　　　　　110
　　　贷：原材料——甲材料　　　　　　　　　　　　　　　　　　110
　　借：原材料——乙材料　　　　　　　　　　　　　　　　　　　90
　　　贷：待处理财产损溢——乙材料　　　　　　　　　　　　　　90
　　（2）审批后：
　　借：管理费用　　　　　　　　　　　　　　　　　　　　　　　60
　　　　其他应收款——××保管员　　　　　　　　　　　　　　　50
　　　贷：待处理财产损溢——甲材料　　　　　　　　　　　　　　110
　　借：待财产处理损溢——乙材料　　　　　　　　　　　　　　　90
　　　贷：管理费用　　　　　　　　　　　　　　　　　　　　　　90

【例5】因受台风影响，A产品损失10 000千克，共计120 000元，保险公司赔偿100 000元，尚未收款；处理残值估价500元入材料库。

（1）审批前：

借：待处理财产损溢——A产品　　　　　　　　　　　　　119 500
　　原材料　　　　　　　　　　　　　　　　　　　　　　　　500
　贷：库存商品——A产品　　　　　　　　　　　　　　　　120 000

（2）审批后：

借：营业外支出　　　　　　　　　　　　　　　　　　　　　19 500
　　其他应收款——××保险公司　　　　　　　　　　　　　100 000
　贷：待处理财产损溢——A产品　　　　　　　　　　　　　119 500

（3）往来款项的账务处理。

对于企业在日常经济活动中产生的债权、债务，应加强管理，避免长期挂账。在财产清查中，查明的长期应收收不回来和应付付不出去的款项，在账务处理上不同于实物资产。通常情况下，应将清查结果连同其他实物资产的盘盈盘亏情况，形成书面材料一同上报有关部门办理报批手续；在审批意见尚未到达之前，暂不进行财务处理，即不通过"待处理财产损溢"账户；待审批后，根据审批意见直接冲转应收应付款项。

【例6】某企业在财产清查中发现，长兴工厂垫付的材料运费1 000元，因对方搬迁，查无实处，无法支付。

（1）审批前不进行账务处理。

（2）审批后：

借：应付账款——长兴工厂　　　　　　　　　　　　　　　　1 000
　贷：营业外收入　　　　　　　　　　　　　　　　　　　　　1 000

【例7】某企业在财产清查中发现，应收第三百货公司销售款22 000元，因对方倒闭，确实已无法收回。

（1）审批前不进行账务处理。

（2）审批后：

借：管理费用　　　　　　　　　　　　　　　　　　　　　　22 000
　贷：应收账款　　　　　　　　　　　　　　　　　　　　　22 000

需要说明的是，企业在日常工作中发生的待处理财产损益，通常必须在年报编制前处理完毕。

【思考】如果上述是计提坏账准备的企业，如何进行会计处理？

【随堂训练4·单选题】企业在存货清查中，发生盘盈的存货，按规定手续报经批准后，应计入（　　）。

　　A．营业外收入　　　　　　　　B．管理费用
　　C．其他业务收入　　　　　　　D．营业外支出

【随堂训练5·多选题】企业下列（　　）会影响管理费用。

　　A．企业盘点库存现金，发生库存现金的盘亏
　　B．存货盘点，发现存货盘亏，由管理不善造成的
　　C．固定资产盘点，发现固定资产盘亏，盘亏的净损失
　　D．库存现金盘点，发现库存现金盘点的净收益

【随堂训练6·单选题】因企业的固定资产管理不善造成固定资产盘亏,经批准核销时,应借记（   ）。

A. 固定资产
B. 待处理财产损溢
C. 营业外支出
D. 管理费用

任务三 结账

一、结账的内容和程序

结账是在本期发生的经济业务全部入账的基础上,计算各账户本期发生额和余额,结束本期账簿记录的方法。结账的内容和程序如下:

（1）将本期日常发生的经济业务全部入账。不能为赶编会计报表而提前结账,也不能先编表后结账。如发现漏账、错账,应及时补记、更正。

（2）按照权责发生制的要求,编制期末账项调整的记账凭证,并据以入账（账项调整的内容将在专业会计课中介绍）。

（3）按照配比原则的要求,编制结转已售产品成本等记账凭证,并据以入账。

（4）结转各费用（成本）类账户和收入了账户,编制结账分录并据以入账,以确定本期财务成果。

（5）结转"本年利润"和"利润分配"账户。

（6）核对账目,保证账证相符、账账相符合账实相符。

（7）在本期全部经济业务登记入账并核对相符的基础上,分别按规定结出各种日记账、总分类账、明细分类账的本期发生额和期末余额,并明确画线结账。

二、结账的方法

会计期末采用画通栏红线的方法进行结账。画结账红线的目的是为了在繁多的账户记录中突出有关数额,并明确画清各期记录的界线。由于各种账户所提供的指标作用不同,月结方法的繁简也不同:

（1）对于本月没有发生额的账户,不必进行月结（不画结账红线）。

（2）对于所有总账以及应收账款明细账、应付账款明细账、财产物资明细账,只需在本月最后一笔记录下面画一条通栏单红线,表示"本期记录到此结束",如表5-3所示。

表 5-3 应付账款明细账

2009年		凭证号	摘要	借方 十万千百十元角分	贷方 十万千百十元角分	借或贷	余额 十万千百十元角分
月	日						
			上年结转			贷	1 6 0 0 0 0
	4	付5	还款	1 3 0 0 0 0		贷	
	28	转7	欠料款		4 5 0 0 0 0	贷	4 8 0 0 0 0
							一条单红线

（3）对于现金日记账和银行存款日记账，应在本月最后一笔记录下面画一条通栏单红线，并在下一行的摘要栏中用红字居中书写"本月合计"，同时在该行结出本月发生额合计及余额，然后在"本月合计"行下面再画一条通栏单红线。如表5-4所示。

表5-4 现金日记账

2009年		凭证号	摘要	借方 十万千百十元角分	贷方 十万千百十元角分	借或贷	余额 十万千百十元角分
月	日						
1	1		上年结转			借	8 0 0 0 0
	7	付1	售料存银行		3 0 0 0 0	借	5 0 0 0 0
	19	付3	王岩交回欠款	4 0 0 0 0		借	9 0 0 0 0
1	31		本月合计	4 0 0 0 0	3 0 0 0 0	借	9 0 0 0 0

两条单红线

（4）对于应交税费明细账、成本类明细账和损益类明细账，从2月末开始，按月结出本年累计发生额，如表5-5所示。

表5-5 应交税费明细账

2009年		凭证号	摘要	借方 十万千百十元角分	贷方 十万千百十元角分	借或贷	余额 十万千百十元角分
月	日						
2	28	转28	计算应交税		3 6 0 0 0	贷	3 6 0 0 0
	28		本年累计	7 1 0 0 0	7 1 0 0 0	贷	3 6 0 0 0

两条单红线

（5）年末结账。在各账户的本年最后一笔记录下面画通栏双红线，表示"年末封账"，如表5-6所示。

表5-6

12	31		本年合计			借	8 6 0 0 0 0

一条单红线
一条双红线

【相关知识链接】总账、日记账和大部分的明细账，每年应更换一次账簿；年初，要将旧账各账户年末余额直接转记到新账各账户的第一行中，并在"摘要"栏内加盖"上年结转"戳记。上年旧账各账户最后一行"摘要"栏内加盖"结转下年"戳记，并将其下面的空行画一条斜红线注销。旧账余额过入新账时，无须编制记账凭证。对于数额变动较小、内容格式特殊的明细账，如固定资产明细账，可以连续使用多年，而不必每年更换新账。

【随堂训练 7·判断题】结账通常包括两个方面：一是结清各种损益类账户并结出余额；二是结清各类资产、负债和所有者权益类账户的本期发生额合计和余额。（　　）

小结

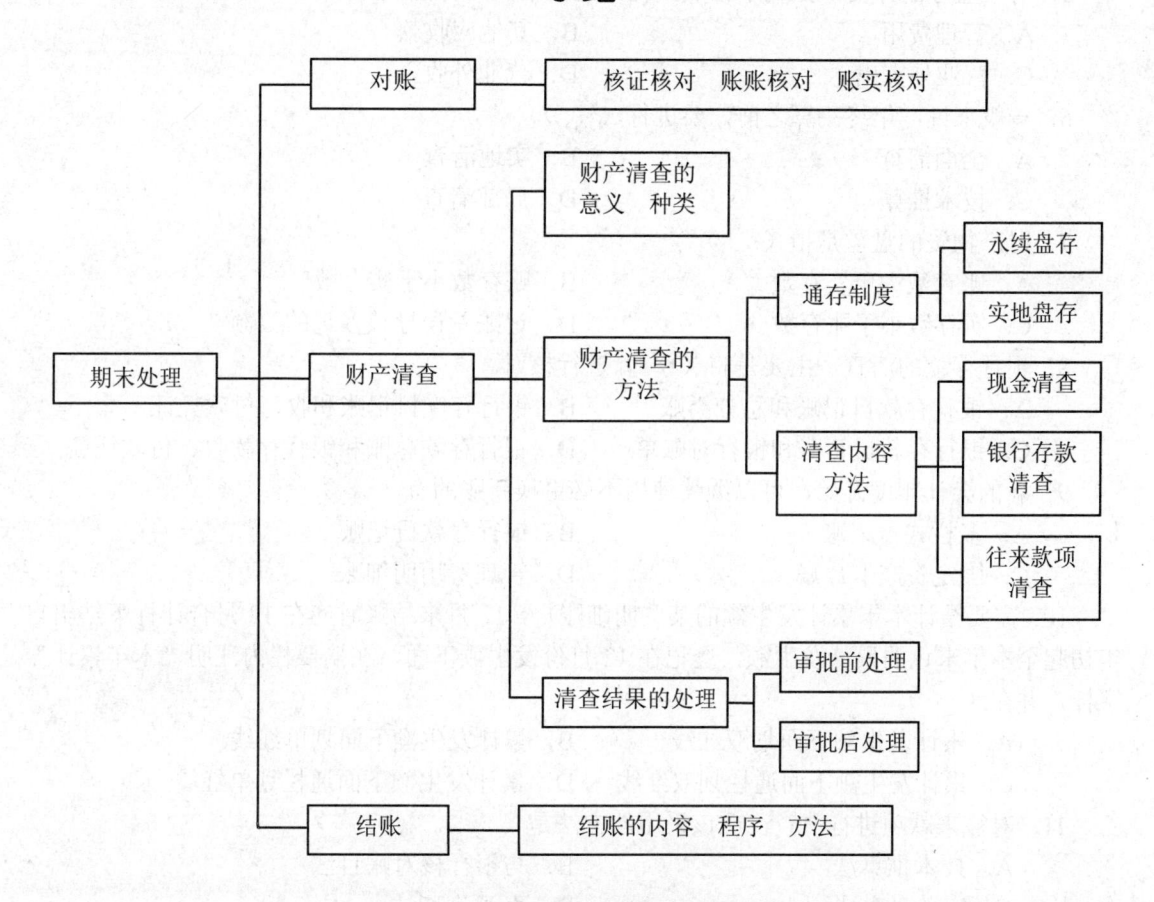

```
                        ┌── 对账 ──── 核证核对  账账核对  账实核对
                        │
                        │              ┌── 财产清查的意义 种类
                        │              │
                        │              │                    ┌── 永续盘存
                        │              │       ┌── 盘存制度 ┤
                        │              │       │            └── 实地盘存
                        ├── 财产清查 ──┤── 财产清查的方法
期末处理 ───────────────┤              │       │            ┌── 现金清查
                        │              │       │            │
                        │              │       └── 清查内容 ┼── 银行存款清查
                        │              │           方法     │
                        │              │                    └── 往来款项清查
                        │              │
                        │              │                    ┌── 审批前处理
                        │              └── 清查结果的处理 ──┤
                        │                                   └── 审批后处理
                        │
                        └── 结账 ──── 结账的内容  程序  方法
```

习题与实训

一、习题

（一）单项选择

1. 以下情况中宜采用局部清查的是（　　）。
  A．企业被兼并　　　　　　　　B．企业清产核资
  C．企业更换财产经管人员　　　D．企业改为股份制试点企业进行的清查

2. 某企业在财产清查中，盘盈材料一批，原因待查，此时应根据（　　）进行会计账务处理。

A. 盘存单 B. 实存账存对比表
C. 进货单 D. 发货单

3. 企业库存材料发生非常损失，经批准应列入（   ）账户。
   A. 管理费用 B. 营业外支出
   C. 其他业务支出 D. 本年利润

4. 对库存现金进行清查时，一般采用（   ）进行。
   A. 账面清查 B. 实地清查 C. 账账相对 D. 账证核对

5. 对于盘亏的存货，如属于自然损耗，经批准，应分别列入（   ）账户。
   A. 管理费用 B. 其他应收款
   C. 营业外支出 D. 营业外收入

6. 一般来说，年终决算之前，要进行（   ）。
   A. 全面清查 B. 实地清查
   C. 技术推算 D. 局部清查

7. 财产物资的盘盈是指（   ）。
   A. 账存数大于实存数 B. 账存数小于实存数
   C. 实存数小于账存数 D. 记账差误导致多记的数额

8. 银行存款的清查，主要是将（   ）进行核对。
   A. 银行存款日记账和总分类账 B. 银行存款日记账和收、付款凭证
   C. 银行存款日记账和银行对账单 D. 银行存款总账和银行存款收、付款凭证

9. 新的会计年度开始，可以继续使用不必更换新账的有（   ）。
   A. 多栏式日记账 B. 银行存款日记账
   C. 固定资产卡片账 D. 管理费用明细账

10. 需要结计本年累计发生额的某些明细账户，12月末结账时应在12月合计行下结出自年初起至本年末止的累计发生额，登记在12月份发生额下面，在摘要栏内注明"本年累计"字样，并在（   ）。
    A. 累计发生额下面划双红线 B. 累计发生额下面划单红线
    C. 累计发生额下面通栏划双红线 D. 累计发生额下面通栏划单红线

11. 对往来款项进行清查，应该采用的方法是（   ）。
    A. 技术推算法 B. 与银行核对账目法
    C. 实地盘存法 D. 发函询证法

12. 某企业盘点中发现盘亏一台设备，原始价值50 000元，已计提折旧10 000元。根据事先签订的保险合同，保险公司应赔偿30 000元，则扣除保险公司赔偿后剩余的净损失10 000元应计入（   ）。
    A. 累计折旧 B. 营业外支出 C. 管理费用 D. 资本公积

13. 企业存货盘亏，属于一般经营损失，应该在批准处理后（   ）。
    A. 计入管理费用 B. 计入营业外支出
    C. 计入销售费用 D. 计入生产成本

14. 机器设备等固定资产采用的清查方法一般是（   ）。
    A. 技术推算法 B. 测量计算法
    C. 逐一盘点法 D. 抽样盘点法

15. 某企业出现现金短缺，经查是由出纳保管不善造成的，则经批准后应计入（　　）科目。
    A. 管理费用　　　B. 其他应收款　　C. 其他应付款　　　D. 营业外支出
16. 加强财产清查工作，充分发挥会计监督作用的重要意义不应包括（　　）。
    A. 通过财产清查，可以保护财产的安全完整
    B. 通过财产清查，确保会计核算资料的真实可靠
    C. 通过财产清查，可以防止和打击各种腐败行为，维护国家财产不受侵犯
    D. 通过财产清查，可以挖掘财产物资潜力，促进财产物资的有效使用

（二）多项选择
1. 存货盘存制度一般有（　　）。
    A. 永续盘存制　　B. 定期盘点制　　C. 不定期盘点制　　D. 实地盘存制
2. 不定期清查主要是在（　　）情况下进行的。
    A. 更换财产、现金的保管人员时　　B. 发生自然灾害和意外损失时
    C. 进行临时性清产核资时　　　　　D. 年末时候
3. 以下可能既属于不定期又属于全面清查的有（　　）。
    A. 单位撤销、改变隶属关系时的财产清查
    B. 发生非常灾害和意外损失时的清查
    C. 开展清产核资时
    D. 更换仓库保管员时
4. 造成账存、实存数差异的主要原因是（　　）。
    A. 财产收发时的量具精度差异
    B. 由于管理不善或自然因素的原因
    C. 在填制凭证、登记账簿时，发生错记和计算错误
    D. 未达账原因
5. 待处理财产损溢账户的借方登记（　　）。
    A. 企业盘盈的财产数额　　　　　　B. 企业盘亏的财产数额
    C. 企业报批后转销的盘亏数额　　　D. 企业报批后转销的盘盈数额
6. 某企业发现账外设备一台，该设备全新的市场价值为 5 000 元，经评估该设备六成新，下列账务处理中不正确的有（　　）。
    A. 借：固定资产　　　　　　　3 000
       　　贷：待处理财产损溢　　　　　　3 000
    B. 借：固定资产　　　　　　　5 000
       　　贷：待处理财产损溢　　　　　　3 000
       　　　　累计折旧　　　　　　　　　2 000
    C. 借：固定资产　　　　　　　5 000
       　　贷：以前年度损益调整　　　　　3 000
       　　　　累计折旧　　　　　　　　　2 000
    D. 借：待处理财产损溢　　　　3 000
       　　贷：营业外收入　　　　　　　　3 000
7. 全面清查一般在年终进行，但单位在（　　）时，也要进行全面清查。

A．合资　　　　　　　　　　　B．合并
　　　C．更换单位负责人　　　　　　D．更换实物保管人
　8．下列各项中需要通过"待处理财产损溢"账户核算的有（　　）。
　　　A．库存现金短缺　　　　　　　B．原材料盘亏
　　　C．发现账外固定资产　　　　　D．应收账款无法收回

（三）判断题

1．现金由于流动性大，因此每日终了必须由出纳员自行盘点一次，必要时可突击抽查。（　）

2．只要账簿记录正确，就说明账簿所做的记录真实可靠，就不会造成账实不符，不需进行财产清查。（　）

3．对于未达账项应编制银行存款余额调节表进行调节，同时对未达账项编制记账凭证调整入账。（　）

4．对于无法收回的应收款项，应记入"待处理财产损溢"账户，批准后转入有关账户。（　）

5．采用永续盘存制，能在账簿中及时反映财产物资的增减变动及结存情况，因此，无需对财产物资进行清查盘点。（　）

6．单位改变隶属关系前应进行局部清查。（　）

7．"银行存款余额调节表"可以作为登账的根据。（　）

8．新的会计年度开始时，必须更换全部账簿。（　）

9．启用订本式账簿，应当从第一页到最后一页顺序编定页数，不得跳页缺号。（　）

10．根据"清查结果报告表"、"盘点报告表"等已经查实的数据资料，编制记账凭证，记入有关账簿，使账簿记录与实际盘存数相符，同时将处理建议报会计机构负责人（会计主管人员）审批。（　）

11．库存现金的清查包括出纳人员每日的清点核对和清查小组定期和不定期的清查。（　）

12．技术推算法适用于那些大量成堆、价廉笨重且不能逐项清点的物资，如露天堆放的煤、砂石等。（　）

13．往来账款的清查一般采用"发函询证"的方法，即派人或通讯向往来结算单位核实账目。（　）

14．财产清查就是对各项实物资产进行定期盘点和核对。（　）

15．银行已经付款记账而企业尚未付款记账，会使企业银行存款日记账账面余额大于银行对账单的账面余额。（　）

16．财产清查中，对于银行存款、一些贵重物资至少每月与银行或有关单位核对一次。（　）

17．未达账项包括企业未收到凭证而未入账的款项和企业、银行都未收到凭证而未登记入账的款项。（　）

二、实训

实训一

（一）目的：练习财产清查结果的处理。

（二）资料：华光工厂20××年末财产清查结果如下：

（1）库存A产品盘点短缺10件，每件25元，计250元，原因待查。

（2）库存甲材料盘亏400元，乙材料盘盈120元，原因待查。

（3）盘点发现盘亏一台固定资产，账面原价5 000元，累计已提折旧3 500元，原因待查。

（4）出纳员短少现金75元，原因待查。

（5）上述（1）～（4）的业务，经有关部门查核，作如下处理：

①库存A产品盘点短缺系自然灾害引起的，经批准，做营业外支出处理。

②库存甲材料盘亏属正常损耗，库存乙材料盘盈，系自然升溢。

③盘亏的固定资产系本单位保管不善而丢失，作本单位损失处理。

④出纳员短少现金系出纳员责任，责令赔偿，尚待扣收。

（三）要求：根据上述资料编制会计分录。

实训二

（一）目的：练习银行存款余额调节表的编制。

（二）资料：某企业20××年9月"银行存款日记账"和"银行对账单"内容如下：

银行存款日记账

20××年		凭证号	摘要	结算凭证		借方	贷方	余额
月	日			种类 号数					
9	1	略	承前页					19 600
	2		存入销货款	交款单 116		4 300		23 900
	6		提现	现支 310			8 946	14 954
	10		支付材料款	托收 732			5 600	9 354
	14		存入销货款	交款单 117		6 800		16 154
	17		支付运费	转 支 603			350	15 804
	21		支付水电费	转 支 604			875	14 929
	23		支付材料款	委托 421			6 380	8 549
	25		投资收益	交款单 118		7 130		15 679
	29		存入销货款	交款单 119		1 650		17 329
	30		垫付运费	转 支 605			866	16 463

银行对账单

户名：×企业　　　　　　　　20××年9月30日

20××年		摘要	结算凭证		借方	贷方	借或贷	余额
月	日		种类 号数					
9	1		承前页					贷	19 600
	2		存入	交款单 116			4300	贷	23 900
	6		支出	现支 310		8946		贷	14 954
	10		支出	托收 732		5600		贷	9 354
	14		存入	交款单 117			6800	贷	16 154

续表

20××年		摘要	结算凭证		借方	贷方	借或贷	余额
月	日		种类	号数				
	17	支出	转支	603	350		贷	15 804
	21	支出	转支	604	875		贷	14 929
	23	支出	委托	421	6 380		贷	8 549
	25	存入	交款单	118		7 130	贷	15 679
	30	存入	委托	427		10 600	贷	26 279
	30	支出	利息凭证		1 600		贷	24 679

（三）要求：将"银行存款日记账"与"银行对账单"逐步核对后，编制"银行存款余额调节表"。

银行存款余额调节表

20××年9月30日

项 目	金 额	项 目	金 额
银行存款日记账余额		银行对账单余额	
调节后的余额		调节后的余额	

项目六　编制会计报表

项目目标

知识目标

学习本任务后，你应该能够：
1. 了解编制会计报表的重要性和作用
2. 描述报表结构的一般原理

能力目标

学习本任务后，你应该能够：
1. 编制资产负债表
2. 编制利润表

素质目标

学习本任务后，你应该养成：
1. 认真、负责的学习、工作态度
2. 团队协作、合作能力

导入语：日常会计工作，在经过填制会计凭证、登记会计账簿、对账与结账后，所形成的会计资料仍然是分散的。不便于会计信息使用者了解会计主体的财务状况、经营成果及现金流量情况。因此，还必须在做好会计日常工作的基础上，定期编制财务报表。通过该任务的学习，你将能够根据账簿记录资料正确编制资产负债表、利润表。

任务一　财务会计报告概述

一、财务会计报告的概念

财务报告（又称财务会计报告）是指企业对外提供的反映企业某一特定日期的财务状况和某一会计期间的经营成果、现金流量等会计信息的文件。

财务报告至少包括以下几层含义：①财务报告应当是对外报告，其服务对象主要是投资者、债权人等外部使用者，专门为了内部管理需要的报告不属于财务报告的范畴；②财务报告应当综合反映企业的生产经营状况，包括某一时点的财务状况和某一时期的经营成果与现金流量等信息，以勾画出企业经营情况的整体和全貌；③财务报告必须形成一套系统的文件，不应是零星的或者不完整的信息。

财务报告是企业财务会计确认与计量的最终结果体现，是向投资者等财务报告使用者提供决策有用信息的媒介和渠道，是沟通投资者、债权人等使用者与企业管理层之间信息的桥梁和纽带。

财务报告包括财务报表和其他应当在财务报告中披露的相关信息和资料。财务报表是财务报告的核心内容。

二、财务会计报告的构成

财务会计报告包括财务报表和其他应当在财务会计报告中披露的相关信息和资料。

企业财务会计报告分为年度和中期财务报告。中期财务报告是指以中期为基础编制的财务报告，中期是指短于一个完整的会计年度的报告期间。半年度、季度和月度财务会计报告统称为中期财务会计报告。

《企业会计准则第30号——财务报表列报》规定：财务报表至少应当包括资产负债表、利润表、现金流量表、所有者权益变动表（或股东权益变动表）和附注。

资产负债表是一种静态报表；利润表和现金流量表是一种动态报表。

（1）资产负债表，是指反映企业在某一特定日期的财务状况的会计报表。

（2）利润表，是指反映企业在一定会计期间的经营成果的会计报表。

（3）现金流量表，是指反映企业在一定的会计期间的现金和现金等价物流入和流出情况得会计报表。

（4）所有者权益变动表，是指反映企业在一定会计期间所有者（股东）权益各项目的增减变动情况的会计报表。

（5）附注，是指对会计报表中列示项目所作的进一步说明，以及对未能在这些报表中列示项目的说明等。

三、财务报告的表编制要求

为了实现财务会计报告的编制目的，最大限度地满足财务会计报告使用者的信息需求，单位编制的财务会计报告应当真实可靠、全面完整、编报及时、便于理解，符合国家统一的会计制度和会计准则的有关规定。

（一）真实可靠

如果会计报表所提供的资料不真实或者可靠性很差，则会致使报表使用者作出错误的决策。企业会计准则规定，会计核算应当以实际发生的交易或事项为依据，如实反映企业的财务状况、经营成果和现金流量。

（二）全面完整

企业会计报表应当全面地披露企业的财务状况、经营成果和现金流动情况，完整地反映企业财务活动的过程和结果，以满足各有关方面对财务会计信息资料的需要。不得漏编漏报。

（三）编报及时

企业会计报表所提供的信息资料，具有很强的时效性。只有及时编制和报送会计报表，才能为使用者提供决策所需的信息资料。

（四）便于理解

可理解性是指会计报表提供的信息可以为使用者所理解。因此，编制的会计报表应当清晰明了，便于理解和利用。

我国《企业财务会计报告条例》规定，企业对外提供的财务会计报告应当依次编定页数，加具封面，装订成册，加盖公章。封面上应当注明：企业名称、企业统一代码、组织形式、地址、报表所属年度或者月份、报出日期，并由企业负责人和主管会计工作的负责人、会计机构负责人（会计主管人员）签名并盖章；设置总会计师的企业，还应当由总会计师签名并盖章（注意：签名并盖章，而非或）。

四、财务报表的分类

会计报表可以根据需要按照不同的标准进行分类。

（一）按报表所反映的经济内容不同，可分为反映企业财务状况及其变动情况的报表和反映企业经营成果的报表

反映企业财务状况及其变动情况的报表又可以分为两种：一种是反映企业特定日期财务状况的报表，如资产负债表表；另一种是反映企业一定时期财务状况变动情况的报表，如现金流量表和所有者权益变动表。

（二）按报表所反映的资金运动形态的不同，可分为静态报表和动态报表

静态报表是指反映企业特定日期财务状况的报表，如资产负债表。该表体现的是在某一特定日期企业资金运动的结果，其主要是对期末的资产、权益的变动结果进行反映，应根据有关账户的期末余额编报。

动态报表是指反映企业一定时期的财务状况变动情况和经营成果的报表，如利润表、现金流量表和所有者权益变动表。这三张表体现的是一定时期内企业资金运动的状态，应根据有关账户的发生额和相关报表数字编报。

（三）按报表编制与报送时间的不同，可分为中期报表和年度报表

按月编报的会计报表成为月报表，按季度编报的会计报表称为季度报表，按年度编报的会计报表称为年报表或决算报表。其中月报表和季度报表又称为中期报表。中期报表是指短于一个完整会计年度的报告期间，它可以是一个月、一个季度或者半年，也可以是其他短于一个会计年度的报告期间。在我国，月报表通常包括资产负债和利润表；中期报表通常包括资产负债表、利润表和现金流量表；而年度报表除上述三张报表外，还包括所有者权益变动表（或股东权益变动表）。

（四）按报表编制的会计主体不同，可分为个别报表和合并报表

个别报表是指在以母公司和子公司组成的具有控股关系的企业集团中，由母公司和子公司各自为主体分别单独编制的报表，用以分别反映母公司和子公司各自的财务状况和经营成果。

合并报表是指以母公司和子公司组成的企业集团为一个会计主体，以母公司和子公司单独编制的个别报表为基础，由母公司编制的综合反映企业集团经营成果、财务状况及其资金变动情况的会计报表。

除此之外，会计报表还可以按服务对象的不同，分为对外报表和内部报表；按编制单位不同，分为基层报表和汇总报表等。

五、手续完备

对外会计报表应依次编订页码、加具封面、装订成册、盖上单位公章；企业行政领导人员、总会计师、会计机构负责人和会计主管人员要签字；需要注册会计师行使监督验证职能的会计报表，还要注册会计师签章。

任务二 资产负债表

一、资产负债表的性质和作用

资产负债表是反映企业某一特定日期的财务状况的会计报表，它是根据资产、负债和所有者权益之间的相互关系，按照一定的分类标准和一定的顺序，把企业一定日期的各资产项目予以适当地排列，并对日常工作中形成的大量数据进行高度浓缩整理而成的。它表明企业在某一特定日期所拥有或控制的经济资源、所承担的现有债务和所有者对净资产的要求权。资产负债表能够提供资产、负债和所有者权益的全貌。通过编制资产负债表，可以提供某一日期资产的总额，表明企业拥有或控制的经济资源及其分布情况，是分析企业生产经营能力的重要资料；通过编制资产负债表，可以反映某一日期的负债总额以及结构，表明企业未来需要多少资产或劳务清偿债务；通过编制资产负债表，可以反映所有者权益的情况，表明投资者在企业资产中所占的份额，了解权益的结构情况。资产负债表还能够提供进行财务分析的基本资料，根据资产负债表可以计算流动比率、速动比率，以了解企业的短期偿债能力等。

二、资产负债表的内容和结构

（一）资产负债表的内容

资产负债表是根据会计恒等式"资产=负债+所有者权益"设计而成的，它主要反映以下三个方面的内容：

（1）在某一特定日期企业所拥有的经济资源，即某一特定日期企业所拥有或控制的各项资产的余额，包括流动资产、长期股权投资、固定资产、无形资产及其他资产。

（2）在某一特定日期企业所承担的债务，包括各项流动负债和长期负债。

（3）在某一特定日期企业投资者拥有的净资产，包括投资者投入的资本、资本公积、盈余公积和未分配利润。

（二）资产负债表的结构

资产负债表的结构分为账户式和报告式。

账户式资产负债表，是将资产和权益分为左方和右方，左方列示资产各项目，右方列示负债和所有者权益各项目，资产各项目的合计等于负债和所有者权益各项目的合计。账户式资产负债表能够反映资产、负债和所有者权益之间的内在关系，其格式如表6-1所示。

表6-1 资产负债表（账户式）

资产	金额	负债及所有者权益	金额
流动资产		流动负债	
流动资产合计		长期负债	
长期股权投资		负债合计	
固定资产		实收资本	
无形资产		资本公积	
其他资产		盈余公积	
非流动资产合计		未配利润	
资产总计		负债及所有者权益总计	

报告式资产负债表，是将资产负债表的项目自上而下排列首先列示资产的数额，然后列示负债的数额，最后再列示所有权益的数额。其格式如表 6-2 所示。

表 6-2　资产负债表（报告式）

资产	
流动资产	××××
长期股权投资	××××
固定资产	××××
无形资产	××××
其他资产	××××
资产总计	××××
负债	
流动负债	××××
长期负债	××××
负债合计	××××
所有者权益	
实收资本	××××
资本公积	××××
盈余公积	××××
为分配利润	××××
负债及所有者权益总计	××××

在我国，资产负债表按账户式反映，通常包括表头、表身和表尾。

表头主要包括资产负债表的名称、编制日期和金额单位；表身包括各项资产、负债和所有者权益的年初余额和期末余额，是资产负债的主要部分；表尾主要包括补充资料等。资产负债表的基本格式如表 6-3 所示。

表 6-3　资产负债表　　　　　　　　　　　会企 01 表

编制单位：_____　　　　年_____月_____日　　　　单位：元

资产	行次	期末余额	年初余额	负债和所有权益（或股东权益）	行次	期末余额	年初余额
流动资产：				流动负债：			
货币资金				短期借款			
交易性金融资产				交易性金融负债			
应收票据				应付票据			
应收账款				应付账款			
预付账款				预收账款			
应收利息				应付职工薪酬			
应收股利				应交税费			
其他应收款				应付利息			
存货				应付股利			

续表

资产	行次	期末余额	年初余额	负债和所有权益（或股东权益）	行次	期末余额	年初余额
其中：消耗性生物资产				其他应付款			
一年内到期的非流动资产				一年内到期的非流动负债			
其他流动资产				其他流动负债			
流动资合计				流动负债合计			
非流动资产：				非流动负债：			
可提供出售金融资产				长期借款			
持有至到期投资				应付债券			
长期应收款				长期应付款			
长期股权投资				专项应付款			
投资性房地产				预计负债			
固定资产				递延所得税负债			
在建工程				其他非流动负债			
工程物资				非流动负债合计			
固定资产清理				负债合计			
生产性生物资产				所有者权益（或股东权益）：			
油气资产				实收资本（或股本）			
无形资产				资本公积			
开发支出				减：库存股			
商誉				盈余公积			
长期待摊费用				未分配利润			
递延所得税资产				所有者权益（或股东权益）合计			
其他非流动资产							
非流资产合计							
资产总计				负债和所有权益（或股东权益）总计			

三、资产负债表的编制方法

资产负债表是一张静态报表，它反映的是某一时点企业的财务状况，因此在时间上必须写某一具体的日期。其次，资产负债表各项目的金额分为期末余额和年初两栏，其中，"期末余额"各项目金额应根据总分类账户和明细分类账户的期末余额填列，"年初余额"各项目的金额，应根据上年资产负债表的年末余额直接填列。具体来说，资产负债表各项目的数据主要通过以下几种方式取得：

（一）直接根据总分类账户的期末余额填列

如资产项目的交易性金融资产、应收票据、应收利息、应收股利、可供出售金融资产、固定资产清理、递延所得税资产等；负责项目的短期借款、交易性金融资产、应付票据、应付职工薪酬、应缴税费、应付利息等，以及全部所有者权益项目。

（二）根据明细分类账户的期末余额填列

有些项目不能直接根据某个总账和几个所属的明细账期末余额填列，而是要对相关总账所属明细账的期末进行分析后计算填列。如"应收账款"项目，应根据"应收账款"和"预收账款"总分类账户所属各明细账户的期末借方余额之和扣除相应坏账准备后的金额填列；"应付账款"项目，应根据"应付账款"和"预付账款"总分类账户所属各明细账户的期末贷方余额之和填列。

（三）根据几个总分类账户的期末余额合计填列

如"货币资金"项目，应根据"库存现金"、"银行存款"、"其他货币资金"账户的期末余额的合计填列；"存货"项目，应根据"在途物资"、"原材料"、"库存商品"、"生产成本"等账户的期末余额的合计数分析计算填列等。

（四）根据总分类账户和明细分类账户是期末余额分析计算填列

资产负债表中某些项目不能根据有关总账的期末直接或计算填列，也不能根据有关账户所属相关明细账户的期末余额填列，而需要根据总账和明细的期末余额分析计算填列。如"长期借款"、"应付债券"、"长期应付款"等项目，应根据各总账期末余额扣除各总账所属明细账中一年内到期负债部分后分析计算填列。

【例1】某企业2010年12月31日结账后的"库存现金"账户余额为30 000元，"银行存款"账户余额为8 000 000元，"其他货币资金"账户余额为200 000元，则该企业2010年12月31日资产负债表中的"货币资金"项目金额为：

30 000+8 000 000+200 000=8 230 000（元）

【例2】某企业2010年12月31日生产成本借方余额50 000元，原材料借方余额30 000元，材料成本差异贷方余额500元，委托代销商品借方余额40 000元，工程物资借方余额10 000元，存货跌价准备贷方余额3 000元，则该企业2010年12月31日资产负债表中"存货"项目的金额为：

50 000+30 000–500+40 000–3 000=116 500（元）

【例3】某企业应付账款总分类账户期初余额为10 000元，明细账分别为：甲、乙、丙三厂。其中：甲厂贷方4 000元，乙厂贷方3 500元。本期又向丙厂购入原材料一批货款2 000元，款未付。则丙厂期末余额为：

[10 000–4 000–3 500]+2 000=2 500+2 000=4 500（贷方）

四、资产负责表编制举例

【例4】星光电子实业有限公司2009年度结账后，各相关科目的期末余额如表6-4所示，编制资产负债表如表6-5所示。

表 6-4 科目余额表

会计科目	借方余额	贷方余额
库存现金	4 850	
银行存款	2 091 982	
交易性金融资产	17 000	
应收票据	3 200	
应收账款	18 000	
在途物资	325 008	
原材料	935 840	
库存商品	2 838 878.92	
预付账款	13 610	
长期股权投资	50 000	
固定资产	1 373 540.40	
累计折旧	(375 500)	
无形资产	27 600	
长期待摊费用	200 000	
短期借款		522 000
应付账款		12 000
预收账款		36 000
应付职工薪酬		162 772.80
应交税费		184 945.04
应付利息		6 000
应付股利		30 830.59
其他应付款		8 000
长期借款		1 600 000
应付债券		158 000
实收资本		4 402 215
资本公积		265 000
盈余公积		97 707.65
未分配利润		38 538.24
合计	7 524 009.32	7 524 009.32

表 6-5 资产负债表

会企 01 表

编制单位：新光电子实业有限公司　2009 年 12 月 31 日　　　单位：元

资产	期末余额	年初余额	负债和所有者权益（或股东权益）	期末余额	年初余额
流动资产：			流动负债：		
货币资金	2 096 832		短期借款	522 00	
交易性金融资产	17 000		交易性金融负债		
应收票据	3 200		应付票据		

续表

资产	期末余额	年初余额	负债和所有者权益（或股东权益）	期末余额	年初余额
应收账款	18 000		应付账款	12 000	
预付账款	13 610		预收款项	36 000	
应收股利		( )	应付职工薪酬	162 772.80	( )
应收利息			应交税费	184 945.04	
其他应收款			应付利息	6 000	
存货	4 099 726.92		应付股利	30 830.59	
一年内到期的非流动资产			其他应付款	8 000	
其他流动资产			一年内到期的非流动负债		
流动资合计	6 248 368.92		其他流动负债		
非流资产：			流动负债合计	962 548.43	
可提供出售金融资产			非流动负债：		
持有至到期投资			长期借款	1 600 000	
长期应收款			应付债券	158 000	
长期股权投资	50 000		长期应付款		
投资性房地产			专项应付款		
固定资产	998 040.40		预计负债		
在建工程			递延所得税负债		
工程物资			其他非流动负债		
固定资产清理			非流动负债合计	1 758 000	
生产性生物资产			负债合计	2 720 548.43	
油气资产			所有者权益（或股东权益）：		
无形资产	27 600		实收资本（或股本）	4 402 215	
开发支出			资本公积	265 000	
商誉			减：库存股		
长期待摊费用	200 000		盈余公积	97 707.65	
递延所得税资产			未分配利润	38 538.24	
其他非流动资产			所有者权益（或股东权益）合计	4 803 640.89	
非流资产合计	1 275 640.40				
资产总计	7 524 009.32		负债和所有权益（或股东权益）总计	7 524 009.32	

【随堂训练1·多选题】企业财务会计报表的内容包括（ ）。

　　A．附注　　　　　　　　　　B．现金流量表
　　C．资产负债表　　　　　　　D．利润表

【随堂训练2·判断题】资产负债表是将企业某一时期的全部资产、负债和所有者权益项

目进行适当分类、汇总和排列后编制而成的。（　　）

【随堂训练3·判断题】资产负债表反映企业一定期间的财务状况。（　　）

【随堂训练4·单选题】资产负债表的作用是（　　）。

　　A．反映企业某一时期的经营成果
　　B．反映企业某一时期的财务状况
　　C．反映企业某一特定日期的经营成果
　　D．反映企业某一特定日期的财务状况

【随堂训练5·多选题】资产负债表的格式主要有（　　）。

　　A．单步式　　　B．账户式　　　C．报告式　　　D．多步式

【随堂训练6·单选题】下列资产中，流动性最强的是（　　）。

　　A．应收账款　　B．应收票据　　C．其他应收款　　D．预收账款

【随堂训练7·单选题】关于资产负债表的格式，下列各项表述中不正确的是（　　）。

　　A．我国企业的资产负债表采用报告式结构
　　B．资产负债表左方为资产项目，按资产的流动性大小排列
　　C．资产负债表右方为负债和所有者权益项目，按求偿权先后顺序排列
　　D．资产负债表的平衡的等式是"资产=负债+所有者权益"

【随堂训练8·判断题】我国的资产负债表采用账户式结构，左方为资产项目，一般按要求清偿时间的先后顺序排列，右方为负债和所有者权益项目，大体按照流动性大小排列。（　　）

【随堂训练9·单选题】资产负债表中，根据有关总账期末余额直接填列的项目是（　　）。

　　A．短期借款　　B．应收账款　　C．货币资金　　D．存货

【随堂训练10·多选题】资产负债表中可以根据有关明细账的期末余额计算填列的项目有（　　）。

　　A．应收账款　　B．短期投资　　C．应付账款　　D．存货

【随堂训练11·单选题】"预收账款"科目所属明细科目期末有借方余额，应在资产负债表（　　）项目内填列。

　　A．预付款项　　B．应付账款　　C．应收账款　　D．预收款项

【随堂训练12·判断题】资产负债表中的"长期借款"项目应根据"长期借款"账户的余额直接填列。（　　）

任务三　利润表

一、利润表的性质和作用

利润表反映的是企业一定期间生产经营成果的会计报表。利润表把一定期间的收入与同一期间相关的费用进行配比，以计算出企业一定时期的净利润（或净亏损）。利润表反映的是收入、费用等情况，能够提供企业生产经营的收益和成本耗费情况，表明企业的生产经营成果；同时，通过利润表提供的不同时期的比较数字（本月数、本年累计数、上年数），可以分析企业今后利润的发展趋势及获利能力，了解投资者投入资本的完整性。由于利润既是企业经营业绩的综合体现，又是进行利润分配的主要依据，因此利润表是会计报表中的主要报表。

二、利润表的内容和架构

(一) 利润表的内容

利润表是根据会计恒等式"收入-费用=利润"设计而成的,它主要反映以下几个方面的内容:

(1) 营业收入。以主营业务收入为基础,加上其他业务活动实现的收入,反映企业一定时期内经营活动的成绩。

(2) 营业利润。以实现的收入、投资收益减去营业成本、税金和期间费用,反映企业一定时期内经营活动的结果。

(3) 利润(或亏损)总额。以营业利润为基础,加减营业外收支等,反映企业一定时期内全部经济活动的最终结果。

(4) 净利润(或净亏损)。用利润总额减去所得税费用,反映企业实际拥有、可供企业自行支配的权益。

(二) 利润表的结构

利润表同资产负债表一样,均由表头、表身和表尾三部分构成。表头、表尾的内容同资产负债表。表身主要由营业收入、营业利润和营业总额等项目及金额构成。其中金额栏有本期数和本年累计数。由于不同企业对会计报表的信息要求不完全相同,利润表的结构也不完全一样。但目前应用比较普遍的利润表结构有多部式和单步式两种。

多部式利润表中的利润是通过多部计算而来的。多部式利润表通常分为以下三步:

第一步,以营业收入(包括其他业务收入)为基础,减去营业成本(包括其他业务成本)营业税金及附加、三项期间费用及资产减值损失,再加上公允价值变动收益、投资收益后,计算出营业利润。

第二步,在营业利润的基础上再加减营业外收入,计算出本期实现的利润(或净亏损)。

第三步,利润总额中减去所得税费用后,计算出本期净利润(或净亏损)。

多部式利润表的优点是,便于对企业的生产经营情况进行分析,有利于不同企业之间进行比较,更重要的是利用多步式利润表有利于预测企业今后的盈利能力。

单步式利润是将本期所有的收入加在一起,然后将所有的费用加在一起,通过一次计算求出本期利润。单步式利润表简单、直观、易于理解,但用于提供的信息有限,故比较合适业务单一、规模较小的企业。

目前,我国企业的利润表均采用多步式。具体包括五部分内容:营业收入、营业利润、利润总额、净利润、每股收益。其表格式如表6-6所示。

表 6-6　利润表　　　　　　　　　　　会企 02 表

年　月　　　　　　　　　　　　　　　　　单位:元

编制单位:

项目	本期数	本年累计
一、营业收入		
减:营业成本		
营业税金及附加		
销售费用		
管理费用		

续表

项目	本期数	本年累计
财务费用		
资产减值损失		
加：公允价值损益（损失以"—"号填列）		
投资收益（损失"—"号填列）		
其中：对联营企业和合营企业的投资收益		
二、营业利润（亏损以"—"号填列）		
加：营业外收入		
减：营业外支出		
其中：非流动资产处置损失		
三、利润总额（亏损总额"—"号填列）		
减：所得税费用		
四、净利润（净亏损以"—"号填列）		
五、每股收益		
（一）基本每股收益		
（二）稀释每股收益		

三、利润表的编制方法

利润表是一张动态报表，反映的是企业在某一期间经营成果的构成情况，其日期的填写不同于资产负债表，应填具体的会计期间，如月份、季节或年度。其中"本年累计数"栏反映各项目自年初起至报告期末止的累计实际发生数，应根据本期数加上上个月利润表中的本年累计数之和填列。

在编制年终利润表时，应将"本期数"、"本年累计数"分别改为"本年金额"和"上年金额"。

四、利润表编制举例

【例5】星光电子实业有限公司2009年12月份有关损益类账户的发生额如表6-7所示，编制利润表如表6-8所示。

表6-7 星光电子实业有限公司有关损益类账户发生额表

（未结转利润以前）

账户名称	借方发生额	贷方发生额
主营业务收入		1100000
其他业务收入		10000
投资收益		50000
营业外收入		1000
主营业务成本	807951.50	

续表

账户名称	借方发生额	贷方发生额
营业税金及附加	13362	
其他业务成本	9000	
管理费用	108746.98	
财务费用	5000	
销售费用	1900	
营业外支出	50000	

表 6-8 利润表

会企 02 表

编制单位：星光实业有限公司　　　　　　2007 年 12 月　　　　　　单位：元

项目	本期数	本年累计数
一、营业收入	1110000	
减：营业成本	816951.50	
营业税金及附加	13362	
销售费用	1900	
管理费用	108746.98	
财务费用	5000	
资产减值损失	（略）	
加：公允价值变动收益（损失以"—"号填列）		
投资收益（损失以"—"号填列）	50000	
其中：对联营企业和合营企业的投资收益		
二、营业利润（亏损以"—"号填列）	214039.52	
加：营业外收入	1000	
减：营业外支出	50000	
其中：非流动资产处置损失		
三、利润总额（亏损总额以"—"号填列）	165039.52	
减：所得税费用	41259.88	
四、净利润	123779.64	
五、每股收益		
（一）基本每股收益		
（二）稀释每股收益		

出于简便起见，本例中提供资料不全，空白栏目取法填列，故省略。

【随堂训练1·判断题】所得税费用不会影响营业利润。　　　　　　　　　　　（　　）

【随堂训练2·多选题】利润表的特点有（　　）。

　　A. 主要根据损益账户的本期发生额编制

　　B. 根据相关账户的期末余额编制

　　C. 属于静态报表

D. 属于动态报表

【随堂训练3·单选题】利润表中，与计算"营业利润"有关的项目是（　　）。
A. 所得税费用　　　　　　　　B. 投资收益
C. 营业外收入　　　　　　　　D. 营业外支出

【随堂训练4·判断题】利润总额是指收入加上投资收益、营业外收入，减去营业外支出后的总金额。（　　）

【随堂训练5·判断题】为了及时提供会计信息、保证会计信息的质量，会计报表中的项目与会计科目是完全一致的，并以会计科目的本期发生额或余额填列。（　　）

任务四　现金流量表

一、现金流量表的内容和结构

（一）现金流量表的内容

现金流量表是指反映企业在一定会计期间现金和现金等价物流入和流出情况的会计报表。我国新颁布的《企业会计准则第31号——现金流量表》对其编制和列报做了具体的规范。其中，现金流量表中的"现金"不仅包括"库存现金"账户核算的库存现金，还包括"银行存款"账户核算的存入金融机构、随时可以用于支付的存款，也包括"其他货币资金"账户核算的外埠存款、银行汇票存款、银行本票存款和在途货币资金等；"现金等价物"是指企业持有的期限短、流动性强、易于转换为已知金额现金、价值变动风险很小的投资，如企业持有的三个月内到期的债券投资。现金等价物虽然不是现金，但其支付能力与现金差别不大，因此可视为现金。现金流量是指企业现金和现金等价物流入和流出的数量，流入量和流出量的差额即为现金净流量。《企业会计准则》将现金流量划分为经营活动产生的现金流量、投资活动产生的现金流量和筹资活动产生的现金流量三大类。

经营活动是指企业投资活动和筹资活动以外的所有交易和事项。就工商企业来说，经营活动主要销售商品、提供劳务、经营性租赁、购买商品、接受劳务、广告宣传、推销产品等。各类企业由于所处行业的特点不同，对经营活动的认定存在一定差异，在编制现金流量表时，应根据企业的实际情况进行合理的归类。

投资活动是指企业长期资产的构建和不包括在现金等价物范围内的投资及其处置活动。其中的长期资产是指固定资产、在建工程、无形资产、其他资产等持有期限在一年或一个营业周期以上的资产。由于已将包括在现金等价物范围内的投资视同现金，所以将其排除在外。投资活动主要包括取得和回收投资，构建和处置固定资产、无形资产和其他长期资产等。

筹资活动是指导致企业资本及债务规模和构成发生变化的活动。其中的资本包括实收资本（股本）和资本溢价（股本溢价）。企业发生的与资本有关的现金流入和流出项目，一般包括吸收投资、发行股票、分配利润等。其中的债务，是指企业对外举债所借入的款项，如发行债券、向金融机构借入款项以及偿还债务等。

（二）现金流量表的结构

现金流量表将企业的全部业务活动分为经营活动、投资活动和筹资活动，分段揭示现金净流量。三段现金净流量之和，即为企业本年度的现金增减净额。现金流量表包括正表和补充资料两部分，其具体格式和内容如表6-9、表6-10所示。

表 6-9 现金流量表　　　　　　　　　　　　　　　　会企 03 表

制表单位：　　　　　　　　　　年　月　　　　　　　　　　　　　　单位：元

项目	本期金额	上期金额
一、经营活动产生的现金流量		
销售商品、提供劳务收到的现金		
收到的税费返还		
收到的其他与经营活动有关的现金		
经营活动现金流入小计		
购买商品、接受劳务支付的现金		
支付给职工以及为职工支付的现金		
支付的各项税费		
支付的其他与经营活动有关的现金		
经营活动现金流出小计		
经营活动产生的现金流量净额		
二、投资活动产生的现金流量		
收回投资收到的现金		
取得投资收益收到的现金		
处置固定资产、无形资产和其他长期资产收回的现金净额		
处置子公司及其他营业单位收到的现金净额		
收到的其他与投资活动有关的现金		
投资活动现金流入小计		
构建固定资产、无形资产和其他长期资产支付的现金		
投资支付的现金		
取得子公司及其他营业单位支付的现金净额		
支付的其他与投资活动有关的现金		
投资活动现金流出小计		
投资活动产生的现金流量净额		
三、筹资活动产生的现金流量		
吸收投资收到的现金		
取得借款收到的现金		
收到的其他与筹资活动有关的现金		
筹资活动现金流入小计		
偿还债务支付的现金		
分配股利、利润或偿付利息支付的现金		
筹资活动现金流入小计		
筹资活动产生的现金流量净额		
四、汇率变动对现金等价物的影响		
五、现金及现金等价物净增余额		
加：期初现金及现金等价物余额		
六、期末现金及现金等价物余额		

表 6-10　现金流量表补充资料

年　　月　　　　　　　　　　　　　　　　　　　　　　　　　　单位：元

补充资料	本期金额	上期金额
1．将净利润调节为经营活动现金流量		
净利润		
加：资产减值准备		
固定资产折旧、油气资产折耗、生产性生物资产折旧		
无形资产摊销		
长期待摊费摊销		
处置固定资产、无形资产和其他长期资产的损失（收益以"—"号填列）		
固定资产报废损失（收益以"—"号填列）		
公允价值变动损失（收益以"—"号填列）		
财务费用（收益以"—"号填列）		
投资损失（收益以"—"号填列）		
递延所得税资产减少（增加以"—"号填列）		
递延所得税减少（减少以"—"号填列）		
存货的减少（增加以"—"号填列）		
经营性应收项目的减少（增加以"—"号填列）		
经营性应付项目的增加（减少以"—"号填列）		
其他		
经营活动产生的现金流量净额		
2．不涉及现金收支的重大投资和筹资活动		
债务转为资本		
一年到期的可转换公司债券		
融资租入固定资产		
3．现金及现金等价物净变动情况		
现金的期末余额		
减：先进的期初余额		
加：现金等价物的期末余额		
减：现金等价物的期初余额		
现金及现金等价物的净增加额		

二、现金流量表的作用

编制现金流量表的目的，是为会计报表使用者提供企业一定会计期间内现金和现金等价物流入和流出的信息，以便会计报表使用者了解和评价企业获取现金和现金等价物的能力，并据以预测企业未来的现金流量表的作用主要有：

（1）现金流量表可以提供企业的现金流量信息，从而有助于会计报表使用者对企业整个财务状况作出客观评价。在市场经济条件下，竞争异常激烈，企业不但要把产品销售出去，更重要的是及时收回货款，以便以后的经营活动能顺利开展。除了经营活动以外，企业的投资和筹资活动同样影响着现金流量，从而影响财务状况。如企业进行投资，而没有取得相应的现金回报，就会对企业财务状况产生不良影响。从企业的现金流量情况，可以大致判断其经营周转是否顺畅。

（2）通过现金流量表，不但可以了解企业当前的财务状况，还可以预测企业未来的发展情况。通过现金流量表中各部分现金流量结构，可以分析企业是否需要过度扩大经营规模；通过比较当期利润与当期净现金流量，可以看出非流动资产吸收利润的情况，评价企业产生净现金流量的能力是否偏低。

（3）编制现金流量表，便于和国际惯例接轨。目前世界上许多国家都要求企业编制现金流量表，我国企业现金流量表，将对开展跨国经营、境外筹资、加强国际经济合作起到积极的作用。

（4）关于现金流量表的具体编制方法将在有关专业会计课程中详细讲述。

小结

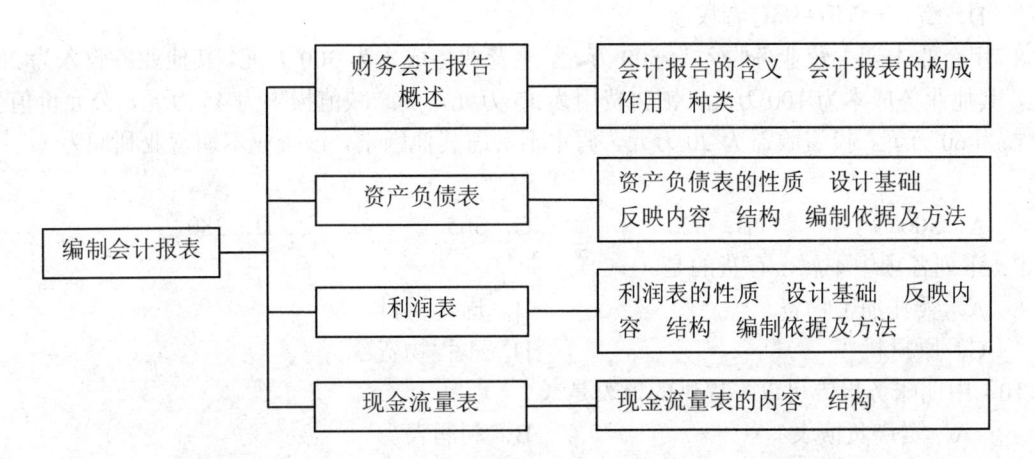

```
                    ┌─ 财务会计报告概述 ── 会计报告的含义  会计报表的构成  作用  种类
                    │
                    ├─ 资产负债表 ── 资产负债表的性质  设计基础  反映内容  结构  编制依据及方法
编制会计报表 ───────┤
                    ├─ 利润表 ── 利润表的性质  设计基础  反映内容  结构  编制依据及方法
                    │
                    └─ 现金流量表 ── 现金流量表的内容  结构
```

习题与实训

一、习题

（一）单项选择

1. 在资产负债表中，资产是按照（　　）排列的。
   A. 清偿时间的先后顺序　　　　　B. 会计人员的填写习惯
   C. 金额大小　　　　　　　　　　D. 流动性大小

2. 下列报表中，不属于企业对外提供的动态报表的是（　　）。
   A. 利润表　　　　　　　　　　　B. 所有者权益变动表
   C. 现金流量表　　　　　　　　　D. 资产负债表

3. 会计报表中各项目数字的直接来源是（　　）。
   A. 原始凭证　　B. 日记账　　C. 记账凭证　　D. 账簿记录

4. 多步式利润表中的利润总额是以（　　）为基础来计算的。
   A. 营业收入　　　B. 营业成本　　　C. 投资收益　　　D. 营业利润
5. 编制财务报表时，以"收入-费用=利润"这一会计等式作为编制依据的财务报表是（　　）。
   A. 利润表　　　　　　　　　　B. 所有者权益变动表
   C. 资产负债表　　　　　　　　D. 现金流量表
6. 关于企业利润构成，下列表述不正确的是（　　）。
   A. 企业的利润总额由营业利润、投资收益和营业外收入三部分组成
   B. 营业成本=主营业务成本+其他业务成本
   C. 利润总额=营业利润+营业外收入-营业外支出
   D. 净利润=利润总额-所得税费用
7. 资产负债表是根据（　　）这一会计等式编制的。
   A. 收入-费用=利润
   B. 现金流入-现金流出=现金净流量
   C. 资产=负债+所有者权益+收入-费用
   D. 资产=负债+所有者权益
8. 甲企业本期主营业务收入为500万元，主营业务成本为300万元，其他业务收入为200万元，其他业务成本为100万元，销售费用为15万元，资产减值损失为45万元，公允价值变动收益为60万元，投资收益为20万元，假定不考虑其他因素，该企业本期营业利润为（　　）万元。
   A. 300　　　　　B. 320　　　　　C. 365　　　　　D. 380
9. 下列各项中不属于存货的是（　　）。
   A. 委托加工物资　　　　　　　B. 周转材料
   C. 原材料　　　　　　　　　　D. 工程物资
10. 中期账务报告可以不提供的报表是（　　）。
    A. 资产负债表　　　　　　　　B. 利润表
    C. 所有者权益变动表　　　　　D. 现金流量表

（二）多项选择
1. 下列账户中，可能影响资产负债表中"预付款项"项目金额的有（　　）。
   A. 预收账款　　B. 应收账款　　C. 应付账款　　D. 预付账款
2. 下列各项中，对企业营业利润产生影响的有（　　）。
   A. 资产减值损失　　　　　　　B. 营业税金及附加
   C. 营业外收入　　　　　　　　D. 投资收益
3. 下列各项中，会影响企业利润总额的有（　　）。
   A. 营业外支出　　　　　　　　B. 公允价值变动损益
   C. 制造费用　　　　　　　　　D. 所得税费用
4. 资产负债表的格式主要有（　　）。
   A. 单步式　　　B. 多步式　　　C. 账户式　　　D. 报告式
5. 下列式子中正确的有（　　）。
   A. 期间费用=销售费用+管理费用+财务费用

B．营业利润=营业收入–营业成本–营业税金及附加–期间费用+投资收益(–投资损失)+公允价值变动收益(–公允价值变动损失)–资产减值损失

C．利润总额=营业利润+营业外收入–营业外支出

D．净利润=利润总额–所得税费用

6．多步式利润表可以反映企业的（　　）等利润要素。

　　A．所得税费用　　　B．营业利润　　　C．利润总额　　　D．净利润

7．期末，下列（　　）账户的余额应转入"本年利润"账户。

　　A．主营业务成本　　　　　　B．制造费用

　　C．管理费用　　　　　　　　D．投资收益

8．中期财务报表至少应包括（　　）。

　　A．资产负债表　　　　　　　B．利润表

　　C．现金流量表　　　　　　　D．所有者权益变动表

（三）判断题

1．资产负债表是总括反映企业特定日期资产、负债和所有者权益情况的静态报表，通过它可以了解企业的资产分布、资金的来源和承担的债务以及资金的流动性和偿债能力。
（　　）

2．损益类科目用于核算收入、费用、成本的发生和归集，提供一定期间与损益相关的会计信息的会计科目。
（　　）

3．净利润是指营业利润减去所得税费用后的金额。（　　）

4．利润表是反映企业一定日期经营成果的财务报表。（　　）

5．"制造费用"和"管理费用"都应当在期末转入"本年利润"账户。（　　）

6．资产负债表中"固定资产"项目应根据"固定资产"账户余额直接填列。（　　）

7．账户式资产负债表分左右两方，左方为资产项目，一般按照流动性大小排列；右方为负债及所有者权益项目，一般按要求偿还时间的先后顺序排列。
（　　）

8．利润总额=营业利润+营业外收支净额–所得税费用。（　　）

二、实训

实训一

（一）目的：练习资产负债表的编制。

（二）资料：

达凯公司 2009 年 8 月有关账户余额如下：

单位：元

账户名称	期末借方余额	账户名称	期末贷方余额
库存现金	8 000.00	累计折旧	1 400 000.00
银行存款	2 800 000.00	短期借款	250 000.00
应收票据	4 600.00	应付账款	237 600.00
应收股利	30 000.00	应付职工薪酬	120 000.00
应收账款	492 000.00	应交税费	73 200.00
其他应收款	60 000.00	其他应付款	5 000.00

续表

账户名称	期末借方余额	账户名称	期末贷方余额
在途物资	20 000.00	长期借款	1 388 800.00
原材料	2 100 000.00	实收资本	10 000 000.00
库存商品	200 000.00	盈余公积	30 000.00
长期股权投资	150 000.00	利润分配	40 000.00
固定资产	4 000 000.00		
在建工程	1 400 000.00		
无形资产	120 000.00		
合计	13 544 600.00	合计	13 544 600.00

（三）要求：根据上述达凯公司资料编制资产负债表。

实训二

（一）目的：练习利润表的编制。

（二）资料：达宏公司所得税税率为25%，假设本期实现的利润等于应纳税所得额。

2009年8月该公司有关账户发生额如下　　　　　　　　　单位：元

账户名称	借方发生额	贷方发生额
主营业务收入		1 400 000.00
主营业务成本	700 000.00	
营业税金及附加	40 000.00	
销售费用	100 000.00	
管理费用	86 500.00	
财务费用	70 000.00	
投资收益		890 000.00
营业外收入		200 000.00
营业外支出	50 000.00	

（三）要求：编制利润表。

项目七 账务处理程序

项目目标

知识目标

学习本任务后，你应该能够：
1. 明确账务处理程序的意义
2. 了解常用的三种账务处理程序的操作过程、特点及适用范围

能力目标

学习本任务后，你应该能够：熟练掌握记账凭证、科目汇总表账务处理程序

素质目标

学习本任务后，你应该养成：
1. 勤于思考的良好习惯
2. 分析问题、归纳问题的学习能力

导入语：会计核算主要是填制和审核凭证、登记账簿到编制报表，但由于各单位经济活动的特点、规模大小、业务繁简的情况不一，所以各单位应根据自身的特点选择不同的账务处理程序，通过本任务的学习，你将能够根据企业经济活动的特点科学地选择账务处理程序。

任务一 账务处理程序的概述

会计凭证、会计账簿和会计报表是组织会计核算的工具。而会计凭证、会计账簿和会计报表又不是彼此孤立的，它们以一定的形式结合，构成一个完整的工作体系，这就决定了各种会计记账程序。所谓账务处理程序就是指会计凭证、会计账簿、会计报表和会计记账程序之间相互结合的方式，也叫会计核算形式。不同的记账程序规定了不同的填制会计凭证、登记账簿、编制会计报表的方法和步骤。

一、账务处理程序的意义和作用

（一）账务处理程序的意义

为了更好地反映和监督企业和行政、事业等单位的经济活动，为经济管理提供系统的核算资料，必须相互联系地运用会计核算的专门方法，采用一定的组织程序，规定设置会计凭证、会计账簿及会计报表的种类和格式，规定各种会计凭证之间、各种会计账簿之间、各种会计报表之间的相互关系，规定其填制方法和登记程序。这是会计制度设计的一个重要内容，对于提高会计工作的质量和效率，正确及时地编制会计报表，提供全面、连续、系统、清晰的会计核

算资料，满足企业内外会计信息使用者的需要具有重要意义。

采用一定的会计核算形式，通过规定会计凭证以及会计账簿和会计报表之间的登记、传递程序，将各企业和行政、事业单位的会计核算工作有机地组织成为既有分工又有协作的整体，可以将各个会计核算岗位的工作连在一起。科学的记账程序，对于减少会计人员的工作量、节约人力和物力有着重要的意义。

（二）账务处理程序的作用

每个会计主体都应按照会计准则和经营管理的要求，结合本单位的具体情况，设计适合本单位需要的记账程序。适用、合理的记账程序在会计核算工作中起到下列作用：

（1）使整个会计循环能按部就班地运行，减少不必要的环节和手续，既能提高信息质量，又能提高效率，节约开支。

（2）使每一项经济业务都能及时正确地在账务处理程序的各个环节上反映出来，加工成信息后能不重不漏地反映到会计报表上来。

（3）使单位内外有关部门都能按照账务处理程序中规定的记账程序审核每项经济业务的来龙去脉，从而加强对基层单位的监督和管理。

二、选用账务处理程序的基本要求

选用合理、适用的账务处理程序，一般应符合以下要求：

（1）要与本单位经济活动的性质、规模大小、业务繁简程序及经济管理的特点相适应，有利于加强会计核算，有利于组织分工协作，有利于建立岗位责任制。

（2）要能够准确、及时、完整、系统地提供会计资料全面系统地反映企业经济活动情况，以满足企业内部及外部各有关方面对会计信息使用者的需要。

（3）既要保证会计资料的质量，又要简化会计核算的手续，节约人力物力，提高工作效率。

三、账务程序的种类

我国的会计准则并不硬性规定每个单位应采用何种账务处理程序，完全由各单位自主选择或设计。因此，需要了解目前在会计工作实践中所应用的账务处理程序种类、内容、优缺点及适用范围。根据前述要求，结合我国会计工作的实际情况，我国经济单位通常采用的主要账务处理程序有三种：

（1）记账凭证账务处理程序。

（2）科目汇总表账务处理程序。

（3）汇总记账凭证账务处理程序。

以上账务处理程序有很多相同点，但也存在差异，其主要区别表现在各自登记总账的依据和方法不同，下面分别介绍三种账务处理程序的基本内容、特点及适用范围。

任务二　记账凭证账务处理程序

一、记账凭证账务处理程序的概念

记账凭证核算程序是一种最基本的会计核算程序。它是指对发生的每项经济业务，都要根据原始凭证或原始凭证汇总表编制记账凭证，然后根据记账凭证直接登记总分类账的一种会计核算程序。

它反映了会计核算程序的一般内容，其他会计核算程序是在记账凭证核算程序的基础上发展、演变而来的。

二、记账凭证账务处理程序的特点及凭证、账簿的设置

记账凭证账务处理程序是直接根据每张记账凭证逐笔登记总分类账，在记账凭证核算程序下，记账凭证一般采用收款凭证、付款凭证和转账凭证三种格式，也可采用通用记账凭证格式。

账簿的设置一般包括日记账、总分类账和明细分类账，日记账包括现金日记账和银行存款日记账。日记账、总分类账一般采用三栏式，明细分类账根据管理上的需要，采用三栏式、多栏式或数量金额式。

三、记账凭证账务处理程序的工作步骤

（1）根据原始凭证或原始凭证汇总表编制收款凭证、付款凭证和转账凭证或通用记账凭证；

（2）根据收款凭证、付款凭证逐笔登记现金日记账、银行存款日记账；

（3）根据原始凭证或原始凭证汇总表或各种记账凭证登记有关明细分类账；

（4）根据记账凭证登记总分类账；

（5）月（期）终，现金日记账、银行存款日记账余额及各种明细分类账的余额的合计数，分别与总分类账中有关账户的余额相核对。

（6）月（期）终，根据总分类账户和明细分类账户资料编制会计报表。

四、记账凭证账务处理程序的优缺点及适用范围

（1）优点：记账层次清楚，技术方法易于理解和掌握，核算程序比较简单。其总分类账能比较详细地反映经济业务的发生和完成情况，便于查账。

（2）缺点：登记总账的工作量较大，因此，对于经济业务较多的企业，既不利于记账，也不利于对账。

（3）适用范围：适用于规模较小、业务量较少、记账凭证不多的企业和单位。

任务三　科目汇总表账务处理程序

一、科目汇总表账务处理程序的概念

科目汇总表账务处理程序又称记账凭证汇总表账务处理程序，是定期（五天或十天）或月终将全部记账凭证，按相同的会计科目分类汇总编制科目汇总表，然后据以登记总分类账的一种会计核算程序。

在科目汇总表核算程序下记账凭证可以采用通用格式，也可以采用收款凭证、付款凭证和转账凭证三种形式。

此种核算形式除设置有关记账凭证外，还需设置"科目汇总表"。科目汇总表是指根据记账凭证汇总编制，列示有关总分类账户的本期发生额，据以登记总分类账的一种记账凭证汇总表。

二、科目汇总表账务处理程序的特点及凭证、账簿的设置

科目汇总表账务处理程序的主要特点是:设置科目汇总表并定期根据记账凭证填制科目汇总表;然后根据科目汇总表登记总分类账。

在科目汇总表账务处理程序下,应设置现金、银行存款日记账,各种总分类账和明细分类账。现金日记账、银行存款日记账一般采用三栏式的账页;各种明细分类账应根据所记录的经济业务内容和经营管理上的要求,可采用三栏式、数量金额式或多栏式的账页。

1. 科目汇总表的编制

首先,将汇总期内各项经济业务所涉及的会计科目按总分类账上会计科目的先后顺序,填写在"科目汇总表"的左方;

其次,根据汇总期内所有记账凭证,按会计科目分别加总借方发生额和贷方发生额并填入该科目的借方栏及贷方栏;

最后,进行发生额的试算平衡。

2. 相关说明

(1)科目汇总表的主要作用是:作为记账凭证与总分类账的中间环节,以减少登记总分类账的工作量。

(2)科目汇总表的编制时间:根据企业经济业务量的多少来确定,可以三天、五天汇总一次,编制一张科目汇总表,登记一次总账,也可以按十天汇总一次,登记一次总账,更可以按月编制一张科目汇总表,一个月登记一次总账。

(3)科目汇总表的格式:根据汇总天数而采用不同的格式。现以 10 旬汇总为例,格式见表 7-1 所示。

表 7-1 科目汇总表

2009 年 12 月

会计科目	1—10 发生额		11—20 发生额		21—31 发生额		合计	
	借方	贷方	借方	贷方	借方	贷方	借方	贷方
库存现金								
银行存款								
应收账款								
原材料								
固定资产								
应付账款								
短期借款								
……								
合计								

注:所有账户借方发生额=所有账户贷方发生额

三、科目汇总表账务处理程序的工作步骤

(1)根据原始凭证或原始凭证汇总表编制收款凭证、付款凭证和转账凭证或通用记账凭证;

(2) 根据收款凭证、付款凭证登记现金日记账和银行存款日记账；
(3) 根据原始凭证或原始凭证汇总表、记账凭证登记各种明细分类账；
(4) 根据记账账凭证定期编制科目汇总表；
(5) 根据科目汇总表定期登记总分类账；
(6) 月终，现金日记账、银行存款日记账余额以及各种明细分类账分别与总分类账户核对；
(7) 月终，根据总分类账和明细分类账编制会计报表。

四、科目汇总表账务处理程序的优缺点及适用范围

(1) 优点：由于这种程序是根据科目汇总表定期或月末一次登记总分类账，所以运用科目汇总表可以大大减轻登记总账的工作量；而且因为进行了借方与贷方发生额的试算平衡，可以保证会计核算资料的质量；同时科目汇总表的编制并不复杂，记账程序易于掌握。

(2) 缺点：汇总工作量较为繁重，且科目汇总表无法表明账户之间的对应关系，因而不便于对企业的经济活动进行分析和检查。

(3) 适用范围：适用于规模较大、经济业务较多，记账凭证数量较多的企业。

任务四　汇总记账凭证账务处理程序

一、汇总记账凭证账务处理程序的概念

汇总记账凭证核算程序是定期将一定期间内所有记账凭证加以汇总，编制汇总记账凭证，然后再根据汇总记账凭证登记总分类账的一种会计核算程序。

二、汇总记账凭证账务处理程序的特点、凭证及账簿的设置

汇总记账凭证核算程序的特点是：运用汇总记账凭证汇总各种记账凭证，然后根据汇总记账凭证登记总分类账。采用这种账务处理程序时，不宜设置通用格式的记账凭证，必须设置专用的收款凭证、付款凭证、转账凭证三种格式，可见，汇总记账凭证核算程序与科目汇总表核算程序相似之处都是设置一种凭证，汇总一定时期的记账凭证，然后据之登记总分类账。

汇总记账凭证核算形式所设置的账簿仍包括现金日记账、银行存款日记账、各种明细分类账和总分类账几种。现金日记账、银行存款日记账和总分类账的格式一般采用三栏式；明细分类账则也应根据单位的经营管理上的需要来设置，可选用三栏式、多栏式或数量金额式的账页。

三、汇总记账凭证账务处理程序的工作步骤

(1) 根据原始凭证或原始凭证汇总表编制记账凭证；
(2) 根据收款凭证、付款凭证逐笔登记现金日记账和银行存款日记账；
(3) 根据原始凭证及原始凭证汇总表、各种记账凭证逐笔登记各种明细分类账；
(4) 根据收款凭证、付款凭证、转账凭证定期编制汇总收款凭证、汇总付款凭证和汇总转账凭证（汇总收款格式见表 7-2 所示，汇总付款、汇总转账格式略）；
(5) 期（月）终，根据汇总收款凭证、汇总付款凭证和汇总转账凭证登记总分类账；

表 7-2　汇总收款凭证

借方科目：银行存款　　　　　　　2009 年 12 月　　　　　　　　　　　　汇收　号

贷方科目	金额				总账页数	
	1—10 日	11—20 日	21—31 日	合计	借方	贷方
主营业务收入						
其他业务收入						
应收账款						
短期借款						
……						
合计						

（6）期（月）终，根据对账的具体要求将现金日记账和银行存款日记账的余额及各种明细分类账的余额合计数，分别与总分类账余额核对相符；

（7）期（月）终，根据总分类账、明细分类账编制会计报表。

四、汇总记账凭证账务处理程序的优缺点和适用范围

（1）优点：①减轻了登记总账的工作量；②反映账户的对应关系，便于核对账目。

（2）缺点：①不利于会计核算工作的分工；②汇总记账凭证的编制工作量很大；③总分类账中的记录比较简略，难以具体反映企业的经营活动。

（3）适用范围：汇总记账凭证核算程序适用于规模较大、业务较多的企业。

小结

账务处理程序
- 账务处理程序概述 —— 账务处理程序的意义　选用账务处理程序的基本要求　常用账务处理程序的种类
- 记账凭证账务处理程序 —— 特点：凭证及账簿的设置、工作步骤；登记总账的依据；优缺点及适用范围。
- 科目汇总表账务处理程序 —— 特点：凭证及账簿的设置、工作步骤；登记总账的依据；优缺点及适用范围。
- 汇总记账凭证账务处理程序 —— 特点：凭证及账簿的设置、工作步骤；登记总账的依据；优缺点及适用范围。

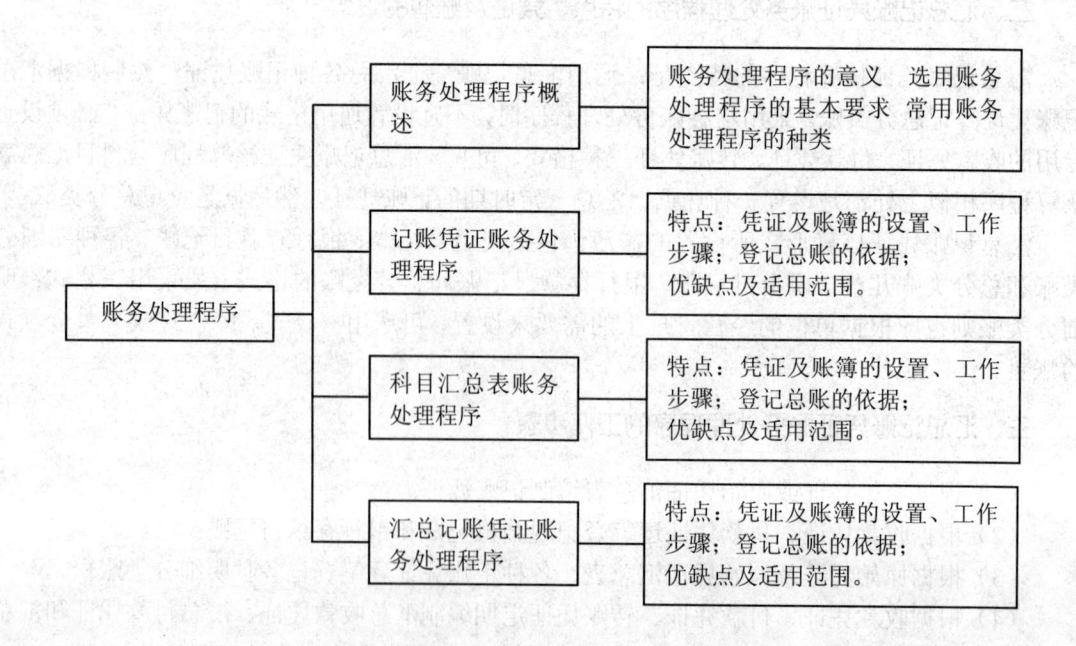

习题与实训

一、习题

（一）单项选择

1. 汇总记账凭证账务处理程序的特点是根据汇总记账凭证逐笔登记（　　）。
   A. 日记账和明细分类账　　　　B. 总分类账和明细分类账
   C. 总分类账　　　　　　　　　D. 明细分类账

2. 科目汇总表账务处理程序的缺点是（　　）。
   A. 科目汇总表的编制和使用较为简便，易学易做
   B. 不能清晰地反映各科目之间的对应关系
   C. 可以大大减少登记总分类账的工作量
   D. 科目汇总表可以起到试算平衡的作用，保证总账登记的正确性

3. 规模较大、经济业务量较多的单位适用的账务处理程序是（　　）。
   A. 记账凭证账务处理程序　　　B. 汇总记账凭证账务处理程序
   C. 多栏式日记账账务处理程序　D. 日记账账务处理程序

4. 以下关于科目汇总表的描述中，错误的是（　　）。
   A. 根据科目汇总表登记总分类账
   B. 不能反映账户间的对应关系
   C. 能反映各账户一定时期内的借方发生额和贷方发生额，进行试算平衡
   D. 由于科目汇总表的编制手续复杂，所以只适用于小规模、业务少的企业

5. 在科目汇总表核算形式下，记账凭证不可以用来（　　）。
   A. 登记库存现金日记账　　　　B. 登记总分类账
   C. 登记明细分类账　　　　　　D. 编制科目汇总表

6. 科目汇总表的汇总范围是（　　）。
   A. 全部科目的借、贷方发生额和余额
   B. 全部科目的借、贷方余额
   C. 全部科目的借、贷方发生额
   D. 汇总收款凭证、汇总付款凭证、汇总转账凭证的合计数

7. 下列不属于汇总记账凭证账务处理程序步骤的是（　　）。
   A. 根据原始凭证、汇总原始凭证编制记账凭证
   B. 根据各种记账凭证编制有关汇总记账凭证
   C. 根据记账凭证逐笔登记总分类账
   D. 根据各汇总记账凭证登记总分类账

8. 汇总记账凭证账务处理程序的适用范围是（　　）。
   A. 规模较小、业务较少的单位　B. 规模较大、业务较少的单位
   C. 规模较大、业务较多的单位　D. 规模较小、业务较多的单位

（二）多项选择

1. 在常见的账务处理程序中，共同的账务处理工作有（　　）。

A．均应根据原始凭证编制汇总原始凭证
B．均应编制记账凭证
C．均应填制汇总记账凭证
D．均应设置和登记总账
2．在记账凭证账务处理程序下，下列说法正确的有（   ）。
A．记账凭证不可以采用通用凭证
B．应该设置现金日记账、银行存款日记账、总分类账和明细分类账
C．日记账可以采用三栏式
D．应该根据原始凭证或原始凭证汇总表填制各种记账凭证
3．下列项目中，属于科学、合理地选择适用于本单位的账务处理程序的意义有（   ）。
A．有利于会计工作程序的规范化
B．有利于增强会计信息的可靠性
C．有利于提高会计信息的质量
D．有利于保证会计信息的及时性
4．在科目汇总表账务处理程序下，记账凭证是用来（   ）的依据。
A．登记库存现金日记账　　　　B．登记总分类账
C．登记明细分类账　　　　　　D．编制科目汇总表
5．账务处理程序的主要内容包括（   ）。
A．会计凭证、会计账簿的种类及格式
B．会计凭证与账簿之间的联系方法
C．由原始凭证到编制记账凭证、登记总账和明细账、编制会计报表的工作程序和方法
D．会计资料立卷归档的程序和方法
6．对于汇总记账凭证账务处理程序，下列说法错误的有（   ）。
A．登记总账的工作量大
B．不能体现账户之间的对应关系
C．有利于会计核算日常分工
D．当转账凭证较多时，汇总转账凭证的编制工作量较大

（三）判断题

1．汇总记账凭证账务处理程序和科目汇总表账务处理程序都适用于经济业务较多的单位。（   ）
2．各种账务处理程序的不同之处在于登记明细账的直接依据不同。（   ）
3．采用记账凭证账务处理程序时，总分类账是根据记账凭证逐笔登记的。（   ）
4．科目汇总表不仅可以起到试算平衡的作用，还可以反映账户之间的对应关系。（   ）
5．现金日记账和银行存款日记账不论在何种会计核算形式下，都是根据收款凭证和付款凭证逐日逐笔顺序登记的。（   ）

二、实训

（一）目的：练习科目汇总表账务处理程序。

（二）资料：见项目三的实训十三、项目四的实训二资料。
（三）要求：
1. 根据记账凭证结合原始凭证登记有关日记账、明细账；
2. 编制全月一次科目汇总表，并根据科目汇总表登记总账；
3. 根据相关账簿记录编制资产负债表、利润表。

项目八　会计资料的整理与归档

项目目标

知识目标

学习本任务后，你应该能够：
1. 了解会计档案的分类
2. 掌握会计档案的保管期限
3. 了解会计档案的销毁程序

能力目标

学习本任务后，你应该能够：
1. 会装订会计凭证、账簿、报表
2. 熟练归类整理会计凭证、账簿、会计报表等会计档案

素质目标

学习本任务后，你应该养成：认真细心、按规范操作的良好习惯

导入语：会计人员日常工作中所取得或填制的会计凭证、登记的会计账簿、编制的财务报表及其他会计资料等，是记录和反映会计主体经济业务事项发生或完成的重要历史资料和证据，必须按规定的要求进行整理、立卷归档，妥善保管。通过该任务的学习，你将能够正确区分会计档案与文书档案；能够按照规范要求和步骤整理归档会计凭证、会计账簿、财务报表和其他会计资料。

任务一　会计档案的分类与归档

一、会计档案的分类

我国《会计法》规定，会计凭证、会计账簿、会计报表和其他会计资料，应当按照国家有关规定建立档案，妥善保管。我国于 1984 年 6 月 1 日颁布了《会计档案管理办法》，于 1999 年 1 月 1 日进行了修订，对会计档案的管理制定了一系列具体规定。

会计档案是指会计凭证、会计账簿和会计报表等会计核算资料，是记录和反映单位经济业务的重要史料和证据。各单位必须加强对会计档案管理工作的领导，建立会计档案的立卷、归档、保管、查阅和销毁等管理制度，保证会计档案妥善保管、有序存放、方便查阅，严防毁损、散失和泄密。

会计档案可以分为四类：

(1) 会计凭证类。包括原始凭证、记账凭证、汇总凭证和其他会计凭证。

(2) 会计账簿类。包括总账、明细账、日记账、固定资产卡片、辅助账簿和其他会计账簿。

(3) 财务报告类。包括中期、年期和其他财务报告。财务报告中包括会计报表主表、附表、附注及文字说明。

(4) 其他类。包括银行余额调节表、银行对账单、会计档案移交清册、会计档案保管清册、会计档案销毁清册和其他应当保存的会计核算的专业资料。

二、会计档案的立卷与归档

各单位每年形成的会计档案，应由会计机构按归档的要求，负责整理立卷，装订成册，加具封面、编号，编制会计档案保管清册。当年形成的会计档案，在会计年度终了后，可暂由会计机构保管一年，期满之后，应当由会计机构编制移交清册，移交本单位档案机构统一保管；未设立档案机构的，应当在会计机构内部指定专人保管、出纳人员不得兼管会计档案。档案机构对接收的会计档案，原则上应保持原卷册的封装，个别需要拆封重新整理的，应当会同原会计机构和经办人共同拆封整理，以分清责任。

任务二　会计档案的保管与销毁

一、会计档案的保管期限

会计档案的保管期限分为永久、定期两类。其中年度财务报告、会计档案保管清册、会计档案销毁清册为永久保管会计档案，其他为定期保管会计档案。

定期保管期限分为 3 年、5 年、10 年、15 年、25 年五种。会计档案的保管期限，从会计年度终了后的第一天算起。目前企业会计档案的保质期如表 8-1 所示。

表 8-1　企业会计档案保质期限表

会计档案名称	保质期限	备注
一、会计凭证类		
1. 原始凭证	15 年	
2. 记账凭证	15 年	
3. 汇总凭证	15 年	
二、会计账簿类		
1. 日记账	15 年	
其中：现金和银行存款日记账	25 年	
2. 明细账	15 年	
3. 总账	15 年	包括日记账
4. 固定资产卡片		固定资产报废清理后保管 5 年
5. 辅助账簿	15 年	
三、财务报告类		包括各级主管部门的汇总财务报告
1. 月、季度财务报告	3 年	包括文字分析

续表

会计档案名称	保质期限	备注
2. 年度财务报告	永久	包括文字分析
四、其他类		
1. 会计移交清册	15年	
2. 会计档案保存清册	永久	
3. 会计档案销毁清册	永久	
4. 银行存款余额调节表	5年	
5. 银行对账单	5年	

案保管清册中列明。

二、会计档案的查阅和复制

（一）会计档案的查阅和复制

各单位保存的会计档案不得借出，如有特殊需要，经本单位负责人批准，可以提供查阅或者复制，并办理登记手续。

（二）会计档案的交接

单位因撤销、解散、破产或者其他原因而终止的，在终止和办理注销登记手续之前形成的会计档案，应当由终止单位的业务主管部门或财产所有者代管或移交有关档案馆代管。法律、行政法规另有规定的，从其规定。

交接会计档案时，交接双方应当按照会计档案移交清册所列内容逐项交接，并由交接双方的单位负责人负责监交。

三、会计档案的销毁

（一）会计档案的销毁程序和办法

（1）由本单位档案机构会同会计机构提出销毁意见，共同鉴定和审查，提出销毁意见，编制会计档案销毁清册，并列明销毁会计档案的名称、卷号、册数、起止年度和档案编号、应保管期限、已保管期限、销毁时间等内容。

（2）单位负责人在会计档案销毁清册上签署意见。

（3）销毁会计档案时，应当由单位档案机构和会计机构共同派员监销。国家机关销毁会计档案时，应当由同级财政部门、审计部门派员参加监销。财政部门销毁会计档案时，应当由同级审计部门派员参加监销。

（4）监销人在销毁会计档案前，应当按照会计档案销毁清册所列内容清点核对所要销毁的会计档案；销毁后，应当在会计档案销毁清册上签名盖章，注明"已销毁"字样和销毁日期，同时将监销情况写出书面报告（一式两份），一份报告本单位负责人，另一份归入档案备查。

（二）保管期满但不得销毁的会计档案

（1）对于保管期满但未结清的债权债务以及涉及其他未了事项的原始凭证不得销毁，应单独抽出，另行立卷，由档案部门保管到未了事项完结时为止。对于单独抽出立卷的会计档案，应当在会计档案销毁清册和会计档案保管清册中列明。

(2) 正在项目建设期间的建设单位，其保管期满的会计档案不得销毁。

【随堂训练 1·单选题】1999 年 1 月 1 日起实施的《会计档案管理办法》规定，企业记账凭证的保管期限为（　　）。

　　A．15 年　　　　B．5 年　　　　C．3 年　　　　D．10 年

【随堂训练 2·判断题】1999 年 1 月 1 日起实施的《会计档案管理办法》规定，原始凭证、记账凭证和汇总记账凭证保管 15 年。　　　　　　　　　　　　　　　（　　）

【随堂训练 3·单选题】根据《会计档案管理办法》，各种明细账、日记账的保管期限为（　　）。

　　A．5 年　　　　B．10 年　　　　C．15 年　　　　D．25 年

【随堂训练 4·单选题】根据《会计档案管理办法》规定，保管期限为 25 年的账簿是（　　）。

　　A．现金日记账　　　　　　　　B．现金总账
　　C．应收账款总账　　　　　　　D．固定资产总账

【随堂训练 5·多选题】企业应永久保存的有（　　）。

　　A．年度财务报告　　　　　　　B．现金日记账
　　C．原始凭证　　　　　　　　　D．会计档案保管清册

【随堂训练 6·单选题】原始凭证和记账凭证的保管期限为（　　）。

　　A．10 年　　　　B．15 年　　　　C．20 年　　　　D．5 年

【随堂训练 7·单选题】下列保管期限为 25 年的会计档案是（　　）。

　　A．银行存款余额调节表　　　　B．银行对账单
　　C．银行存款日记账　　　　　　D．银行存款总账

【随堂训练 8·判断题】当年形成的会计档案，在会计年度终了后，可暂由本单位会计机构保管 5 年。　　　　　　　　　　　　　　　　　　　　　　　　　　　（　　）

【随堂训练 9·简答题】简述会计档案的具体内容及保管期限的类型。

任务三　会计档案的装订

会计档案的装订主要包括会计凭证、会计账簿、会计报表及其他文字资料的装订。

一、会计凭证的装订

一般每月装订一次，装订好的凭证按年分月妥善保管归档。

（一）会计凭证装订前的准备工作

（1）分类整理，按顺序排列，检查日数、编号是否齐全；

（2）按凭证汇总日期归集（如按上、中、下旬汇总归集）确定装订成册的本数；

（3）摘除凭证内的金属物（如订书钉、大头针、回形针），对大的张页或附件要折叠成同记账凭证大小，且要避开装订线，以便翻阅保持数字完整；

（4）整理检查凭证顺序号，如有颠倒要重新排列，发现缺号要查明原因。检查附件有否漏缺，领料单、入库单、工资、奖金发放单是否随附齐全；

（5）记账凭证上有关人员（如财务主管、复核、记账、制单等）的印章是否齐全。

（二）会计凭证装订时的要求

（1）用"三针引线法"装订，装订凭证应使用棉线，在左上角部位打上三个针眼，实行

三眼一线打结，结扣应是活的，并放在凭证封皮的里面，装订时尽可能缩小所占部位，使记账凭证及其附件保持尽可能大的显露面，以便于事后查阅；

（2）凭证外面要加封面，封面纸用尚好的牛皮纸印制，封面规格略大于所附记账凭证；

（3）装订凭证厚度一般 1.5cm，方可保证装订牢固，美观大方。一本凭证，厚度一般以1.5cm～2.0cm 为宜。过薄，不利于戳立放置；过厚，不便于翻阅核查。凭证装订的各册，一般以月份为单位，每月订成一册或若干册。凭证少的单位，可以将若干个月份的凭证合并订成一册，在封皮注明本册所含的凭证月份。

（三）会计凭证装订后的注意事项

（1）每本封面上填写好凭证种类、起止号码、凭证张数、会计主管人员和装订人员签章；

（2）在封面上编好卷号，按编号顺序入柜，并要在显露处标明凭证种类编号，以便于调阅。

二、会计账簿的装订

各种会计账簿年度结账后，除跨年使用的账簿外，其他账簿应按时整理立卷。基本要求如下：

（1）账簿装订前，首先按账簿启用表的使用页数核对各个账户是否相符，账页数是否齐全，序号排列是否连续；然后按会计账簿封面、账簿启用表、账户目录、该账簿按页数顺序排列的账页、会计账簿装订封底的顺序装订。

（2）活页账簿装订要求如下：

第一，保留已使用过的账页，将账页数填写齐全，去除空白页和撤掉账夹，用质好的牛皮纸做封面、封底，装订成册。

第二，多栏式活页账、三栏式活页账、数量金额式活页账等不得混装，应按同类业务、同类账页装订在一起。

第三，在本账的封面上填写好账目的种类，编好卷号，会计主管人员和装订人（经办人）签章。

（3）账簿装订后的其他要求：

第一，会计账簿应牢固、平整，不得有折角、缺角、错页、掉页、加空白纸的现象。

第二，会计账簿的封口要严密，封口处要加盖有关印章。

第三，封面应齐全、平整，并注明所属年度及账簿名称、编号，编号为一年一编，编号顺序为总账、现金日记账、银行存款日记账、明细账。

第四，会计账簿按保管期限分别编制卷号，如现金日记账全年按顺序编制卷号；总账、各类明细账、辅助账全年按顺序编制卷号。

三、会计报表的装订

会计报表编制完成及时报送后，留存的报表按月装订成册谨防丢失。小企业可按季装订成册。第一，会计报表装订前要按编报目录核对是否齐全，整理报表页数，上边和左边对齐压平，防止折角，如有损坏部位修补后，完整无缺地装订；第二，会计报表装订顺序为：会计报表封面、会计报表编制说明、各种会计报表按会计报表的编号顺序排列、会计报表的封底；第三，按保管期限编制卷号。

【相关链接】（1）我国企业会计核算法规体系主要包括《中华人民共和国会计法》（简称

《会计法》)、会计准则和会计制度等核算方面的法规。

(2)《会计法》是我国会计工作的根本大法,是制定会计准则、会计制度和各项会计法规的基本依据,也是指导会计工作最根本的准则。《会计法》主要规定了会计工作的基本目的、会计管理权限、会计责任主体、会计核算和会计监督的基本要求、会计人员和会计机构的职责权限,并对会计法律责任作出了详细的规定。

(3)会计准则是关于会计确认、计量、报告的会计行为规范,是进行会计核算工作必须共同遵守的基本要求。它是我国境内所有企业事业单位进行会计工作所必须遵循的基本规范。

小结

```
                  ┌─ 会计档案的分类 ─── 会计档案的分类
                  │   与归档            会计档案的归档要求
                  │
会计资料的整理 ───┼─ 会计档案的保管 ─── 会计档案的保管期限
   与归档         │   与销毁            会计档案的销毁程序
                  │                     会计档案的借阅手续
                  │
                  └─ 会计档案的装订 ─── 会计凭证的装订
                                        会计账簿的装订
                                        会计报表的装订
```

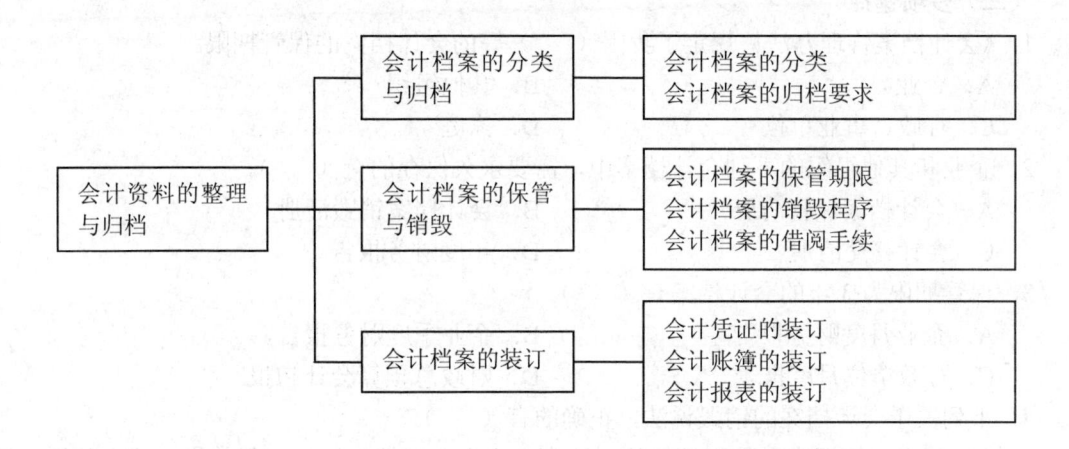

习题与实训

一、习题

(一)单项选择

1. 财政部门销毁会计档案时,应由( )派员参加监销。
   A. 同级财政部门   B. 同级财政部门和审计部门
   C. 同级审计部门   D. 上级财政部门和审计部门
2. 需要永久保存的会计档案是( )。
   A. 现金日记账   B. 原始凭证
   C. 会计档案保管清册   D. 银行对账单
3. 根据《会计档案管理办法》规定,单位合并后原单位解散或一方存续其他方解散的,各原单位的会计档案应由( )保管。
   A. 存续方   B. 档案局
   C. 合并前单位的主管部门 D. 财政部门
4. 原始凭证和记账凭证的保管期限为( )年。
   A. 5   B. 10
   C. 15   D. 25
5. 各单位形成的会计档案,都应由( )按照归档的要求,负责整理立卷,装订成册,编制会计档案保管清册。
  A．会计机构   B．会计主管部门
  C．档案管理部门   D．总会计师
6．下列各项中，不属于会计档案的是（　　）。
  A．自制原始凭证   B．固定资产卡片
  C．银行存款余额调节表   D．生产计划书
7．国家机关销毁会计档案时，应由（　　）派员参加监销。
  A．同级财政部门和上级审计部门 B．上级审计部门
  C．同级财政部门和审计部门   D．上级财政部门和审计部门

（二）多项选择

1．《会计档案管理办法》规定了我国（　　）等的会计档案的保管期限。
  A．企业   B．其他组织
  C．行政、事业单位   D．家庭
2．企业和其他组织的下列会计档案中，需要永久保存的有（　　）。
  A．会计档案保管清册   B．会计档案销毁清册
  C．会计移交清册   D．年度财务报告
3．保管期限为3年的会计档案有（　　）。
  A．企业月度财务报告   B．企业季度财务报告
  C．行政单位月度报表   D．财政总预算会计旬报
4．下列关于会计档案的销毁说法，正确的有（　　）。
  A．对于保管期满，需要销毁的会计方案应先由保管会计档案保管机构或人员提出销毁意见，再按照相应的程序进行销毁
  B．财政部门的会计档案，应由同级审计部分派员监销
  C．国家机关应由上级财政、审计部分派员参加监销
  D．单位负责人审核后应在销毁清册上签署意见
5．对移交本单位档案机构保管的会计档案，需要拆封重新整理的，应由（　　）同时参与，以分清责任。
  A．单位负责人   B．经办人
  C．财务会计部门   D．本单位档案机构

（三）判断题

1．正在项目建设期间的建设单位，其保管期满的会计档案不得销毁。（　　）
2．保管期满但尚未结清的债权债务原始凭证，不得销毁，应单独抽出立卷。（　　）
3．会计档案销毁清册，应由单位档案部门永久保存。（　　）
4．当年形成的会计档案，在会计年度终了后，可暂由本单位会计机构保管五年。
  （　　）
5．单位负责人应在审核无误后的会计档案销毁清册上签署意见。（　　）
6．会计账簿类会计档案的保管期限均为15年。（　　）
7．季度、月度财务会计报告通常仅指财务报表，至少应该包括资产负债表、利润表和现金流量表。（　　）

二、实训

（一）目的：

会计档案是单位发生的经济业务的见证和重要的历史资料，作为会计档案的重要组成部分，必须妥善加以保管。通过实验使学生熟悉会计档案整理装订，造册归档。

（二）要求：

1. 总体要求

（1）会计档案要定期整理、装订成册。

（2）会计档案要及时归档。

2. 具体操作要求

（1）会计凭证的整理装订。

（2）会计账簿的整理装订。

（3）会计档案的整理装订。

（三）资料：

1. 根据平时的业务资料编制和审核无误的记账凭证。

2. 会计凭证的封面、封签。

3. 装订机、线绳、牛皮纸、胶水等。

无纸化模拟测试卷 1

一、单项选择题（共 20 小题，每小题 1 分，共 20 分）

1. 下列各项中，不属于损益类科目的是（　　）。
   A. "制造费用"科目
   B. "资产减值损失"科目
   C. "投资收益"科目
   D. "其他业务成本"科目

2. 发现原始凭证金额错误，下列各项中正确的处理方法是（　　）。
   A. 由本单位经办人更正，并由单位财务负责人签名盖章
   B. 由出具单位重开
   C. 由出具单位更正，更正处应当加盖出具单位印章
   D. 由本单位会计人员按划线更正法更正，并在更正处签章

3. 折旧计算表属于（　　）。
   A. 转账凭证　　　　　　　　B. 自制原始凭证
   C. 收款凭证　　　　　　　　D. 付款凭证

4. 对账时，账账核对不包括（　　）。
   A. 总账各账户的余额核对　　B. 总账与明细账之间的核对
   C. 总账与备查账之间的核对　D. 总账与日记账的核对

5. 企业销售货物收到货款 5 000 元存入银行，这笔经济业务应编制的记账凭证是（　　）。
   A. 收款凭证　　B. 付款凭证　　C. 转账凭证　　D. 以上均可

6. 某企业"原材料"期末余额 100 000 元，"生产成本"期末余额 50 000 元，"库存商品"期末余额 120 000 元，"存货跌价准备"期末余额 10 000 元，则资产负债表"存货"项目应填列的是（　　）元。
   A. 300 000　　B. 260 000　　C. 280 000　　D. 270 000

7. 下列账簿中，不需要每年进行更换的账簿是（　　）。
   A. 现金日记账　　　　　　　B. 银行存款日记账
   C. 总账　　　　　　　　　　D. 固定资产明细账

8. 下列说法不正确的是（　　）。
   A. 总分类账登记的依据和方法主要取决于所采用的账务处理程序
   B. 现金日记账由出纳人员根据审核后的现金的收、付款凭证，逐日逐笔顺序登记
   C. 总分类账的账页格式有三栏式和多栏式两种，最常用的格式为三栏式
   D. 账簿按格式不同分为三栏式、多栏式和数量金额式

9. 无法查明原因的现金盘盈应该记入（　　）科目。
   A. 管理费用　　　　　　　　B. 营业外收入
   C. 销售费用　　　　　　　　D. 其他业务收入

10. 下列属于总分类账科目的是（　　）。
    A. 累计折旧 B. 应交增值税
    C. 未分配利润 D. 商标权
11. 下列关于结账方法的表述中，不正确的是（　　）。
    A. 总账账户平时只需结出本月发生额和本月余额
    B. 现金、银行存款日记账每月结账时要结出本月发生额和余额
    C. 收入、费用等明细账每月结账时要结出本月发生额和余额
    D. 需要结计本年累计发生额的某些明细账户，每月结账时，应在"本月合计"行下结出自年初起至本月末止的累计发生额
12. 对于"企业赊购一批原材料，已经验收入库"的经济业务，应当编制（　　）。
    A. 收款凭证 B. 付款凭证
    C. 转账凭证 D. 付款凭证或转账凭证
13. 各种会计档案的保管期限，根据其特点分为永久、定期两类。定期保管期限分为（　　）。
    A. 1年、3年、5年、10年、25年五种
    B. 3年、5年、10年、15年、20年五种
    C. 3年、5年、10年、15年、25年五种
    D. 1年、5年、10年、15年、20年五种
14. 某公司2010年1月初资产总额500 000元，负债总额219 000元，当月从银行取得借款30 000元，支付广告费5 000元，月末该公司所有者权益总额为（　　）元。
    A. 306 000 B. 281 000
    C. 246 000 D. 276 000
15. 按经济业务发生时间的先后顺序，逐日逐笔进行登记的账簿是（　　）。
    A. 明细分类账 B. 总分类账
    C. 序时账 D. 备查账
16. 某企业购买办公用品支付库存现金1 500元，会计人员在作账务处理时借贷方分别多记了50元，则应做的更正分录是（　　）。
    A. 借：管理费用　　−50 B. 借：库存现金　　−50
       贷：库存现金　　−50   贷：管理费用　　−50
    C. 借：管理费用　　 50 D. 借：管理费用　　−50
       贷：库存现金　　 50   贷：银行存款　　−50
17. 所设置的会计科目应符合单位自身特点，满足单位实际需要，这一点符合（　　）原则。
    A. 实用性 B. 合法性 C. 谨慎性 D. 相关性
18. 对于所有者权益类账户而言（　　）。
    A. 增加记借方 B. 增加记贷方
    C. 减少记贷方 D. 期末无余额
19. 下列会计科目中，属于损益类科目的是（　　）。
    A. 主营业务成本 B. 生产成本
    C. 制造费用 D. 其他应收款
20. "待处理财产损溢"科目未转销的借方余额表示（　　）。
    A. 等待处理的财产盘盈

B. 等待处理的财产盘亏
C. 尚待批准处理的财产盘盈数大于尚待批准处理的财产盘亏和毁损数的差额
D. 尚待批准处理的财产盘盈数小于尚待批准处理的财产盘亏和毁损数的差额

二、多项选择题（共20题，每题2分，共计40分）

21. 下列会计科目在实际成本法中可能涉及的有（　　）。
    A. 原材料　　　　　　　　B. 在途物资
    C. 材料采购　　　　　　　D. 材料成本差异
22. 科目汇总表账务处理程序时，月末应将（　　）余额与有关总分类账的余额进行核对相符。
    A. 现金日记账　　　　　　B. 银行存款日记账
    C. 汇总记账凭证　　　　　D. 明细分类账
23. 财产清查的意义包括（　　）。
    A. 有利于保证会计核算资料的真实可靠
    B. 有利于挖掘财产物资的潜力，加速资金周转
    C. 有利于保护财产物资的安全完整
    D. 有利于保证账实相符
24. 下列会计科目中，属于资产类科目的有（　　）。
    A. 存货跌价准备　　　　　B. 营业外收入
    C. 预收账款　　　　　　　D. 长期应收款
25. 企业的中期财务会计报告至少应当包括（　　）等。
    A. 资产负债表　　　　　　B. 利润表
    C. 现金流量表　　　　　　D. 利润分配表
26. 账实核对的内容主要有（　　）。
    A. 现金日记账账面余额与库存现金数额是否相符
    B. 银行存款日记账账面余额与银行存款对账单的余额是否相符
    C. 各项财产物资明细账账面余额与财产物资的实有数额是否相符
    D. 有关债权债务明细账账面余额与对方单位的账面记录是否相符
27. 资产负债表中的"货币资金"项目，应根据（　　）科目期末余额的合计数填列。
    A. 备用金　　　　　　　　B. 其他货币资金
    C. 银行存款　　　　　　　D. 库存现金
28. 下列各项中，属于费用要素基本特征的有（　　）。
    A. 会导致所有者权益增加　　B. 会导致经济利益流出
    C. 会导致所有者权益减少　　D. 在日常活动中形成的
29. 用公式表示试算平衡关系，正确的是（　　）。
    A. 全部账户本期借方发生额合计=全部账户本期贷方发生额合计
    B. 全部账户的借方期初余额合计=全部账户的贷方期初余额合计
    C. 负债类账户借方发生额合计=负债类账户贷方发生额合计
    D. 资产类账户借方发生额合计=资产类账户贷方发生额合计
30. 下列属于资产要素的项目有（　　）。

A．应收账款   B．在途物资
C．预收账款   D．预付账款

31．使企业银行存款日记账的余额小于银行对账单余额的未达账项有（ ）。
A．企业已收款记账而银行尚未收款记账
B．企业已付款记账而银行尚未付款记账
C．银行已收款记账而企业尚未收款记账
D．银行已付款记账而企业尚未付款记账

32．财产清查的正确分类方法有（ ）。
A．全面清查和局部清查   B．定期清查和不定期清查
C．全面清查和定期清查   D．定期清查和局部清查

33．下列需要划双红线的有（ ）。
A．在"本月合计"的下面
B．在"本年累计"的下面
C．在12月末的"本年累计"的下面
D．在"本年合计"下面

34．下列凭证中，属于汇总凭证的有（ ）。
A．差旅费报销单   B．发料凭证汇总表
C．限额领料单   D．工资结算汇总表

35．在原始凭证上书写阿拉伯数字，正确的有（ ）。
A．有角无分的，分位不得用"—"代替
B．无角分的，角位和分位写"00"或者符号"—"
C．有角无分的，分位应当写"0"
D．有角无分的，分位也可以用符号"—"代替

36．账务处理程序也叫会计核算程序，它是指（ ）相结合的方式。
A．会计凭证   B．会计账簿
C．会计报表   D．会计科目

37．以下各项中，属于原始凭证所必须具备的基本内容有（ ）。
A．凭证名称、填制日期和编号   B．经济业务内容摘要
C．对应的记账凭证号数   D．填制、经办人员的签字、盖章

38．下列有关记账凭证账务处理程序叙述正确的有（ ）。
A．直接根据各种记账凭证逐笔登记总分类账
B．体现会计核算的基本原理和基本程序，是一种基本的账务处理程序
C．记账凭证只能采用收、付、转三种凭证，不能采用通用的格式
D．优点是比较简单明了，易于理解，在总分类账中能具体反映经济业务的内容，便于查账

39．在不同的账务处理程序下，登记总分类账的依据可以有（ ）。
A．汇总记账凭证   B．记账凭证
C．科目汇总表   D．汇总原始凭证

40．下列账户中，属于负债的有（ ）。
A．累计摊销   B．短期借款

C. 研发支出　　　　　　　　D. 预收账款

三、判断题（共20题，每题1分，共计20分）

41. "利润分配——未分配利润"年末贷方余额表示未弥补的亏损数。（　）
42. 科目汇总表可以每汇总一次编制一张，也可以按旬汇总一次，每月编制一张。（　）
43. 短期借款的利息不可以预提，均应在实际支付时直接计入当期损益。（　）
44. 借贷记账法的记账规则为：有借必有贷，借贷必相等。即对于每一笔经济业务都要在两个或两个以上相互联系的会计科目中以借方和贷方相等的金额进行登记。（　）
45. 会计主体必须是法律主体。（　）
46. 结账后，严禁采用划线更正法更正错误。（　）
47. 期末对账时，也包括账证核对，即会计账簿记录与原始凭证、记账凭证的时间、凭证字号、内容、金额是否一致，记账方向是否相符。（　）
48. 日记账、总分类账和明细账都要每年全部更换新账。（　）
49. 固定资产明细账不必每年更换，可以连接使用。（　）
50. 登记账簿要用蓝黑墨水或者碳素墨水书写，绝对不得使用圆珠笔或者铅笔书写。（　）
51. 记账后，如果发现记账凭证中的会计科目有错，致使账簿记录错误的，可采用补充登记法更正。（　）
52. 在审查当年的记账凭证时，发现某记账凭证应借应贷的科目正确，但所记的金额小于实际金额，尚未入账，应用红字更正法更正。（　）
53. 只有企业拥有某项财产物资的所有权才能将其确认为企业的资产。（　）
54. 发现以前年度记账凭证有错误，不必用红字冲销，直接用蓝字填制一张更正的记账凭证。（　）
55. 会计报表是根据总分类账、明细分类账和日记账的记录定期编制的。（　）
56. 原始凭证是会计核算的原始资料和重要依据，是登记会计账簿的直接依据。（　）
57. 如果几笔内容相同的经济业务，需要填列在一张记账凭证时，可采用"分数编号法"。（　）
58. "收入－费用＝利润"反映的是资金运动的动态方面，反映的是某一会计期间的经营成果，反映一个过程，是编制利润表的依据。（　）
59. 按照我国的会计准则，负债不仅指现时已经存在的债务责任，还包括某些将来可能发生的、偶然事项形成的债务责任。（　）
60. 在借贷记账法下，成本类账户的借方登记增加数，贷方登记减少数，期末无余额。（　）

四、计算题（共2题，每小题10分，共计20分）

61. 正保公司2010年12月31日总分类账户本期发生额和余额对照表（试算平衡表）如下：

总分类账户本期发生额和余额对照表（试算平衡表）

2010 年 12 月 31 日　　　　　　　　　　　　　　　　　　　单位：元

账户名称	期初余额 借方	期初余额 贷方	本期发生额 借方	本期发生额 贷方	期末余额 借方	期末余额 贷方
银行存款	100 000		（5）	（6）	60 000	
库存商品	20 000		10 000		30 000	
应收账款	10 000			10 000		
无形资产	10 000		30 000		40 000	
实收资本		100 000		（8）		110 000
短期借款		（3）	20 000			20 000
合　计	（1）	（2）	80 000	（4）	（7）	130 000

要求：根据试算平衡的原理计算试算平衡表中项目（1）～（8）的金额。

无纸化模拟测试卷 2

一、单项选择题（共 20 题，每小题 1 分，共计 20 分）

1. 某企业 2010 年 1 月 31 日从银行取得期限为 3 个月，金额 30 000 元的短期借款。年利率为 4%。该借款用于购买生产用原材料，则 2 月末计提借款利息时，账务处理为（　　）。
   A. 借：制造费用 100　　　　　　　B. 借：生产成本 100
   　　贷：应付利息 100　　　　　　　　　贷：应付利息 100
   C. 借：财务费用 100　　　　　　　D. 借：财务费用 100
   　　贷：短期借款 100　　　　　　　　　贷：应付利息 100

2. 下列关于会计要素的表述中，不正确的是（　　）。
   A. 会计要素是对会计对象的基本分类
   B. 会计要素是对会计核算对象的具体化
   C. 资产、负债和所有者权益称为静态会计要素
   D. 收入、成本和利润构成利润表的基本框架

3. 流动资产是指变现或耗用期限在（　　）的资产。
   A. 一年以内
   B. 一个营业周期以内
   C. 一年内或超过一年的一个营业周期以内
   D. 超过一年的一个营业周期内

4. 会计核算工作的起点是（　　）。
   A. 设置会计科目　　　　　　　　　B. 填制和审核会计凭证
   C. 设置账户　　　　　　　　　　　D. 登记账簿

5. 原始凭证的审核是一项十分重要、严肃的工作，经审核的原始凭证应根据不同情况处理。下列处理方法不正确的是（　　）。
   A. 对于完全符合要求的原始凭证，应及时据以编制记账凭证入账
   B. 对于不真实、不合法的原始凭证，会计机构和会计人员有权不予接受，并向单位负责人报告
   C. 对于不完全符合要求的自制原始凭证，可先行编制记账凭证，以保证账务的及时处理，随后必须保证补充完整
   D. 对于真实、合法、合理但内容不够完整、填写有错误的原始凭证，应退回给有关经办人员，由其负责将有关凭证补充完整、更正错误或重开后，再办理正式会计手续

6. 关于现金的清查，下列说法不正确的是（　　）。
   A. 在清查小组盘点现金时，出纳人员必须在场
   B. "现金盘点报告表"需要清查人员和出纳人员共同签字盖章
   C. 要根据"现金盘点报告表"进行账务处理

D．不必根据"现金盘点报告表"进行账务处理
7．下列选项能够引起资产增加的是（　　）。
　　A．提取盈余公积
　　B．资本公积转增实收资本
　　C．企业销售商品，货款未收（售价大于成本）
　　D．支付职工的工资
8．下列各项中，不能作为原始凭证的是（　　）。
　　A．工资计算表　　B．领料单　　C．银行对账单　　D．增值税专用发票
9．账户按会计要素分类，"本年利润"账户属于（　　）。
　　A．资产类账户　　　　　　　　B．所有者权益类账户
　　C．成本类账户　　　　　　　　D．损益类账户
10．库存现金的清查是通过（　　）进行的。
　　A．实地盘点法　　　　　　　　B．账账核对法
　　C．技术分析法　　　　　　　　D．征询法
11．下列说法正确的是（　　）。
　　A．按照填制方法的不同，记账凭证分为通用记账凭证和专用记账凭证
　　B．通用记账凭证是单式记账凭证，专用记账凭证是复式记账凭证
　　C．复式记账凭证能够反映会计账户之间的对应关系
　　D．通用记账凭证适用于规模较大、经济业务数量以及收付款业务较多的单位
12．以下说法不正确的是（　　）。
　　A．通过资产负债表项目金额及其相关比率的分析，可以帮助报表使用者全面了解企业的资产状况、盈利能力、分析企业的债务偿还能力，从而为未来的经济决策提供参考信息
　　B．负债一般分为流动负债和长期负债
　　C．账户式资产负债表分为左右两方，左方为资产项目
　　D．账户式资产负债表分为左右两方，右方为资产项目
13．某企业"应付账款"明细账期末余额情况如下：应付甲企业贷方余额为200 000元，应付乙企业借方余额为180 000元，应付丙企业贷方余额为300 000元，假如该企业"预付账款"明细账均为借方余额，则根据以上数据计算的反映在资产负债表上"应付账款"项目的金额为（　　）元。
　　A．680 000　　B．320 000　　C．500 000　　D．80 000
14．财产清查中发现现金短缺800元，其中200元属于出纳人员过失造成，剩余部分属于企业管理不善造成，则批准处理后的会计分录为（　　）。
　　A．借：待处理财产损溢　800
　　　　　贷：库存现金　　　　　　800
　　B．借：其他应收款　200
　　　　　管理费用　　600
　　　　　贷：待处理财产损溢　　　800
　　C．借：库存现金　800
　　　　　贷：待处理财产损溢　　　800

D. 借：管理费用　　　　　　　800
　　贷：待处理财产损溢　800

15. 下列属于记账凭证账务处理程序优点的是（　　）。
    A. 总分类账反映经济业务较详细　　B. 减轻了登记总分类账的工作量
    C. 有利于会计核算的日常分工　　　D. 便于核对账目和进行试算平衡
16. 年终决算前进行的财产清查属于（　　）。
    A. 局部清查和定期清查　　B. 全面清查和定期清查
    C. 全面清查和不定期清查　D. 局部清查和不定期清查
17. 记账凭证按反映的经济内容可分为（　　）。
    A. 收款凭证、付款凭证和转账凭证
    B. 一次凭证、累计凭证和汇总凭证
    C. 复式凭证和单式凭证
    D. 通用凭证和专用凭证
18. 企业的存货由于计量、收发错误导致的盘亏，由企业承担的部分应作为（　　）处理。
    A. 营业外支出　　　B. 其他业务支出
    C. 坏账损失　　　　D. 管理费用
19. 下列属于记账凭证账务处理程序优点的是（　　）。
    A. 总分类账反映经济业务较详细　　B. 减轻了登记总分类账的工作量
    C. 有利于会计核算的日常分工　　　D. 便于核对账目和进行试算平衡
20. 下列各项中不符合收入类要素定义的是（　　）。
    A. 营业外收入　　　B. 主营业务收入
    C. 其他业务收入　　D. 利息收入

二、多项选择题（共20题，每题2分，共计40分）

21. 下列各项中应该采用订本账的有（　　）。
    A. 总分类账　　B. 明细分类账
    C. 现金日记账　D. 银行存款日记账
22. 下列各项反映企业经营成果的会计要素是（　　）。
    A. 利润　　　B. 费用　　　C. 收入　　　D. 所有者权益
23. 资产与权益的恒等关系是（　　）。
    A. 复式记账法的理论依据　　B. 总账与明细账平行登记的理论依据
    C. 余额试算平衡的理论依据　D. 编制资产负债表的依据
24. 在实际工作中，账户要依附于账簿开设账页，账页一般应包括的内容有（　　）。
    A. 账户名称，即会计科目　　B. 日期和摘要
    C. 增加和减少的金额及余额　D. 凭证号数即说明账户记录的依据
25. 下列各项中，属于无形资产的有（　　）。
    A. 房屋　　　B. 专利权　　　C. 商标权　　　D. 土地使用权
26. 记账凭证按其填列方式不同，分为（　　）。
    A. 复式记账凭证　　B. 收款凭证
    C. 付款凭证　　　　D. 单式记账凭证

27. 下列关于在原始凭证上数字书写要求的说法中，正确的有（　　）。
    A. 以元为单位的数字金额一律写到角、分，无角、分的，角位和分位可写"0"，不得空格
    B. 人民币符号或外币符号与阿拉伯数字之间不得留有空白
    C. 大写金额到"元"为止的，后面应加"整"或"正"字
    D. 大写金额到"角"或"分"为止的，后面都不加"整"或"正"字

28. 资产负债表正表的格式，国际上通常有（　　）。
    A. 单步式　　　B. 多步式　　　C. 账户式　　　D. 报告式

29. 会计核算职能是指会计以货币为主要计量单位，通过对特定主体的经济活动进行（　　）等环节，如实反映特定主体的财务状况、经营成本（或运营绩效）和现金流量等信息。
    A. 确认　　　B. 计量　　　C. 报告　　　D. 核对

30. 下列项目中属于调增项目的是（　　）。
    A. 企业已收，银行未收　　　B. 企业已付，银行未付
    C. 银行已收，企业未收　　　D. 银行已付，企业未付

31. 下列业务中会导致实收资本增加的是（　　）。
    A. 资本公积转增资本　　　B. 盈余公积转增资本
    C. 计提盈余公积　　　D. 企业按照法定程序减少注册资本

32. 企业的下列会计档案中，保管期限为15年的有（　　）。
    A. 应收账款明细账　　　B. 辅助账簿
    C. 实收资本总账　　　D. 现金日记账

33. 下列属于会计等式的是（　　）。
    A. 本期借方发生额合计=本期贷方发生额合计
    B. 本期借方余额合计=本期贷方余额合计
    C. 资产=负债+所有者权益
    D. 收入−费用=利润

34. 下列项目中，属于科学、合理地选择适用于本单位的账务处理程序的意义有（　　）。
    A. 有利于会计工作程序的规范化　　　B. 有利于增强会计信息的可靠性
    C. 有利于提高会计信息的质量　　　D. 有利于保证会计信息的及时性

35. 下列说法中不正确的有（　　）。
    A. 日记账必须采用三栏式
    B. 总账最常用的格式为三栏式
    C. 三栏式明细分类账适用于成本费用类科目的明细核算
    D. 银行存款日记账应按企业在银行开立的账户和币种分别设置，每个银行账户设置一本日记账

36. 在财产清查过程中形成的下列资料，可以作为原始凭证的有（　　）。
    A. 现金盘点报告表　　　B. 银行存款余额调节表
    C. 实存账存对比表　　　D. 盘存单

37. 属于会计基础的有（　　）。
    A. 持续经营　　　B. 权责发生制
    C. 会计主体　　　D. 收付实现制

38. 全面清查是指对企业的全部财产进行盘点和核对，包括属于本单位和存放在本单位的所有财产物资、货币资金和各项债权债务。其中的财产物资包括（　　）。
    A. 在本单位的所有固定资产、库存商品、原材料、包装物、低值易耗品、在产品、未完工程等
    B. 属于本单位但在途中的各种在途物资
    C. 委托其他单位加工、保管的材料物资
    D. 存放在本单位的代销商品、材料物资等

39. 下列属于负债类账户的有（　　）。
    A. 预收账款　　　　　　　　　B. 交易性金融资产
    C. 累计折旧　　　　　　　　　D. 应付账款

40. 下列各项中，属于会计核算方法的有（　　）。
    A. 设置会计科目　　　　　　　B. 填制和审核会计凭证
    C. 成本计算　　　　　　　　　D. 财产清查

三、判断题（共20题，每题1分，共计20分）

41. 对于一项经济业务，总分类账户登记在借方，其所属明细分类账户可以登记在贷方。（　）

42. 原始凭证原则上不得外借，其他单位如有特殊原因确实需要使用时，经本单位会计机构负责人、会计主管人员批准，可以外借。（　）

43. 会计主体必须是法律主体。（　）

44. "收入－费用=利润"反映的是资金运动的动态方面，反映的是某一会计期间的经营成果，反映一个过程，是编制利润表的依据。（　）

45. 根据《企业会计制度》的规定，会计期间分为年度、半年度、季度和月度，所谓的会计中期指的是不足一年的会计期间，半年度、季度和月度都属于会计中期。（　）

46. 记账凭证上应借、应贷的会计科目并无错误，只是金额填写错误，从而导致账簿记录错误，可采用划线更正法予以更正。（　）

47. 对于真实、合法、合理但内容不够完善、填写有错误的原始凭证，会计机构和会计人员不予以接受。（　）

48. 汇总记账凭证账务处理程序和科目汇总表账务处理程序都适用于经济业务较多的单位。（　）

49. 设置和登记账簿是编制会计报表的基础，是连接会计凭证与会计报表的中间环节。（　）

50. 原始凭证是记录经济业务发生和完成情况的书面证明，也是登记账簿的唯一依据。（　）

51. 登记账簿时，发生的空行、空页一定要补充书写，不得注销。（　）

52. 经过银行存款余额调节表调节后的存款余额，是企业可动用的银行存款实有数。（　）

53. 在重置成本计量下，资产按照购置时支付的现金或者现金等价物的金额，或者按照购置资产时所支付对价的公允价值计量。

54. 现金流量表是反映企业一定时期的经营活动现金流量的增减情况的报表。（　）

55．会计科目是账户的名称，账户是会计科目的载体和具体运用。（ ）
56．利润包括收入减去费用后的净额、直接计入当期利润的利得和损失等。（ ）
57．自制原始凭证都是一次凭证，外来原始凭证绝大多数是一次凭证。（ ）
58．从外部取得的原始凭证必须有填制单位财务专用章。（ ）
59．现金日记账的借方是根据收款凭证登记的，贷方是根据付款凭证登记的。（ ）
60．费用明细账在月末结账时，要结出本月发生额和余额，在摘要栏内注明"本月合计"字样，并在下面通栏划单红线。（ ）

四、计算题（共 2 题，每小题 10 分，共计 20 分）

61．假设该企业执行企业会计制度，备用金采用非定额备用金核算；2010 年 11 月企业发生如下业务：
（1）签发库存现金支票，为备发工资从银行提取库存现金 100 000 元。
（2）企业职工李明借款 1 000 元，用现金支付。
（3）采购员王强出差归来，报销差旅费 1 500 元，预借差旅费 2 000 元，余款 500 元退回财务部门。
（4）用现金发放职工工资 80 000 元。
（5）用现金支付厂部购买办公用品费用 200 元。
（6）月末库存现金清查时发现库存现金短缺 200 元，无法查明原因。
要求：编制上述业务（1）～（6）的相关会计分录。

62．甲企业 2010 年发生如下经济业务：
（1）企业购入一台不需要安装的设备，价款为 20 000 元，增值税为 3 400 元（可以抵扣），支付运费 500 元，保险费 150 元。款项以银行存款支付。
（2）投资者投入汽车一辆，双方确认的价值为 250 000 元，不产生资本溢价。
（3）接受某企业捐赠设备一台，根据有关发票确定其入账价值为 20 000 元。
（4）计提本月固定资产折旧：基本生产车间 5 000 元，行政管理部门 2 000 元，专设销售机构 3 000 元。
（5）报废设备一台，设备原值为 50 000 元，已计提折旧 40 000 元。清理中以银行存款支付清理费用 200 元，残值收入为 3 000 元，款项存入银行。
（6）对管理用固定资产进行维修，支付维修费用 1 000 元，已付款。
（7）收取出租固定资产租金 15 000 元，款项已存入银行。
（8）盘亏设备一台，原值 20 000 元，已经计提折旧 5 000 元，经查明属于保管人员管理不善导致，应由保管员赔偿 500 元（假定不考虑增值税）。
要求：根据上述给定资料（1）～（8）编制甲企业的会计分录。

参考文献

[1] 会计基础应试指南. 中华会计网校编. 北京：人民出版社，2010.
[2] 新编基础会计（第六版）. 任延东. 大连：大连理工出版社，2010.
[3] 会计基础. 贵州省会计从业资格考试辅导教材编写组. 北京：人民出版社，2012.